Die Wahrheit und ihr Preis

1. Auflage April 2010

Copyright © 2010 bei
Kopp Verlag, Pfeiferstraße 52, 72108 Rottenburg

Alle Rechte vorbehalten

Lektorat: Dr. Thomas Rosky
Umschlaggestaltung: Angewandte Grafik/Peter Hofstätter
Satz: Agentur Pegasus, Zella-Mehlis
Druck und Bindung: CPI – Clausen & Bosse, Leck

ISBN: 978-3-942016-28-5

Gerne senden wir Ihnen unser Verlagsverzeichnis
Kopp Verlag
Pfeiferstraße 52
D-72108 Rottenburg
E-Mail: info@kopp-verlag.de
Tel.: (0 74 72) 98 06-0
Fax: (0 74 72) 98 06-11

Unser Buchprogramm finden Sie auch im Internet unter:
www.kopp-verlag.de

Eva Herman

Die Wahrheit und ihr Preis

Meinung, Macht und Medien

KOPP VERLAG

Für Jeanne, Josephine und Cella

INHALTSVERZEICHNIS

Vorwort 11

Wie alles begann 13
Erinnerungen 13
Der NDR, mein bisheriges Leben 18
Auszug aus den Schriftsätzen meiner Anwälte (I) 23
Der Eklat 27
Der Maulkorb 30
Unzeitgemäße Thesen 33
Die Denunziationskampagne der Alice Schwarzer und
ihre Folgen 36
Die Kritik meiner Kollegen 39
Das »Eva-Braun-Prinzip« 41
Gender Mainstreaming 46
Mein Sender liebt mich nicht mehr! 49

Rauswurf beim NDR 59
Eine folgenreiche Begegnung 59
Auszug aus den Schriftsätzen meiner Anwälte (II) . . . 62
Tag eins nach der Pressekonferenz 64
Letzte Reise als normaler Mensch 68
Ankunft in Dessau 85
Turbulenzen 89
Die Kündigung 92
Abgründe einer modernen Gesellschaft 97
Auszug aus den Schriftsätzen meiner Anwälte (III) . . . 98
Deutschlands Leitmedium – *Der Spiegel* 100
Vorzeigefeministinnen und ihr folgenreicher
Muttermangel 106
Konzertierte Vernichtung 112
Auszug aus den Schriftsätzen meiner Anwälte (IV) . . . 118
»Der NDR, das Beste am Norden?« 119

Aufstand der Gutmenschen 123
   B. Tietjen und andere Enttäuschungen 123
   Die Ratten verlassen das sinkende Schiff 129
   Journalistische Sorgfalt? 132
   Wirre Zeiten und falsche Behauptungen 138
   Auszug aus den Schriftsätzen meiner Anwälte (V) 139
   Die Hölle vor dem Haus 140
   Endlich – die Wahrheit kommt ans Licht 141
   Die Gefahr selektiver Wahrnehmung 148

Die Eskalation: Johannes B. Kerner wirft mich aus der Sendung 151
   Persona non grata! 151
   Rein in die Kartoffeln, raus aus den Kartoffeln! 156
   Klappe! Kerner, die Zweite! 160
   Der Horror beginnt 171
   Die Show nach der Show 246
   Freiheit und Gerechtigkeit 258
   Ende 268

Danksagung 271

Juristische Erfolge gegen Medienbetriebe im In- und Ausland 273

Literatur/Quellen 275

»Gewöhnliche Bürger erhalten den Befehl, andere Menschen zu vernichten – und sie tun es, weil sie es als ihre Pflicht ansehen, Befehlen zu gehorchen.«
Stanley Milgram

Dies ist kein Buch der kalten Rache. Hier soll vielmehr aufgezeigt werden, welche spektakulären, gleichzeitig beängstigenden Mechanismen sich heutzutage in einem vermeintlich freien, demokratischen Staat und im Angesicht der gesamten Öffentlichkeit entwickeln können, wenn eine öffentliche Person das Gebiet des herrschenden Zeitgeistes verlässt und eine eigene Meinung äußert, die nicht in die aktuellen gesellschaftspolitischen und medialen Standards zu passen scheint.

Alles, was in der zurückliegenden Zeit geschah und meiner Familie und mir angetan wurde, ist verziehen und vergeben. Doch ist es mir wichtig, den hässlichen Makel, der mit drückender Ungerechtigkeit mir und meinen Anverwandten auferlegt wurde, nach teilweise unerträglicher und leidensreicher Zeit wegzureißen und zu vernichten.

Dieses Buch soll alleine der Wahrheit dienen!

Pressemitteilung des Oberlandesgerichts Köln vom 27. Juli 2009
Eva Herman gewinnt im Berufungsprozess gegen
Axel-Springer-Verlag

Die Fernsehmoderatorin und Buchautorin Eva Herman hat heute auch im Berufungsverfahren gegen den Axel-Springer-Verlag vor dem Oberlandesgericht Köln recht erhalten. Der 15. Zivilsenat verbot dem Verlag, die Moderatorin weiter falsch in der Weise zu zitieren, wonach sie den Nationalsozialismus in Teilen gutgeheißen habe, nämlich in Bezug auf die Wertschätzung der Mutter. Außerdem muss der Springer-Verlag eine Geldentschädigung von 25 000,– Euro zahlen und in einer weiteren Veröffentlichung richtigstellen, dass Frau Herman die Äußerung so nicht getätigt hat (Aktenzeichen OLG Köln 15 U 37). [...]

Die Richter des Oberlandesgerichts gaben heute – wie in der Vorinstanz schon das Landgericht Köln – im Wesentlichen der Fernsehmoderatorin recht. Das Zitat, das ihr in dem Artikel im *Hamburger Abendblatt* als eigene Äußerung in den Mund gelegt werde, sei falsch und entspreche nicht den tatsächlichen Äußerungen Hermans während der Pressekonferenz. [...]

Die der Fernsehmoderatorin mit dem Falschzitat zugeschriebene Aussage und Einstellung beeinträchtigte sie massiv in ihrem allgemeinen Persönlichkeitsrecht und lasse sie in negativem Licht erscheinen, indem sie diesen auf ein in jedenfalls Teilen erträgliches, in Wirklichkeit dann doch nicht so schlechtes Maß reduziere.

Mit dem Falschzitat werde Frau Herman auch die inhaltliche Billigung der NS-Mutterrolle als Gebärerin arischen Nachwuchses zugeschrieben. Dadurch werde sie in ihrer sozialen Wertgeltung massiv beeinträchtigt und herabgewürdigt, was insofern besonders schwer wiege, als Frau Herman als Nachrichtensprecherin eine hohe Bekanntheit und Vorbildfunktion genoss und besonderen Anforderungen an Seriosität und Neutralität zu genügen hatte.

Mit Rücksicht auf die schwerwiegende Persönlichkeitsrechtsverletzung und das Maß des Verschuldens aufseiten des Verlags hat der Senat auch eine Geldentschädigung in Höhe von 25 000,– Euro zugesprochen.

Da die Aussage in hohem Maße geeignet gewesen sei, das öffentliche Ansehen Eva Hermans massiv zu beschädigen, hätten die verantwortlichen Redakteure des Beitrags sich durch einfache und zeitnahe Nachfrage vergewissern können und müssen, ob die Äußerung Hermans tatsächlich so bei der Pressekonferenz gefallen war, zumal dort keine vorbereitete Erklärung verlesen worden sei, sondern freie Redebeiträge gewechselt worden seien. [...]

Bei der Bemessung der Entschädigung hat der Senat allerdings nicht berücksichtigt, dass die dem Artikel nachfolgende Medienkampagne die berufliche und private Existenz Hermans erheblich beeinträchtigt hat. Für diese weiteren Auswirkungen sei nicht allein der Springer-Verlag verantwortlich zu machen.

Oberlandesgericht Köln, 27. Juli 2009

VORWORT

Wahrheit? Woher will Eva Herman denn die Wahrheit wissen? So höre ich meine Kritiker immer wieder. Ich spreche jedoch nicht selbst Erdachtes, sondern ich beuge mich allein der ewigen Wahrheit, die der Schöpfer in diese Welt senkte:

Das wichtigste Naturgesetz, das Grundgerüst allen Seins auf dieser Erde ist die Liebe! Ohne Liebe wird unsere Erde untergehen, denn wir Menschen brauchen sie so dringend wie die Luft zum Atmen. Und wir müssen alles dafür tun, wenn nötig, sogar politische Fesseln wegsprengen, damit sie uns und allen anderen ermöglicht wird.

Wenn hier von Liebe gesprochen wird, so ist damit allerdings nicht das gemeint, was heutzutage oft unter diesen hohen Begriff gestellt wird, sondern Liebe bedeutet vor allem Reinheit, Treue und Verantwortung. Auch ich musste im Laufe meines Lebens viele Fehler machen und falsche Wege gehen, bis ich dieses erkennen durfte.

Ich wünsche mir aus tiefstem Herzen, dass den Kindern unserer Gesellschaft eines Tages wieder der selbstverständliche Anspruch auf die Anwesenheit und die Zuwendung ihrer Eltern ermöglicht wird, dass vor allem die Mütter gerne bei den Kleinen daheim bleiben und ihren Kindern die Liebe als ewigen Seelenfunken ins Herz senken können, ohne zu denken: »Welch eine Schande, dass ich jetzt zu Hause sitzen muss.«

Und ich wünsche mir ebenso, dass jede Frau künftig über ihren Lebensentwurf selbst entscheiden kann, ob sie nun Geld verdienen geht oder zu Hause bleiben möchte, ohne dafür etwa finanzielle Nachteile oder gesellschaftliche Diskriminierungen erleiden zu müssen.

Für die Wahrheit der Liebe, die alleine Freiheit des Geistes bedeutet, werde ich immer kämpfen.

Kapitel 1

WIE ALLES BEGANN

Erinnerungen

»Hallo, Frau Herman? Guten Tag, hier spricht Ihr Verleger. Ich wollte Ihnen nur kurz den Termin für die Pressekonferenz zu Ihrem neuen Buch *Das Prinzip Arche Noah* durchgeben. Passt Ihnen der 6. September 2007?«
Ich schaue kurz im Kalender nach.
»Ja, das wäre in Ordnung. Sind wir wieder in Berlin?«
»Wie es sich gehört«, lacht er. »In der Bundespressekonferenz. Damit auch jedermann davon erfährt.«
»Danke, prima. Ich freue mich.«
»Ich mich auch. Bis bald, auf Wiederhören!«
Ich bin aufgeregt, schlafe kaum richtig. Etwa vier Wochen sind es noch bis zur Präsentation meines neuen Buches *Das Prinzip Arche Noah: Warum wir die Familie retten müssen*. Eine merkwürdige Unruhe plagt mich seit Tagen. Bilder vom letzten Mal tauchen immer wieder auf. Rückblick: Damals war es der 7. September, also fast genau ein Jahr zuvor, als ich der Öffentlichkeit an gleicher Stelle mein Buch *Das Eva-Prinzip: Für eine neue Weiblichkeit* präsentierte. Bereits im Vorfeld war es seinerzeit zu heftigen Protesten von Journalisten und Medienfrauen gekommen, von denen sich einige nicht gescheut hatten, meinen Geisteszustand in Frage zu stellen, nur weil ich für eine liebevolle gemeinsame Zeit von Müttern und ihren kleinen Kindern plädierte und nicht, wie üblich heutzutage, das generelle Hauptaugenmerk auf die vielfach hoch besungene Erwerbstätigkeit der Frau legte.

Oh, wie ich für das Thema brannte, hatte ich doch all das, was ich dort geschrieben hatte, auch am eigenen Leibe erlebt: Als Karrierefrau seit vielen Jahren sehr erfolgreich, musste ich plötzlich mit Mitte dreißig feststellen, dass ich mich bei allem öffentlichen Ansehen und dem hart erkämpften Ruhm in Wahrheit mutterseelenalleine fühlte.

Von meinem Lebenstraum, verheiratet zu sein und mindestens drei Kinder zu haben, hatte ich mich in den letzten Jahren Stück für Stück verabschiedet. Zwar hatte ich einige Anläufe unternommen, scheiterte aber immer schon nach kurzer Zeit. Woran? Letztlich an meinem Job, denn dieser war für mich immer das Wichtigste gewesen, und dafür wurde alles andere in die zweite Reihe geschoben.

Nun waren weder ein Ehemann noch Nachwuchs in Sicht. Nicht einmal einen Hund konnte ich mir anschaffen, weil ich ständig mit dem Flugzeug durch die Weltgeschichte gondelte. Familie? Gemeinsamkeiten? Private, menschliche Netzwerke? Keine Zeit!

Mir fehlte ein warmes Nest, ich sehnte mich nach Geborgenheit und dem Schutz einer vertrauten Gemeinschaft. Wer würde mir beistehen, sollte ich einmal ernsthaft erkranken und auf die Hilfe eines anderen Menschen angewiesen sein? Und jetzt hatte die biologische Uhr von einem Tag auf den anderen mahnend und hartnäckig zu ticken begonnen. Plötzlich wünschte ich mir nichts sehnlicher, als ein Kind zu bekommen und eine richtige Familie zu gründen.

Plötzlich konnte ich verstehen, was es hieß, wenn sich die berühmte innere Stimme meldet und jeden Tag etwas lauter und konsequenter mahnt. Meine Gedanken schweiften oft ab und suchten Hilfe. Der Blick in die eigenen seelischen Abgründe öffnete sich ohne eigenes Wollen täglich ein Stückchen weiter. Wer war ich eigentlich wirklich? Und was bildete die Grundlage meiner Existenz? Aus welchem Stoff war mein Selbstbewusstsein und wodurch nährte es sich? Würde ich ohne den beruflichen Erfolg, der mit viel öffentlichem Beifall verbunden war, auskommen können? Zugunsten einer Familie, für die ich mich persönlich stark engagieren müsste?

In diesen Momenten begann ich mein gesamtes Tun und Wirken der Vergangenheit zu hinterfragen. Welches waren eigentlich die Ziele gewesen, die mich bisher gelenkt hatten? Und wo war das ganz normale Leben geblieben, jene kurzen Momente, die außerhalb der Öffentlichkeit blieben, die jedoch das eigene, ganz private Herz wärmen und die Seele manchmal tanzen lassen? Kein Tag verging, an dem ich nicht diesen Fragen hinterherzueilen suchte, keine Nacht, in der ich Schlaf fand, ohne darüber zu grübeln.

Weit und breit war kein passender Mann in Sicht, keiner, der mit mir eine Familie hätte gründen wollen. Wer sollte hier denn auch mithalten können? Bei meinem Verdienst und dem gigantischen Erfolg? Und dem offensichtlichen, prallen Selbstbewusstsein? Meine Schwester mochte recht haben: Ich machte den Männern wohl eher Angst, obgleich dies das Letzte war, was ich wirklich wollte. Am liebsten hätte ich mich endlich an diese berühmte starke Schulter gelehnt und einfach nur tief durchgeatmet. Die vielen, unglücklichen Tränen, die ich nachts häufig in geduldige Hotelkissen weinen musste, sah zum Glück niemand.

Wenn ich mich in meinem Berufsumfeld so umsah, dann war ich sicher nicht die Einzige mit derart romantischen, jedoch kaum umsetzbaren Märchenträumen. Vielen Kolleginnen meines Alters erging es ebenso. Unser Jahrgang war wohl der erste, der klar zeigte: Hier wächst eine neue Frauengeneration heran. Emanzipiert, erfolgreich, jedoch kinder- und beziehungslos, tief innen häufig frustriert, weil: zu selbstständig, zu kompromisslos, zu egoistisch. Eine Generation, die forderte und sich nahm, was sie bekommen konnte: Affären, Selbstverwirklichung, Geld. Die auch nicht danach fragte, was morgen sein könnte.

Erfolg, Jugend, Schönheit und vor allem Selbstbestimmung! Mit diesen Anforderungen werden wir Frauen da draußen täglich aufs Neue konfrontiert, sie gelten immer und ständig als erste Lebensregel. Und inzwischen gibt es nichts anderes mehr. Das prägt! Man nimmt es ernst, denn alle anderen tun es doch auch. Und dafür nimmt man eine Menge Mühsal in Kauf: Man ackert und malocht an seinem Aussehen herum, fastet und hält sich fit, entbehrt und hungert.

Seit einigen Jahren gehört auch noch das selbstverständliche »Falten-weg-Schnipsel- und Spritzprogramm« dazu, wenn man mit all den anderen Beautys mithalten will, was jedoch für mich niemals in Frage gekommen wäre: Ich wollte mein Gesicht nicht verlieren!

Alle diese Mechanismen sind nicht dazu geeignet, das liebevolle Zusammenleben der Menschen zu fördern, sondern sie setzen den Einzelnen auf seine Überlebensscholle und lassen ihn einsam rudern. Das wollte ich nicht mehr. Plötzlich entdeckte ich, wohin ich auch sah, einen Mangel an Nächstenliebe. Interessierten sich die Menschen überhaupt noch dafür, andere zu verstehen und ihnen helfen zu wollen? Und wie war es bei mir? Besaß ich überhaupt so etwas wie

Rücksichtnahme und Empathie anderen Menschen gegenüber? Gar Selbstlosigkeit, wie sie unsere Mütter und Großmütter uns noch unaufgefordert schenkten und von der unsere gesamte Generation wie selbstverständlich profitierte? Je aufmerksamer ich darauf achtete und danach suchte, umso resignierter musste ich feststellen, dass alle diese Tugenden aufgrund der zurückliegenden politischen Entwicklungen in Richtung Individualismus und Selbstverwirklichung praktisch abgeschafft worden waren. Auch bei mir!

Hätte ich mir als junger, erfolgreicher Superstar, dem jeder Wunsch von den Augen abgelesen wurde, vorstellen können, des Nachts ein schreiendes Baby mehrfach hochzunehmen und zu stillen und es stundenlang herumzutragen und dabei kein Auge zuzutun? Auf keinen Fall! »Später einmal!«, lautete meine Generalantwort darauf. Später habe ich noch genügend Zeit dafür.

Später? Wann sollte das eigentlich sein? Und wann war der letzte Zug für immer abgefahren? Ebenso wie heute die meisten jungen Frauen antworten: »Später«, so wenig wissen sie wie ich damals, dass der weibliche Körper ab dem 25. Lebensjahr wieder den Rückzug in die Unfruchtbarkeit beginnt. Und dass viele diesen Zeitpunkt verpassen, weil sie gerade noch dieses oder jenes Berufsziel erreichen wollen und somit ungewollt kinderlos bleiben.

Meine Mutter sagte oft: »Kinder passen nie ins Konzept, und deswegen passen sie immer!« Kluge Worte, die ich jahrelang unbeachtet beiseitegeschoben hatte.

Im letzten Moment heiratete ich dann endlich doch noch. Zwei Ehen waren zuvor schon in die Brüche gegangen. Vielleicht auch deswegen, weil ich vor lauter Erfolg kaum Zeit, Nachsicht und Kompromissbereitschaft übrighatte für die Partnerschaft mit einem anderen Menschen, auf den ich Rücksicht hätte nehmen müssen.

Als ich wenige Jahre später als sogenannte Spätgebärende schließlich noch die Krönung meines Glücks erfuhr, indem ich Mutter eines gesunden Kindes wurde, stellten die Hormone oder vielleicht auch der liebe Gott mein Leben mit einem Schlag komplett auf den Kopf. Plötzlich fühlte und dachte ich anders, ich wurde zu einem neuen Menschen. Ansehen und Lob waren auf einmal nicht mehr so wichtig, denn die Liebe zu meinem Kind katapultierte mein Herz direkt in den

Himmel, wo kleine Engel glockenhell vom Glück des Lebens und der Liebe sangen. Oh ja, in diesen heiligen Sphären wollte ich mit meinem Kind sein, ich wollte es in den Armen halten, ihm vorsingen und es in den Schlaf wiegen, wollte es wachsen, sprechen und laufen lernen sehen, ich wollte es aus tiefem Herzen lieben dürfen und ihm die beste Mutter der Welt sein. Ich war zum ersten Mal in meinem Leben wirklich glücklich!

Leider interessierte sich mein berufliches Umfeld nur bedingt für diesen emotionalen Höhenflug. Meine plötzliche Verhaltensänderung war für die meisten alles andere als nachvollziehbar, geschweige denn, dem Zeitgeist entsprechend. Denn schließlich rief die berufliche Pflicht, meine Verträge wollten erfüllt werden, Sendungen konnten nicht verschoben werden. Und ich gehörte doch zu den erfolgreichen Karrierefrauen, denen die Erwerbstätigkeit über alles zu gehen schien, oder?

Eine Kluft begann sich zu öffnen zwischen meinem alten und dem neuen Leben, verbunden mit Glück und Sorge, Glück über das wunderbare Kind, Sorge vor der wirtschaftlichen, der beruflichen Zukunft. Wie sollte ich das alles unter einen Hut bringen? Dieser innere Konflikt wuchs täglich, er sorgt bei Millionen anderen Frauen und auch bei Männern nicht selten dafür, dass sie sich von vornherein gegen eigene Kinder und gegen die Familie entscheiden. Von diesem inneren Zwiespalt, der unsere Gesellschaft seit vielen Jahren wie eine unsichtbare, schwere Krankheit heimsucht und bedrängt, wusste ich zu jener Zeit noch nicht viel. Doch sollte ich schon bald meine ersten, eindrucksvollen Lektionen erteilt bekommen.

Je mehr ich versuchte, allem gerecht zu werden, umso drängender klang in mir die Frage: Wie machen das denn eigentlich die anderen Mütter, die arbeiten? Wollten die denn nicht auch viel lieber bei ihren kleinen Babys bleiben? Ich begann zu recherchieren, denn diese Fragen bewegten mich zutiefst. Und so wurde ich durch die Geburt meines einzigen Kindes Stück für Stück mit einem neuen, gesellschaftspolitisch hochrelevanten Lebensthema vertraut, das mein Dasein auf eine völlig andere Ebene stellen sollte.

Der NDR, mein bisheriges Leben

Redaktionskonferenz für die Talk-Sendung *Herman und Tietjen*. Ich komme etwas zu spät, die anwesenden Damen scheinen mit leisem Vorwurf hinter ihren riesigen Ordnern hervorzublicken. Auch Käsebrötchen, Kaffee und Obstteller warten bereits.

Für diese Sendung arbeiten ausschließlich Frauen, und darauf sind hier alle mächtig stolz. Ich war es früher auch, doch inzwischen geht mir das weitverbreitete, ständige Glorifizieren weiblicher Vorzüge gehörig auf die Nerven. Als ob Frauen plötzlich die besseren Menschen geworden wären, nur weil sie nicht mehr zu Hause, sondern an ihrem eigenen Arbeitsplatz draußen in der schillernden Welt zu finden waren.

Ja, mir ist inzwischen durchaus klar geworden, dass meine persönliche Sichtweise sich mit jedem weiteren meiner Bücher verändert, dass sie sich immer deutlicher absetzt vom allgemeinen Mainstream, der die Erwerbstätigkeit der Frau emphatisch, der Entdeckung Amerikas gleich, feiert. Die Binde fällt von meinen Augen.

Als ich den Raum betrete, scheinen alle zu verstummen. Ein Phänomen, das ich inzwischen nur allzu gut kenne. Meine Beliebtheit hat nachgelassen, weil ich mich »ja so verändert« habe. »Eva, früher hast du auch mal Quatsch mitgemacht, doch heute scheinst du deine Leichtigkeit komplett verloren zu haben. Das ist schließlich eine Unterhaltungssendung und kein wissenschaftliches Forum«, höre ich mit spöttischem Unterton, als ich wieder einmal vergeblich ein sogenanntes »Schwarzbrotthema« vorschlage, also einen Gast mit Tiefgang, der Inhalte und Informationen mitbringt. Doch man entscheidet sich bei der Festlegung der folgenden Sendungen stattdessen lieber für junge Schauspieler/innen, junge deutsche Popgruppen, Autoren von unterhaltsamen und lustigen Buchtiteln, Sportler und zwei ARD-Intendanten, die ein neues Buch vorstellen wollen, in dem der WDR-Intendant den NDR-Intendanten zu seinem 65. Geburtstag porträtiert und die Vorzüge öffentlich-rechtlicher Anstalten auf fast zweihundert Seiten erläutert.

Übrigens wird ein bundesweit bekannter ARD-Sportmoderator wieder ausgeladen, weil er in einer NDR-Sendung auf keinen Fall Werbung für sein neues Fußballlexikon machen dürfe.

Generell ist gegen Schauspieler und Popgruppen nichts einzuwenden, ebenso wenig, wie ich an dieser Stelle etwa ARD-Intendanten kritisieren möchte, solange sie ihrer öffentlich-rechtlichen Verantwortung nachkommen. Doch habe ich von den »Leichtfußthemen« durch meine über zehnjährige Tätigkeit als Moderatorin einer eigenen Talkshow inzwischen mehr als genug. Und ich fürchte, dass es etlichen, einigermaßen kritischen Fernsehzuschauern auch so geht.

Außerdem ist längst bekannt, dass die über alles wichtige Einschaltquote bei interessanten Sach- und Servicethemen erwiesenermaßen nicht selten ansteigt. Was als weiterer Beweis dafür gelten könnte, dass viele Zuschauer mündiger sind, als man allgemein denkt, und für die nicht gerade niedrigen GEZ-Gebühren auch Gegenwerte fordern, also bewusst Wert legen auf Informationen mit Tiefgang und Qualität.

Doch Themen wie »Warum saufen Jugendliche sich ins Koma?«, »Was tun gegen Mobbing an Schulen?«, »Wie beuge ich Dickleibigkeit bei Kindern vor?« wage ich schon lange kaum mehr vorzuschlagen. Mir gehen die diesbezüglichen Bemerkungen der anderen inzwischen ziemlich auf die Nerven. Zudem ist es mir mehr als nahegelegt worden, in den Livesendungen mit den Gästen nicht über Themen wie zum Beispiel die Unterschiede von Mann und Frau zu sprechen, weil ich in meinen Büchern dazu dezidiert Stellung nehme.

Oh, nein, über Gleichstellungsgesetze, über »Gender Mainstreaming« oder den Umstand, dass Frauen eher für die Hausarbeit und die Erziehung von Säuglingen zuständig sein könnten als Männer, darf ich öffentlich auf keinen Fall mehr reden. Das ist unmodern, verstaubt und könnte den aufgeschlossenen Zuschauer am Ende verärgern.

Ich bemerke, dass meine Co-Moderatorin das Gespräch schnell und unauffällig in eine andere Richtung zu lenken scheint, wenn die öffentlich-rechtliche Unterhaltung in gefährliche Nähe zu den mir am Herzen liegenden Themen gerät. Denn ich bin aufgrund meiner Bücher einseitig und befangen geworden, heißt es. Und es könnte am Ende gar als billige Buchwerbung ausgelegt werden, wenn ich meine Position als NDR-Moderatorin missbrauchen würde, um öffentlich über »meine Themen« zu diskutieren. Denn Buchwerbung ist für ARD-Mitarbeiter ja verboten, außer, wie es scheint, für Intendanten.

In Wirklichkeit kann ich ja noch froh sein, dass der NDR nicht prozentual am Verkauf meiner Bücher beteiligt werden möchte, weil ich als Autorin ja gleichzeitig auch Moderatorin des Norddeutschen Rundfunks bin.

Meine Kollegin Bettina Tietjen und ich hatten zum Beispiel vor Jahren eine CD mit Swingmusik aufgenommen. Die NDR Media GmbH, die für Marketing und die Verwertung des NDR zuständig ist und deren Geschäftsführerin zu jener Zeit die Ehefrau unseres Intendanten war, hatte nichts dagegen, dass wir einmal in der NDR-Talkshow auftraten und ein Liedchen sangen, obwohl NDR-Mitarbeiter ja eigentlich keine Werbung für ihre Produkte im eigenen Programm machen dürfen. Na ja, wir haben ganz gut verkauft, und dem Norddeutschen Rundfunk hat die Sache bis heute nicht geschadet.

Doch das hilft mir jetzt auch nicht weiter, denn leider stehe ich unter dem Generalverdacht, politisch unkorrekt zu sein.

Ja, so schnell kann das gehen: Politisch unkorrekt! Befangen! Ich fühle mich inzwischen eher *gefangen*! Gefangen in meiner Sendung und in einem System, das ich zunehmend weniger verstehe. Wieso möchte hier eigentlich niemand begreifen, was ich sagen will?

Warum scheint es kaum einen Menschen zu kümmern, dass unser Land gesellschaftlich inzwischen fast in Trümmern liegt, dass Rücksichtnahme und Verantwortung zu Fremdwörtern verkommen, unter anderem deswegen, weil die menschlichen Bindungsmechanismen zusehends verschwinden?

Solange man Müttern nicht wenigstens in den ersten Jahren genügend Zeit für und mit ihren Babys daheim zubilligt, sondern sie stattdessen auf finanziellen Entzug setzt, um sie in die Erwerbstätigkeit zu drängen, wird sich das auch nicht mehr ändern. Aber wen interessiert es?

Wie kann es sein, dass wir noch vor 25 Jahren mitleidig über die Grenze nach Ostdeutschland oder in die Sowjetunion geschaut und die armen Kinder bedauert haben, die nicht selten schon von der achten Woche an in den Kinderkrippen auf Staatskurs gedrillt wurden, während wir heute wie Gehirngewaschene das Hohelied der frühen Fremdbetreuung singen? Alles vergessen?

Woran liegt es, dass sich kein Politiker mit der internationalen Bindungsforschung zu beschäftigen scheint, um endlich erkennen zu können, dass Gewaltbereitschaft, Kriminalität und Drogenkonsum in unmittelbarem Zusammenhang stehen mit fehlender Mutterbindung und mangelnder Zuwendung und Liebe in der frühen Kindheit? Warum werde ich wie eine Aussätzige behandelt, wenn ich öffentlich darüber rede, dass wir aussterben, weil Frauen und Männer Angst vor einer eigenen Familie haben, die sie am Geldverdienen hindern könnte, und dass niemand etwas dagegen tut, weil in Wirklichkeit niemand etwas tun will?

Was mache ich hier eigentlich noch? Trage ich als Journalistin wirklich dazu bei, dass die Menschen vor ihrem Fernseher daheim aufgeklärt werden über die Dinge, wie sie in Wahrheit sind? Oder mache ich mich im Gegenteil sogar mitschuldig, wider besseres Wissen all den Menschen im Lande gegenüber notwendige Überlebensmechanismen vorzuenthalten oder sie zu bagatellisieren?

Muss ich wirklich das politisch korrekte Gemeinlied singen, weil es die anderen auch tun? Warum darf ich keine eigene Meinung zu diesem Thema äußern? Woher stammt die Angst, dass dies an die Oberfläche geraten könnte? Soll ich schweigen und »Kreide fressen«, damit ich meinen Job behalte?

Wen interessieren denn Dutzende von Jungschauspieler/innen, die zum hundertfünfzigsten Mal in den allabendlichen Talkshows in je zwölf langen Minuten der Öffentlichkeit erklären dürfen, wie und warum sie die Nebenrolle in einem mittelmäßigen Krimi spielen?

Es macht mich müde, und es kostet mich ungeheure Kraft, dies immer wieder darzulegen und deshalb innerliche Kämpfe auszufechten, während die meisten Damen der Redaktion ohnehin kaum noch etwas davon hören wollen. Ich gehe ihnen wohl eher gehörig auf die Nerven mit meinem persönlichen Weltrettungsprogramm, zu dem inzwischen eine ganze Reihe von Büchern gehört, die ich zum Thema »Mutter-Kind-Bindung« veröffentlicht habe. Sie brachten mir allesamt eher Ärger als Akzeptanz, geschweige denn Anerkennung, doch ich blieb dabei.

Und so veröffentliche ich im April 2006 einen Artikel im Politmagazin *Cicero*, in dem ich unter anderem auf die wissenschaftlichen Erkenntnisse der Bindungsforschung hinwies. (1) Dieser Bericht brachte mir allerdings derartige Schwierigkeiten, dass mir klar war: Wenn ich weiterhin öffentlich mit derart unliebsamen Themen »provozierte«, könnte ich meinen *Tagesschau*-Job an den Nagel hängen.

Nachdem einige Monate später mein Buch *Das Eva-Prinzip* erschien, zog ich mich aufgrund des gewaltigen Drucks bestimmter linksfeministischer Interessengruppen von der Tätigkeit als Nachrichtensprecherin zurück. Erstaunlich für mich war die Erfahrung, mit welch fragwürdigen Methoden diese Gruppen heimlich arbeiteten. Doch dazu später mehr.

Da sitzen sie in dieser Redaktionskonferenz vor mir, und ich schaue sie mir einmal genauer an. Sind sie glücklich? Die wenigsten von ihnen haben Kinder oder sind verheiratet. Mir ist schon klar, dass nicht jeder Mensch zum Glücklichsein Kinder und einen Ehepartner braucht. Aber dass es unter den Damen im Sender welche gibt, die gerne Nachwuchs gehabt hätten, weiß ich. In der Redaktion scheinen alle ihre wohl eher zufällig entstandenen Lebensentwürfe widerspruchslos zu erfüllen, ebenso wie ich es lange Zeit ohne nachzudenken tat. Sprechen will kaum jemand darüber. Im Gegenteil, wenn ich einmal davon anfange, herrscht genervtes Schweigen. Meine Co-Moderation sagt in regelmäßigen Abständen mit vorwurfsvoller Stimme: »Eva sucht wieder nach dem Sinn des Lebens.« Sie ist in der norddeutschen Region für ihre Scharfsinnigkeit bekannt.

Als ich den Frauen zum Abschluss dieser Konferenz mitteile, dass in wenigen Wochen mein neues Buch präsentiert wird, ist es gerade so, als fahre ein stählernes, unsichtbares Schwert durch die Luft. Kommentiert wird meine Bemerkung so gut wie gar nicht. Ich versichere noch, dass sich diesmal niemand wegen seines Lebensentwurfes angegriffen fühlen müsse und dass ich nicht mit derartigen Unruhen rechne wie beim letzten Mal.

Nach etwa fünf Stunden verlasse ich die Redaktion als Erste. Alle schauen höflich und unbeteiligt, als ich mich verabschiede. Ich ahne, was geschieht, wenn ich gleich draußen bin.

Zu diesem Zeitpunkt weiß ich noch nicht, dass es später eine Talkshow ohne mich, aber mit meiner bisherigen Co-Moderatorin Bettina Tietjen geben soll. Wann hierüber diskutiert wurde, kann ich nicht sagen. Aber ein Redakteur der *Hörzu* scheint mehr zu wissen, denn er wird mich einige Tage später anrufen und mir den Satz sagen: »Sie scheinen auf der Abschussliste zu stehen, Frau Herman! Wussten Sie das noch nicht?« Die *Bild Hamburg* berichtet ebenso über diese Spekulation mit folgendem Artikel:

»Aus für Herman und Tietjen?
Sie sind seit mehr als zehn Jahren auf Sendung. Doch jetzt gibt es beim NDR Gerüchte über ein Ende ihrer Talkshow.
Kippt der NDR die Gacker-Moderatorinnen Eva Herman (48) und Bettina Tietjen (47) aus dem Programm? Ihre beliebte Freitagabendrunde könnte durch die neue Talkshow *Das wahre Leben* (Arbeitstitel) ersetzt werden, meldet die aktuelle *Hörzu*. Der Sender bestätigt eine neue Show, dementiert aber das Ende von *Herman & Tietjen* ...« (2)

Ich bitte den NDR-Unterhaltungschef Schreiber um Aufklärung. Wenig später schickt mir Herr Schreiber eine SMS, in der es wörtlich heißt: »Liebe Frau Herman – habe bei *Bild* angerufen und gesagt, dass Sie *HerTie* (*Herman und Tietjen*) und *Wer hat's gesehen* (langjährige Quizsendung) selbstverständlich weitermoderieren. Alles wird gut. Grüße, Ihr Thomas Schreiber.« (3)

Als ich im Auto sitze, muss ich weinen. Und mein Mann wird heute Abend erneut zu mir sagen: Hör doch endlich auf dort! Du gehörst da längst nicht mehr hin!
Ich weiß, dass er recht hat.

Auszug aus den Schriftsätzen meiner Anwälte (I)

Die 1958 geborene Klägerin ist eine deutsche Journalistin und Fernsehmoderatorin. Sie ist verheiratet und hat einen Sohn, der 1997 geboren ist. Seit 1983 ist die Klägerin in Rundfunk und Fernsehen tätig. Seit 1988 arbeitete die Klägerin für den Beklagten. Seit April 1988 war sie Sprecherin der »Tagesschau« und der »Tagesthemen«. Seit 1991 war die Klägerin außerdem regelmäßig in Talk- und sonstigen Unterhaltungssendungen des Beklagten zu sehen [ARD-Geburtstagsgalas für Karl Dall, Freddy Quinn, Inge Meysel,

»Chorgala«, »Stars« (ARD-AIDS-Gala), »Ein Herz für Kinder«, »DAS!«, »Wer hat's gesehen?«, »Deutschlands Talente«]. Sie führte durch die Berichterstattung der ARD über die Internationale Funkausstellung in Berlin (1993, 1995, 1997) und über die Kieler Woche (1995 bis 2007).
   Ab dem 17.01.1997 sendete der Beklagte die Talk-Illustrierte »Herman und Tietjen«. Dort trat die Klägerin zusammen mit Bettina Tietjen auf. Hieraus entwickelte sich im Mai 1999 die Talkshow »Herman & Tietjen«. Diese sendete der Beklagte jeweils an einem Freitag pro Monat von 22.00 Uhr bis 0.15 Uhr. Neben prominenten Gästen aus Politik, Kultur, Sport und Gesellschaft wurden unbekannte Gäste eingeladen, »die etwas zu sagen hatten«. Prägender Inhalt war die Entwicklung themenbezogener Äußerungen von Gästen durch das Gespräch mit den Moderatorinnen. Die Sendung hatte eine durchschnittliche Einschaltquote von durchschnittlich 16,3 %. Die Gestaltung, welche die Sendung im September 2007 vorwies, beruhte im Wesentlichen auf Ideen der Redaktion sowie der Klägerin und ihrer Co-Moderatorin, namentlich bezüglich des Grundkonzepts und der Auswahl der Gäste.

Schon 1999 äußerte die Klägerin in einer Talkshow (»Talk vor Mitternacht«, NDR-Fernsehen), viele Frauen seien durch Mehrfachrollen überfordert und stießen »Notrufe« aus.

Ab 2001 veröffentlichte die Klägerin zwei Romane, Sachbücher (»Vom Glück des Stillens« und »Mein Kind schläft durch«) und eine CD mit Swing-Aufnahmen. 2001 erschien ihr Buch »Fernsehfrauen in Deutschland. Im Gespräch mit Eva Herman«. Der Beklagte ließ über seine eigene Produktionsfirma »Studio Hamburg« den Roman »Dann kamst Du« durch Susanne Hake für sein Hauptabendprogramm verfilmen. Schon in ihrem Buch »Mein Kind schläft durch« distanzierte die Klägerin sich von der Familienpolitik des Nationalsozialismus. Konkret ging es um die im Nationalsozialismus geförderte Art der Säuglingspflege, die mit Absicht lieblos war:
   »Auch im Dritten Reich stand die Trennung des Kindes von seiner

Mutter an erster Stelle. Allerdings aus ganz anderen Gründen. Die Säuglingspflege der dreißiger Jahre hatte zum Ziel, aus dem Baby einen zukünftigen deutschen Soldaten zu machen, der treu seinem Vaterland dient. Eine liebevolle Mutter-Kind-Beziehung wurde als störend angesehen. Physische und emotionale Distanz als bestimmende Beziehungsprinzipien. Das Kind war Teil einer größeren Familie: des deutschen Volkes. [...] Ein Übermaß an Liebe war verboten. Man stillte das Kind, wickelte es, aber ansonsten sollte die Mutter das Kind in Ruhe lassen. Sie durfte weder mit ihm spielen, noch es sonst irgendwie stimulieren. Sogar sein Schreien war kein Grund, diese ›goldenen‹ Regeln zu brechen. [...] Auch in der Nacht lautete der Grundsatz ›Schreien lassen!‹. Eltern sollten keinesfalls nachgeben. Das Buch ›Die deutsche Mutter und ihr erstes Kind‹ von Johanna Haarer, aus dem diese Ratschläge stammen, verkaufte sich bis Kriegsende 690 000 Mal. Die provozierte Entfremdung des Säuglings, ergänzt durch körperliche und seelische Isolation, war Ziel der nationalsozialistischen Pädagogik. ›Wir brauchen Kämpfer, keine Muttersöhnchen‹. [...]« S. 68 heißt es ferner: »Im Dritten Reich wollte man die Mutter durch das Vaterland ersetzen, um das Kind dem Nationalsozialismus gefügig zu machen. [...]«

2003 stellte das Emnid-Institut fest, dass die Klägerin die »beliebteste Moderatorin Deutschlands« war (vgl. Sigrid Liebig, Man muss nicht mit jedem über alles reden, »Die Welt«, 28.08.2003).

Die Klägerin engagiert sich in der Bewegung »Laut gegen Nazis«. Für diese Bewegung las sie 2005 eine CD mit Texten von Erich Kästner ein.

Am 27.04.2006 veröffentlichte die Klägerin einen Aufsatz mit dem Titel »Die Emanzipation – ein Irrtum?« in der Mai-Ausgabe des Magazins »Cicero«. Dessen Eingangstext lautet: »Die Deutschen sterben aus – und das könnte daran liegen, dass der Feminismus die Frauen zwischen unterschiedlichen Rollenanforderungen zerrieben und für die Mutterrolle unbrauchbar gemacht hat. [...]«

Der Artikel fordert eine Wiederaufwertung von Müttern, die nicht erwerbstätig sind: »[...] ramponierten wir [die Frauen] en passant auch noch das Ansehen der nicht berufstätigen Mutter, deren sozialer Status im Laufe der Emanzipationsanstrengungen immer schwächer wurde und heute kaum noch gesellschaftsfähig ist. Nur Hausfrau? Nur Mutter? [...] Ist die zu faul?, fragt man hinter vorgehaltener Hand. Oder etwa zu dumm?«

Der Artikel löste eine öffentliche Diskussion aus. Bundesministerin Ursula von der Leyen warf Müttern, die nicht erwerbstätig sind, zur selben Zeit materialistische Motive (»Hedonismus«) vor (Familienbericht 2006).

Alice Schwarzer, Deutschlands bekannteste Feministin, rief die Öffentlichkeit auf, gegen die Klägerin tätig zu werden. Sie verlangte die Entfernung der Klägerin als Nachrichtensprecherin. So schrieb Schwarzer im April 2006 in der radikal-feministischen »Emma« über den »Cicero«-Artikel der Klägerin:

»Frauen sollten mit so einem Quatsch im Jahre 2006 keine Zeit mehr verlieren.«

Auf »Emma-online« rief Schwarzer unter »Satire oder Steinzeit?« öffentlich dazu auf, von dem Beklagten die Entlassung der Klägerin als Nachrichtensprecherin zu fordern: »Die ARD muss sich fragen, ob ihre ›Tagesschau‹-Sprecherin mit so sexistischen Elaboraten nicht gegen die Grundsätze der öffentlich-rechtlichen Rundfunkanstalten verstößt – und die vorgeschriebene ›Glaubwürdigkeit‹ einer Nachrichtensprecherin demontiert!«

In einem über »Emma« verteilten »Newsletter« wiederholte Schwarzer diesen Aufruf: »Durch ihre Thesen [scil.: die der Klägerin] ist auch ihre Glaubwürdigkeit der ›Tagesschau‹ in Frage gestellt. Wenn eine oder einer so etwas über Schwarze schreiben würde, würde mensch noch am selben Tag gefeuert. [...] Wir dürfen gespannt sein, welche Konsequenzen die sexistischen Sprüche von ›Tagesschau‹-Sprecherin Herman haben werden. Verantwortlich dafür ist der Chefredakteur Dr. Kai Gniffke.«

In dem »Newsletter« folgten die Telefaxnummer und die E-Mail-

Adresse der »Tagesschau«-Redaktion. Diese erhielt daraufhin Hunderte von Zuschriften.

Am 29.05.2006 sagte Schwarzer in »Der Spiegel« und in dem Artikel »Panik im Patriarchat«, die Thesen der Klägerin seien »eine Suada, angesiedelt zwischen Steinzeitkeule und Mutterkreuz«.

Am 12.08.2006 teilte der Beklagte öffentlich mit, dass die Klägerin nach 17 Jahren ihre Arbeit als Nachrichtensprecherin ruhen lasse. Am gleichen Tag las man in »BILD« unter »Eva Herman: Kippten Feministinnen sie aus der Tagesschau?«: »Frauenverbände protestierten empört bei der Tagesschau-Redaktion, forderten die Absetzung von Eva Herman.« Eine Fotogalerie zeigte dazu Bilder von der Klägerin, untertitelt mit den Worten »das schöne Gesicht der Tagesschau«.

Der Eklat

6. September 2007, Dorinth-Sofitel, Gendarmenmarkt, Berlin, acht Uhr morgens.

Ich habe miserabel geschlafen, doch lag es nicht am Hotelbett. Mein Herz klopft schneller als sonst, in der Nacht hatte ich mehrfache Schweißausbrüche. Was ist nur los? Zum Glück ist mein Mann mitgekommen, er bringt mir Kaffee ans Bett und lächelt mich an. »Du machst das schon, Engelchen!« Dabei küsst er meine Stirn.

Kurze Zeit später klopft es an die Zimmertür. Claudia kommt rein und hievt ihren großen, schwarzen Schminkkoffer auf den Tisch. Sie ist eine der besten Maskenbildnerinnen, die ich kenne. Egal, wie man gerade aussieht und sich fühlt, mit sicherem Pinselstrich und aufmunternden Worten holt sie das Beste aus einem raus, äußerlich wie innerlich. Ich kenne Claudia nunmehr seit fast zwanzig Jahren, und sie ist neben ihrer bemerkenswerten Berufskunst eine großartige Psychologin.

Auf den ersten Blick sieht sie, dass es mir nicht gut geht. Einfühlsam und liebevoll schminkt sie mein Gesicht, ihre Bewegungen gleichen manchmal fast einem Streicheln, was mir in der Seele gut tut.

Wir sprechen über den Inhalt meiner Bücher, und ich spüre beim wiederholten Versuch, die drängende Sachlage unseres Landes zu erklären, eine gewisse Ermattung. Auch Claudia, selber Mutter zweier Kinder, traut sich jetzt kaum, etwas dazu zu sagen. Morgen ist sie wieder im Sender, und es wäre vielleicht besser, erst gar nicht auf das inzwischen unliebsame Thema von Eva Herman einzugehen.

Warum scheinen nur wenige Menschen in der Lage zu sein, das zu erkennen, was unwillkürlich auf uns zusteuert? Lieblosigkeit, Bindungslosigkeit, Materialismus beherrschen uns doch schon längst! Und das Ganze wird immer noch beharrlich öffentlich schöngeredet mit Begriffen wie Emanzipation und Befreiung der Frau. Müsste nicht jedem, der mit offenen Augen durchs Leben geht, überdeutlich erkennbar werden, dass unsere Gesellschaft ohne Liebe und Fürsorge nicht überleben kann?

Wie kann es nur sein, dass solche Überlegungen Hohn und Spott auslösen, anstatt zumindest Reflektion zu ermöglichen? Es geht hier doch schließlich um alle! Wo sind denn Mut und Zivilcourage unserer Gesellschaft geblieben, auch über Themen zu diskutieren, die nicht im Flusse der öffentlichen Meinung treiben? Vielen Menschen scheint die Fähigkeit abhandengekommen zu sein, über den Tellerrand hinauszuschauen zu können. Wären nicht die vielen Briefe und E-Mails, die ich täglich aus dem ganzen Land bekomme, in denen sich Frauen, Mütter wie Großmütter, aber auch Männer aller Altersgruppen bedanken für meinen Mut, dies alles laut auszusprechen, ich wäre vielleicht schon ausgewandert.

Ich sehe Bilder aus dem Alten Testament vor mir: Moses kommt den Berg herunter und hält in seinen Händen die Tafeln mit den Geboten, doch was er hier unten sieht, erregt seinen tiefen Zorn, und er schlägt die Tafeln voller Wut entzwei. Die Menschen haben alle Hinweise auf den Schöpfer vergessen und umtanzen ihren Götzen, das Goldene Kalb.

Sind wir nicht in derselben Situation? Goldene Kälber hat es in der Menschheitsgeschichte eine Menge gegeben. Unsere heutigen heißen: globalisierte Gewinnmaximierung und Kostensenkung! Beifall und

Applaus durch Job und Lohnzettel! Anerkennung und Bewunderung durch unvergängliche Schönheit und Jugend! Welches Desaster! Warum nur scheinen so wenige Menschen die immensen Gefahren zu erkennen, in denen wir längst metertief stecken?

Claudia legt Rouge auf und denkt laut über das nun bevorstehende Ereignis nach, aber auch über jene Pressekonferenz vor einem Jahr anlässlich der Präsentation des *Eva-Prinzips*. Auch hier war sie an meiner Seite gewesen und hatte mich seelisch gestützt. Denn diese Veranstaltung war wahrlich kein Zuckerschlecken gewesen. Wochenlang zuvor, im Sommer bereits, hatte die Presse sich damals auf *Das Eva-Prinzip* eingeschossen, obwohl nahezu kein einziger Journalist auch nur eine Seite hatte lesen können, weil ihnen das Buch bis zum Schluss nicht zugänglich gewesen war. Denn meine Co-Autorin Christine Eichel und ich hatten daran bis zum Ende der Sommerferien gearbeitet. Wir feilten bis zur letzten Minute an dem Buch, und deshalb wurde es erst ziemlich spät fertig.

Viele fragten sich damals, wie es möglich war, dass der Rummel bereits so früh, lange vor dem offiziellen Erscheinungstermin, losbrechen konnte.

Doch im Prinzip war die Sache einfach zu erklären – soweit man alle Hintergrundinformationen zur Verfügung hatte. Ich werde an dieser Stelle etwas weiter ausholen, um die genauen Umstände, Ursachen und Folgen zu erläutern, bevor ich zu erwähnter Pressekonferenz in Berlin zurückkehre.

Nachdem ich in der Mai-Ausgabe 2006 des politischen Magazins *Cicero* den erwähnten Aufsatz über die Emanzipation der Frau veröffentlicht hatte, waren die Wogen wie verrückt hochgeschlagen. Denn neben der Titelzeile, in der ich die Frage stellte: »Ist die Emanzipation ein Irrtum?« brachte die *Cicero*-Redaktion auf der Coverseite die begleitende Forderung: »Zurück an den Herd!«. Ein Appell, den ich niemals erhoben hatte und den kein Mensch jemals in meinen Büchern finden wird. Zufällig fiel das Veröffentlichungsdatum meines Artikels auch noch auf denselben Tag, an dem die damals amtierende Bundesfamilienministerin Ursula von der Leyen den siebten Familienbericht 2006 vorlegte. Das wäre vielleicht nicht weiter schlimm gewesen, hätte die Ministerin in diesem Zusammenhang nicht ausgerechnet Müttern, die bei ihren Kindern zu Hause blieben und nicht erwerbstätig waren, unterstellt, diese genössen lieber ihre Freizeit. Das genaue Zitat lautete: »Die geringste Präsenz am Arbeitsmarkt findet sich bei deutschen Müttern, die diese gewonnene Zeit aber nicht in Hausarbeit investieren, sondern in persönliche Freizeit.« (4) Dies löste eine lebhafte bis diskriminierende öffentliche Debatte über nicht erwerbstätige Mütter einerseits und über eine »herzlose« Familienministerin andererseits aus. (5)

Und so standen sich plötzlich zwei steile Thesen in der bundesdeutschen Öffentlichkeit gegenüber, die unterschiedlicher nicht sein konnten. Das Dumme daran war nur, dass ich bis zu jenem Zeitpunkt weder als Politikerin noch als politische Journalistin in Erscheinung getreten war, sondern als eine bis dahin lediglich durch ihr lebendiges Privatleben auffällig gewordene *Tagesschau*-Sprecherin, die gefälligst neutral zu bleiben hatte. Die nun jedoch Forderungen nach der frühen Bindungsnotwendigkeit zwischen Mutter und Kind aufstellte, von denen in der modernen Gender-Gesellschaft kaum jemand mehr etwas wissen wollte.

Der Maulkorb

Schon einige Jahre zuvor hatte ich mich auf diese einsame und in Wirklichkeit ziemlich gefährliche Einbahnstraße begeben, die inzwischen unkalkulierbar geworden war. Es wurde immer deutlicher, dass ich hier ein Thema angeschnitten hatte, das brisanter war, als ich zunächst angenommen hatte. Doch nichts in der Welt hätte mich je wieder davon abbringen können. Denn ich machte nun meine eigenen Erfahrungen, als Karrierefrau und gleichzeitig auch als Mutter, die sich so ganz anders anfühlten, als man es den Leuten da draußen erzählte.

Einige Monate nach der Entbindung meines Kindes begann ich, aufgrund des täglichen Spagats zwischen Kind und Karriere ein Buch zu verfassen über die Mutter-Kind-Beziehung aus Sicht der Karrierefrau, in dem ich Fernsehkolleginnen wie Sabine Christiansen, Sandra Maischberger oder Petra Gerster zur Vereinbarkeit von Kind und Beruf interviewte. Ich fragte diejenigen, die Kinder hatten, wie sie das alles schafften, und die kinderlosen Frauen erläuterten mir, warum sie keinen Nachwuchs hatten.

Die Ahnung, die mich schon während der Schwangerschaft beschlichen hatte, bestätigte sich Stück für Stück. Es wurde offensichtlich, dass wir Frauen unter dem globalisierten Emanzipationsdruck möglicherweise einem gefährlichen Irrtum aufsaßen, nämlich, Beruf und Familie lässig miteinander vereinbaren zu können. Dieser Eindruck wurde unter anderem dadurch erzeugt, dass wir durch scheinbar souveräne Vorbilder wie die heutigen Selbstvermarktungsikonen Verena Pooth, Germanys Topmodel Heidi Klum, eine Familienministerin mit sieben Kindern oder eine Ex-Landesbischöfin, die Mutter von vier Töchtern ist, weil wir durch solche »Familienwunder« eben täglich in den Medien erfahren, dass alle Frauen dazu doch eigentlich ganz locker und wie nebenbei in der Lage sein müssten. Ungeachtet des umfangreichen Hauspersonals mancher Genannten, die Millionen anderen Frauen schon alleine aus wirtschaftlichen Gründen niemals zur Verfügung stehen könnten.

Und mir wurde schlecht bei dem Gedanken, dass dieser Eiertanz nicht nur zulasten der Mütter ging, sondern maßgeblich den kleinen Kindern zum Nachteil gereichte, für deren Wohl und Bedürfnisse sich anscheinend niemand mehr öffentlich einsetzen wollte.

Und so schrieb ich kurz darauf ein Sachbuch über die Notwendigkeit des Stillens (6) und ein weiteres über das liebevolle Zubettbringen der kleinen Kinder (7). Bei den Recherchen zu beiden Büchern wurde mir klar, dass weder das Stillen noch das liebevolle Schlafenlegen der Kleinen heutzutage noch wirklich möglich waren, weil Mütter und auch Väter durch die wachsenden Ansprüche der Arbeitgeber, der Politik und der sich insgesamt verändernden Gesellschaft unter massivem Zeitdruck stehen.

Bereits das Stillbuch brachte mir etlichen Ärger ein. Zeitungen berichteten von einer merkwürdigen persönlichen Veränderung, die ich durchzumachen schien. Einige zweifelten an meiner psychischen Verfassung. Und im Sender versuchte man, diesen unliebsamen Ausrutscher einfach wegzuschweigen. Bei einer Medienveranstaltung, die in diese Zeit fiel, schrie mich der junge Redakteur einer großen Tageszeitung an, ich hätte ja wohl nicht mehr alle beisammen, und er kenne in seinem Lebensumfeld aber auch wirklich niemanden, der meinen würde, dass kleine Kinder durch Krippenbetreuung etwa Schaden nähmen. Auch ihm schien der Blick verstellt, dass es außer Unterhaltungsjournalisten noch andersdenkende Menschen im Lande geben könnte.

Bei allen Recherchen auf den zahlreichen Bindungssymposien und Kongressen, die ich besuchte, und selbstverständlich durch eigenes Erleben wurde mir immer deutlicher, dass die moderne und emanzipierte Frau von heute in Wirklichkeit ganz beachtlich unter Druck steht. Und dass diese Belastung vor allem eben auf Kosten der kleinen Kinder und ihrer naturgemäßen Entwicklung geht, für die eine direkte, liebevolle Förderung im Gegenteil dringend notwendig ist, und zwar rund um die Uhr.

Und ich fühlte mich inzwischen zunehmend schuldig, als öffentliche Karrierefrau und Mutter selbst ein falsches Bild nach außen zu transportieren. Denn ich wusste indessen auch, dass unzählige Frauen im Land gerade uns Fernsehdamen, aber auch Schauspielerinnen, Politikerinnen und Models zum Vorbild nahmen und sich nicht selten an diesen Lebensentwürfen orientierten. Und darunter gab es wohl kaum eine Vertreterin, die öffentlich zu sagen wagte, dass sie diese Doppelbeanspruchung in Wahrheit gar nicht so gut hinbekam. Im Gegenteil, tapfer strahlten sie in die Kameras und gaben die Vorzeigemuttis einer Glamourwelt ab, die jedoch wenig mit der Realität und dem Alltag zu tun hatten.

Der scheinbar etwas verstörte Chefredakteur der *Tagesschau* hatte nach Erscheinen des *Cicero*-Artikels übrigens sofort angerufen und mich nachdrücklich beschworen, ich möge auf keinen Fall weiter zu diesem Thema in der Öffentlichkeit Stellung nehmen, ich hätte als *Tagesschau*-Sprecherin die Neutralität der Sendung zu wahren, dies sei schließlich eine große Verantwortung.

Nun, dieser Verpflichtung war ich mir beinahe zwanzig Jahre lang stets bewusst gewesen, doch hatte ich bei aller Loyalität dennoch zu keinem Zeitpunkt beschlossen, deswegen mein selbstständiges Denken aufzugeben. Außerdem war es – zumindest zu meiner Zeit – keinem *Tagesschau*-Sprecher möglich gewesen, in einer Livesendung auch nur einen einzigen Pieps von sich zu geben, der nicht von den zumeist beamteten, grauschläfrigen Redakteuren vorgeschrieben gewesen wäre. Umso weniger bestand also die Gefahr, dass ich innerhalb einer *Tagesschau*-Sendung zwischen Inlandsmeldungen und Wetteransage etwa laut über die heutige Rolle der Frau nachgedacht hätte.

Nun war es aber so, dass schon am Tag der Veröffentlichung des genannten *Cicero*-Artikels verschiedene Talkredaktionen in meinem Büro angefragt hatten, ob ich als Gast zu diesem Thema im Fernsehen Stellung nehmen wollte, unter anderem *Sabine Christiansen* (Das Erste) und *Maybritt Illner* (ZDF). Eigentlich hatte ich dies auch fest vorgehabt, doch jetzt war mir von meinem Chefredakteur ein Maulkorb verpasst worden. Eine dumme Situation. Und ob ich wollte oder nicht, ich musste alle Anfragen absagen.

So saß ich die folgenden Tage abends zu Hause vor meinem Fernseher und schaute mir jene Sendungen am Bildschirm an, in denen über den *Cicero*-Artikel und die Rolle der modernen Frau diskutiert und dabei nicht selten über meine »verstaubten Thesen« gespottet wurde. Nur ich, die ich diese angeblich veralteten Ansichten aufgestellt hatte, konnte selbst dazu nicht Stellung nehmen.

Unzeitgemäße Thesen

Lediglich für eine einzige Sendung erhielt ich eine Sondererlaubnis. Unabhängig von dem soeben erschienenen *Cicero*-Artikel hatte ich jene Einladung nämlich bereits einige Wochen zuvor erhalten und dort zugesagt. Da ich als Talkmoderatorin selbst nie begeistert war, wenn ein Gast kurz vor der Sendung absagte, wusste ich, dass es in meinem Fall ebenso unhöflich und nicht gerade rücksichtsvoll gewesen wäre, am Vortage der Sendung mein Nichterscheinen bekanntzugeben.

Die Sendung, die der Westdeutsche Rundfunk in Köln ausstrahlte, hieß *Kölner Runde*, mit Bettina Böttinger als Moderatorin und einem weiteren, korpulenten und recht kahlköpfigen Kollegen, dessen Name mir inzwischen wieder entfallen ist. Da auch dieser Talkshowbesuch aus Sicht meiner Chefredaktion unerfreuliche Folgen hätte haben können, wenn ich etwa Forderungen zum Wohle des Kindes aufgestellt und die Entlastung berufstätiger Mütter gefordert hätte, wurde mit der zuständigen Redaktion des Westdeutschen Rundfunks abgestimmt, dass die Moderatoren mir nur zu Beginn des Interviews zwei, drei kurze Fragen hierzu stellen, wir jedoch danach sofort zu anderen Themen übergehen sollten. Das war mir auch ganz recht. Denn Frau Böttinger war nicht gerade dafür bekannt, in diesen Angelegenheiten in geistiger Verwandtschaft zu mir zu stehen. Doch welche Überraschung musste ich erleben. Obwohl die beiden Moderatoren und auch die zuständige WDR-Redakteurin mir vor der Sendung freundlich lächelnd zugesagt hatten, sich an die Absprachen zu halten, verlief die Livesendung dem völlig entgegengesetzt. Die beiden nahmen mich buchstäblich in die Zange und bohrten ohne Unterlass nach: Wie ich nur auf die seltsame Idee gekommen sei, einen solchen Artikel zu schreiben? Sie zeigten dabei sehr deutlich, dass sie dieses Thema für unzeitgemäß und überflüssig hielten, nicht ohne mit spöttischem Zungenschlag stets neue Ironie zu entfachen.

Es ist nicht so, dass ich mich an dieser Stelle über eine aus meiner Sicht etwa ungerechte Behandlung beschweren möchte, denn ich bin durchaus in der Lage, mich selbst zu verteidigen. Vor brenzligen Interviewsituationen fürchtete ich mich aufgrund jahrelanger Erfahrung als Radio- und Fernsehmoderatorin längst nicht mehr, außerdem hatte ich mir die Fähigkeit der verbalen Selbstverteidigung bereits als mittleres Kind zwischen zwei sehr schlagfertigen Geschwistern aneignen müssen. Doch stand mir die ganze Sendung über das sorgenvolle und gestrenge Gesicht meines Chefredakteurs vor dem geistigen Auge, hatte ich ihm gegenüber doch fest versprochen, mich an seine Anweisung zu halten, nämlich nur kurz über berufstätige Mütter und ihre Kinder zu sprechen, während die beiden Moderatoren jene Absprache nun einen feuchten Kehricht zu interessieren schien.

Kurz und gut, dieses Interview war eine Katastrophe und geriet zur Farce. Die beiden fragten, und ich antwortete, dass ich darauf nicht antworten würde, weil wir eine andere Abmachung hätten. Auch die meisten der übrigen Talkgäste wurden um ihre Meinung zu »meinen Thesen« gebeten. Gezielte und aus meiner Sicht zu manipulative Fragestellungen der Moderatoren sorgten schließlich für eine für mich nicht wirklich angenehme Atmosphäre. Ich konnte zu diesem Zeitpunkt noch nicht ahnen, dass es sich um den Auftakt einer ganzen Reihe künftiger Fernseh- und Radiointerviews dieser »journalistischen Qualität« handeln sollte.

Die Kollegin Böttinger setzte übrigens dem Ganzen einen Tag später die Krone auf, indem sie dem kommerziellen Konkurrenzsender RTL ein mehrminütiges Interview über mich und meine »unzeitgemäßen Thesen« gab. Durch Zufall sahen Freunde und ich diese Sequenz gemeinsam im Fernsehen, und ich wurde das Gefühl nicht los, dass hinter diesem aus meiner Sicht mehr als fragwürdigen Verhalten noch eine Menge mehr stecken musste. Was hatte die Kollegin dazu veranlasst, einen wohl mehrstündigen Dreh in Kauf zu nehmen, um mich derartig lächerlich zu machen? Souverän war das nicht gerade, sie wirkte auf mich überdreht und eher jämmerlich.

Ich muss gestehen, dass mich diese Verhaltensweise zwar ziemlich verletzte, mich jedoch nicht wirklich überraschte. Denn es ist kein Geheimnis, dass Bettina Böttinger aufgrund ihres eigenen, gleichgeschlechtlich ausgerichteten Lebensentwurfes, gegen den ich nichts einzuwenden habe, möglicherweise ein nur eher geringes Interesse an Familienthemen wie Kindererziehung und Bindungsmechanismen haben konnte. Die Verpflichtung zum journalistischen Neutralitätsprinzip, die die Loslösung von eigenen, persönlich geprägten Ansichten zu gesellschaftspolitischen Fragen impliziert, lässt sich meiner Meinung nach ohnehin nur noch selten in dieser Medienlandschaft beobachten. Und was dieses spezielle Thema angeht, so ist durch Erhebungen längst bekannt, dass in den Medien nun einmal Menschen arbeiten, die zu über sechzig Prozent kinderlos sind. Und vielleicht spielte in diesem Zusammenhang ebenso jener Umstand keine unbedeutende Rolle, dass Frau Böttinger und Deutschlands Cheffeministin Alice Schwarzer im Kölschen Feminismusklüngel durchaus keine einflusslosen Strateginnen waren, die in diesen gesellschaftspolitischen Belangen wohl eher an ein und demselben Strang zogen.

Als ich mich einen Tag später beim *Tagesschau*-Chefredakteur in Hamburg über jene Vorgehensweise in besagter Sendung beschwerte und eine Klarstellung verlangte, sicherte dieser mir in etwas genervtem Ton zu, sich um die Sache kümmern zu wollen. Doch hörte ich trotz mehrmaligen Nachhakens nie wieder etwas über diesen Fall.

Die Denunziationskampagne der Alice Schwarzer und ihre Folgen

Kurze Zeit später erhielt ich eine E-Mail von einer unbekannten Frau. Diese informierte mich darüber, dass derzeit eine groß angelegte Aktion gegen mich durchgeführt würde, die zum Ziel habe, mich aus der *Tagesschau* zu entfernen. Wörtlich schrieb sie:
»Sehr geehrte Frau Herman!
Ich möchte ihnen mitteilen, dass die *Emma* eine Kampagne gegen Sie organisiert. Das weiß ich nur, weil ich den Newsletter dieser merkwürdigen Zeitung erhalte. Aus meiner Sicht enthält dieser Newsletter justiziable Äußerungen.«

Das war der genaue Wortlaut des Newsletters, den sie mir beigefügt hatte:
»Liebe Freundinnen und Freunde von *Emma*,
ab heute ist die neue *Emma* am Kiosk. Brandaktuell!
Schon mitgekriegt? Eva Herman, die *Tagesschau*-Sprecherin – auch bekannt als Autorin von Büchern wie *Das Glück zu stillen* oder als Blondinen-Darstellerin in den Boulevardblättern, die häufig die Männer wechselt – nur ihr Sohn muss qua Alter (acht) bei ihr bleiben –, hat eine Suada über »Die Emanzipation – ein Irrtum?« (8) losgelassen.
Wenn eine oder einer so etwas über Schwarze schreiben würde, würde mensch noch am selben Tag gefeuert.
Apropos gefeuert: Als Herman-Kollege Jens Riewa dem *Playboy* verriet, seine Freundin sei ›im Bett eine Bombe‹, musste er drei Monate lang von seinem Job zwangspausieren. Die öffentlich-rechtlichen Rundfunkanstalten haben nämlich Grundsätze. Unter anderem den, dass NachrichtensprecherInnen ›glaubwürdig‹ sein müssen – und dass die Förderung der tatsächlichen Gleichstellung von Frauen und Männern zu diesen Grundsätzen gehört.
Wir dürfen gespannt sein, welche Konsequenzen die sexistischen Sprüche von *Tagesschau*-Sprecherin Herman haben werden.
Verantwortlich dafür ist der Chefredakteur Dr. Kai Gniffke. (Fax-Nr. und E-Mail-Adresse wurden hier genannt)
Es grüßen herzlich die EMMAs« (9)

An dieser Stelle ist natürlich klarzustellen, dass mein Kollege Jens Riewa nach der Veröffentlichung im *Playboy* dementierte, sich mit diesen Worten geäußert zu haben. Abgesehen davon, dass in der *Playboy*-Veröffentlichung der Begriff »Granate« und nicht »Bombe« wiedergegeben wurde, sollte man als Journalist(in) ein Dementi des Betroffenen in der späteren Berichterstattung selbstverständlich erwähnen.

Welch ein Zufall mir diesen Newsletter zugespielt hatte! Ohne den Hinweis hätte ich wohl nie von dieser infamen, kaum verhohlenen Forderung, mich »zu feuern«, erfahren. Das schrieb man offenbar ungern so im Blatt. Lieber wandte man sich an den eher auf die Ziele eingeschworenen Abonnentenkreis. So bereitet man also heimlich, auf leisen Sohlen, den Boden für weitere Attacken gegen den identifzierten Gegner.

Nun war mir selbstverständlich von Anbeginn meiner Recherchen klar gewesen, dass ich das linksfeministisch geprägte Eisenherz einer Alice Schwarzer mit jenem *Cicero*-Artikel nicht gerade in euphorische Jubelstürme versetzen würde, doch hätte ich gerade ihr, die sie seit Jahrzehnten die Gebote von Fairness und Gerechtigkeit allen Frauen dieser Erde gegenüber beschwört und einfordert, eine derartig hinterhältige Aktion niemals zugetraut.

Und so trug es sich zu, dass mein geplagter Chefredakteur mich kurz darauf ein weiteres Mal zu sich zitierte, um mit vorwurfsvoller Miene auf einen dicken Stapel von ausgedruckten E-Mails und Faxen zu deuten und mir in etwa zu verstehen gab, dass sich nun nahezu das ganze Land gegen mich verschworen hätte. Ich ging auf die Depeschen zu, nahm einige der Briefe heraus und hielt sie ihm unter die Nase. Dabei versuchte ich ihm klarzumachen, dass es sich um eine groß angelegte Denunziationskampagne von Frau Schwarzer handele und ich ihm ihren geheimen Aufruf im Original gerne zukommen lasse würde.

Auch wenn dieses Gespräch zunächst relativ glimpflich ausging, so wusste ich doch, dass ich hiermit bereits einen weiteren, unsichtbaren Stempel aufgedrückt bekommen hatte und dass die künftige Zusammenarbeit mit dem NDR nicht gerade einfacher werden würde. Denn so viel hatte ich inzwischen durch etliche persönliche Erfahrungen gelernt: Wer sich für den modernen Lebensentwurf der erfolgreichen

Karrierefrau und Mutter einsetzte, war gern gesehen und wurde gefeiert. Wer jedoch über Mutterliebe und Kindesbedürfnisse sprach, begab sich in Gefahrenbereiche, die inzwischen nur noch schwer zu kalkulieren waren.

Vielleicht sollte ich auch nicht vergessen, in diesem Zusammenhang zu erwähnen, dass Deutschlands führendes Nachrichtenmagazin *Der Spiegel*, ebenso wie viele andere Medien, das Thema der Rolle der Frau nun auch eifrig bearbeitete, unter anderem in Form eines Interviews mit dem Titel »Panik im Patriarchat« (10). Interviewpartnerin war die mir durch ihre sehr persönliche, direkt gegen mich gerichtete Aktion als verlässliche Widersacherin vertraut gewordene Alice Schwarzer. Sie unterließ darin wiederum nichts, um deutlich herauszustellen, dass meine Ansichten nicht in die Öffentlichkeit gehörten und dass sie, wörtlich, »angesiedelt seien zwischen Steinzeitkeule und Mutterkreuz«. Und als sie gefragt wurde, ob ihr die demografische Krise des Landes denn keine Sorgen bereiten würde, lautete die knappe, klare Antwort: »Ehrlich gesagt: nicht die Bohne. Wir müssen doch im Jahr 2006 dem Führer kein Kind mehr schenken.«

Alice Schwarzer brachte mit diesen Antworten die Begriffe Familie, Kinder und Mütter ohne Mühe in direkten Zusammenhang mit dem Dritten Reich. Dass sie sich damit einer raffinierten, subversiven und jahrzehntelang bereits durch den Linksfeminismus erprobten Vernichtungsstrategie bediente und damit die in Wahrheit überlebenswichtigen Mechanismen einer Gesellschaft aufs Höchste gefährdete und gleichzeitig noch tiefer in den Dreck zog, wurde mir durch dieses Interview mit wachsendem Unbehagen plötzlich überdeutlich bewusst.

Zu diesem Zeitpunkt wusste ich noch nicht, dass Alice Schwarzer selbst durch eine aus meiner Sicht ziemlich grausame und trostlose Kindheit für ihr Leben, für den eigenen Sinn und die Sehnsucht nach Kindern und einem dazugehörenden Ehemann nahezu untauglich gemacht worden zu sein schien. Jedenfalls musste ich diesen Eindruck gewinnen, nachdem ich Bascha Mikas Biografie über Alice Schwarzer gelesen hatte.

Wie auch immer, durch ihre Aussagen im *Spiegel* sah ich die mir sehr wichtigen Anliegen plötzlich mit Vokabeln wie dem Mutterkreuz aus dem Dritten Reich in Zusammenhang gebracht, ein Umstand, der jeden an meiner Stelle zutiefst entsetzt hätte. Ich konnte es nicht fassen! Man stellte mich persönlich gleich mit unter Generalverdacht, damit die nur natürlichen Kindesbedürfnisse, die mir ein wahres Anliegen waren, nicht mehr thematisiert werden sollten. Die einfache Formel schien zu lauten: Wer sich gegen die Erwerbstätigkeit von Frauen ausspricht, ist ein Nazi!

Die Kritik meiner Kollegen

Zu dieser Zeit hatte ich allerdings immer noch die diffuse Hoffnung, dass ich nicht ganz alleine in der Verteidigung meiner Rechte dastehen würde. Denn nun nahm die Sache, nach dem meines Erachtens unkollegialen Verhalten Frau Böttingers, doch erst recht durch die große Denunziationskampagne Frau Schwarzers und ihre gewichtigen Worte in Deutschlands immer noch bedeutendstem Nachrichtenmagazin, dem *Spiegel*, inzwischen eine äußerst gefährliche Wendung.

Und so wartete ich darauf, dass wenigstens einer der NDR-Oberen, die mich seit über zwanzig Jahren gut kannten, mit der Faust auf den öffentlich-rechtlichen Tisch gehauen und dieser beginnenden Hexenjagd rechtzeitig Einhalt geboten hätte. Jeder im Haus wusste, dass ich mich jahrelang entschieden gegen Nazis und Neonazis eingesetzt hatte, zum Beispiel in der Organisation »Laut gegen Nazis«!

Doch auf diese klarstellende Geste vonseiten meiner Arbeitgeber wartete ich vergebens. Nichts geschah.

Interessant und gleichzeitig deprimierend waren auch die nachfolgend aufgeführten Zeitungskommentare und Aussagen öffentlicher Personen. Manche von ihnen berichteten über ein Buch, das sie noch gar nicht kannten, weil es zum Zeitpunkt ihres Artikels noch nicht erschienen war. Ein kleiner Auszug:

Spiegel Online
»Ist Eva Herman in einer Sekte? Besucht sie zu viele Familienaufstellungen? Liest sie esoterisches Schriftgut? Auf diese Fragen mag man kommen, liest man die Abrechnung der Nachrichtensprecherin mit der Frauenbewegung in *Cicero*. [...] Aber jetzt kommt Eva! Ohne Helm und ohne Gurt.« (11)

Spiegel Online
»Ist die Familie nicht seit jeher ein erstrangiger Quell für schwerste psychische und sexuelle Deformationen gewesen? War sie nicht immer auch ein Ort von Seelenqualen und Gewaltexzessen aller Art, nicht zuletzt von Mord und Totschlag? Gibt es nicht überhaupt erst deshalb staatliche Familienfürsorge, Jugendämter und andere Behörden, die im schlimmsten Falle eingreifen müssen? Sind die jüngsten Familientragödien mit mehrfachem Kindsmord, Verhungernlassen, Vergewaltigung durch den Vater und anderen Unsagbarkeiten schon vergessen, wenn der Wetterbericht kommt? […] Frau Herman und allen anderen frisch getauften Hohepriestern der ›*Family Values*‹ sei gesagt: Wer völlig ›intakte‹ Familien sucht, soll doch in die arabische Welt schauen, in den Iran und den Irak, nach Sizilien oder nach Berlin-Kreuzberg. Da herrscht sie noch, die ›jahrtausendealte‹ Familientradition.« (12)

Stern
»Mit einem Sachbuch […], das alte Hüte und steile Thesen vereint, versucht sich die blonde Ostfriesin nun als Gesellschafts-Theoretikerin, Teilzeit-Soziologin und Verhaltensforscherin. Frank Schirrmacher war gestern. Nun soll an Evas Wesen ganz Deutschland genesen. Man kann dennoch froh sein, dass sie sich nicht das große Feld der Außenpolitik ausgesucht hat. Wir wären wahrscheinlich mitten im Krieg.« (13)

Die Welt
»Irgendwie dachten und hofften wir, das Thema Eva Herman sei erledigt. Schon der Magazinbeitrag der Fernsehmoderatorin im Frühjahr zum Thema Mutterschaft und Emanzipation schien so belebend wie Pollenflug für Allergiker. […] Was stört, ist Eva Hermans Chuzpe, ihren mehr als merkwürdigen Thesen zu Kämpfen, die längst gefochten sind, Allgemeingültigkeit zu verleihen. Es ist aber nicht damit getan zu denken, die Olle spinnt doch […] Wir haben so viel Wichtigeres zu tun, 60er-Revivals machen wirklich nur in Mode und Musik Spaß. Lesen Sie bitte nicht das Buch.« (14)

taz
»Seit heute liegt Eva Hermans Entwurf der ›neuen Weiblichkeit‹ auch in Buchform vor: *Das Eva-Prinzip*. EX-FAMILIENMINISTE-

RIN RENATE SCHMIDT hat es bereits gelesen – und ist entsetzt über dieses ›Barbiepuppen-Weltbild‹:
›In den wenigen Tagen nach meinem Urlaubsende weiß ich einiges mehr, fragt sich nur, ob ich das wissen wollte: dass sich Frau Herman nach dem früh verstorbenen Vater sehnt, nicht gestillt wurde, aber buchschreibenderweise das Stillen erfunden hat. Dass das Nicht-gestillt-worden-Sein ihre drei gescheiterten Ehen verursacht hat. Dass sie eine Terrierhündin mit zwei Welpen hat. Und nur einen Sohn, obwohl sie gerne fünf Kinder hätte und nie, niemals nicht *Tagesschau*-Sprecherin hätte werden sollen, sondern am allerliebsten einen Mann und fünf Kinder zu Hause versorgt hätte.

Dann wäre allerdings das Buch *Das Eva-Prinzip* nie erschienen. Kein Verlag hätte dieses schwülstige Geschreibsel auch nur mit spitzen Fingern angefasst – ein Geschreibsel, das versucht, ein Feindbild, die Frauenbewegung, noch mit Jahrzehnten Verzögerung zu besiegen, und das en passant noch die Menschen in den fünf neuen Ländern diskreditiert.« (15)

Das »Eva-Braun-Prinzip«

Erst einige Monate nach meinem *Cicero*-Artikel erschien mein Buch *Das Eva-Prinzip*, über das eine ganze Reihe von Journalisten, die es noch gar nicht kannten, öffentlich geschrieben und diskutiert hatten. Als die taz daraufhin einen Artikel über das »Eva-Braun-Prinzip« veröffentlichte, wurde ich zum ersten Mal wirklich wütend und schaltete umgehend einen Rechtsanwalt ein. Die nächste bekennende Feministin stand auf der Matte: Thea Dorn. Sie hatte in jenem Artikel Texte aus meinem Buch und solche des Nazi-Chefideologen Alfred Rosenberg derart wiedergegeben, dass eine seiner üblen Naziparolen von mir zu stammen schien. Dafür wurde sie von linksfeministischen Kreisen mehrfach öffentlich gelobt. Die juristische Auseinandersetzung, die ich daraufhin anstrebte, dauerte eine ganze Weile und endete für Dorn mit dem klaren Verbot, Derartiges noch einmal zu schreiben.

Mit diesem Artikel und dem anschließenden für mich erfreulichen juristischen Ausgang, der natürlich *nicht* mit einer riesigen Schlagzeile publik gemacht wurde, war ich im öffentlichen Licht jedoch endgültig unter Verdacht geraten. *Das Eva-Prinzip* wurde jetzt auf breiter Ebene von der linksfeministischen Szene als »gefährlich« und »sexistisch« angegriffen und häufig bereits zu diesem Zeitpunkt in direkten Zusammenhang mit der Familienpolitik des Dritten Reiches gebracht. Denn der Bann war nun gebrochen. Und auch andere »politisch korrekte« Öffentlichkeitsvertreter, mit denen ich teilweise gut bekannt gewesen war, sprangen, ohne je ein persönliches Wort mit mir darüber gewechselt zu haben, bereitwillig auf diesen Zug auf, auf den sie anscheinend nur gewartet zu haben schienen.

Der Journalist Arne Hoffmann schreibt in seinem Buch *Der Fall Eva Herman* (16) zu den Ursachen dieses militanten Verhaltens Folgendes:

»Die feministische Ideologie durchdringt inzwischen sämtliche politischen Parteien und wird auch von der linken bis konservativen Presse breit vertreten. Herman stellt für das Projekt, möglichst viele Frauen für Beruf und Karriere zu gewinnen, einen klaren Störfaktor dar. Sie steht zwar ›nicht alleine da mit ihrer Kritik an dem, was auf dem Gebiet der Frauenpolitik seit etwa vierzig Jahren im Westen schiefläuft‹, wie Leo Penzenberg zutreffend anmerkt. Aber sie ist vermutlich die Erste, die mit ihrer frischen Art und ihrer Popularität auch eine Chance hätte, die öffentliche Meinung tatsächlich zu beeinflussen.«

Weiter erklärt Hoffmann einen Mechanismus, den ich gerade am eigenen Leibe ertragen lernen muss: »Es ist also strategisch sinnvoll, Herman entweder als Radikale oder als geistig Verwirrte zu brandmarken. [...] Im Zentrum der politischen und medialen Meinungshoheit sitzen nun einmal nicht konservative Hausfrauen, sondern Karristen aus den Reihen der 68er–Bewegung, die mit starker Aggression darauf reagieren, wenn sie ihre Lebensentwürfe durch eine gegensätzliche Meinung entwertet sehen.«

Aber mal ehrlich: Hatte sich eigentlich irgendeiner dieser selbsternannten Moralwächter das Buch einmal genauer angesehen, günstigstenfalls sogar durchgelesen? Hatte irgendeiner meiner Kritiker, Journalisten, Politiker und Prominenten, einschließlich der NDR-Oberen, die mir dann später öffentlich und vor laufenden Kameras die höhnische Empfehlung gaben, meinen »Mutterkreuzzug« alleine fortzusetzen, mein Buch je gelesen, bevor all diese unnötigen, üblen, schmerzvollen, vor allem jedoch ehrverletzenden Unterstellungen vom Stapel gelassen wurden?

Wohl kaum! Denn sonst wären sie im *Eva-Prinzip* (17) auch auf Passagen wie die folgende gestoßen, die den Nationalsozialismus nicht etwa als positiv hervorheben, sondern im Gegenteil gerade dessen subversive und zerstörerische Maßnahmen in gehörigem Umfang für den nun beginnenden Zusammenbruch gesellschaftlicher Bindungssysteme in unserem Land verantwortlich machen!

Im 2006 veröffentlichten *Eva-Prinzip* heißt es zu diesem Thema:

Unsere distanzierte Haltung zu unseren Kindern steht auch im direkten Zusammenhang mit einem der dunkelsten Kapitel unserer Geschichte, dem Dritten Reich. Die Theoretiker des Nationalsozialismus erkannten früh, dass die Frage der Kindererziehung höchste politische Relevanz hatte. Das beschränkte sich nicht auf die erwünschte Steigerung der Geburtenrate, die sich in der Auszeichnung mit dem »Mutterkreuz-Orden« für Frauen mit vielen Kindern ausdrückte. Es betraf vielmehr die konsequente Einflussnahme auf den vormals privaten, familiären Bereich von Geburt, Mutterschaft und Säuglingspflege. Es ging nicht nur darum, »dem Führer Kinder zu schenken«, sondern die Kinder so früh wie möglich nach den Maßgaben des nationalsozialistischen Menschenbilds zu formen.

Betrachtet man diese ideologischen Grundlagen, wird schnell klar, dass der Hitler-Staat alles daransetzte, jeden gesellschaftlichen Bereich zu kontrollieren und jede private Nische zu vernichten, in denen sich die individuellen Lebensformen entwickeln konnten. Verwirklichen ließ sich dies nur, indem die Gruppe, das Kollektiv, die »Volksgemeinschaft« über den einzelnen Menschen gestellt wurde, eine Ideologie, die wir auch im DDR-Sozialismus immer wieder beobachten konnten. Damit wurden Kinder zum Politikum. Um ihre Erziehung zu nationalsozialistischen Bürgern zu gewährleisten, sollten sie der elterlichen Fürsorge zu früh wie möglich entzogen werden. Es gab nur ein Problem: die emotionale Bindung der Eltern an ihre Kinder. So lag es nahe, diese konsequent in Frage zu stellen und zu zerstören. [...]

In Die deutsche Mutter und ihr erstes Kind *legte Johanna Haarer, überzeugte Nationalsozialistin und Autorin von mehreren Erziehungs-*

büchern, eine umfassende Anleitung vor, wie Mütter mit ihren Kindern umgehen sollten. Das schaurige Werk der Münchener Ärztin mit ihren entsetzlichen Empfehlungen erschien erstmals 1934 und wurde bis zum Ende des Krieges mehr als eine halbe Million Mal verkauft. 1936 kam Unsere kleinen Kinder *auf den Markt, ebenfalls ein Bestseller. Es wurde das Grundlagenwerk der »Reichsmütterschulung« und galt als wegweisend.*

Zwei Gedanken prägten Johanna Haarers Bücher: die physische Trennung von Mutter und Kind und die emotionale Distanz. Eindringlich warnte sie vor einem »Übermaß an Liebe« und empfahl, den Säugling einzig zum Stillen in den Arm zu nehmen. Mit anderen Worten: Wenn das Baby schreit, lautete die Devise: »Schreien lassen!« »Liebe Mutter, werde hart«, gab Haarer zu verstehen. »Fange nur ja nicht an, das Kind aus dem Bette herauszunehmen, es zu tragen, zu wiegen, zu fahren und oder es auf dem Schoß zu halten.« Das Stillen war allein zu festgelegten Zeiten erlaubt und sollte so rasch und nüchtern wie möglich erfolgen, da es ohnehin »jeder Frau auf die Nerven gehe«. Denn »sonst geht ein endloser Kuhhandel mit den kleinen Plagegeistern los«.

Plagegeister? Die Schriften der Johanna Haarer degradieren Kinder systematisch zu widerspenstigen Störenfrieden, die man besser nicht zu nah an sich heranlässt. »Kleine Nichtsnutze« nennt sie den Nachwuchs, Erziehung ist für sie der Kampf gegen den Willen des Kindes, alle elementaren menschlichen Gefühle werden als »Affenliebe« eingestuft. Zärtlichkeiten waren verpönt, Küsse wurden mit dem Hinweis auf »Tuberkelbazillen« als Gesundheitsrisiko eingestuft. [...] Alle kindlichen Bedürfnisse nach Geborgenheit und Nähe werden als Tyrannei bewertet, im Zentrum der Mutter-Kind-Beziehung stand für Haarer das Postulat, das Kind zur »Selbstständigkeit« zu erziehen. Was damit gemeint war, ist klar: Es ging darum, bindungslose Kinder heranzuziehen, die sich früh in das nationalsozialistische Erziehungssystem integrieren ließen. Soldatische Tugenden wie Disziplin und Gehorsam wurden den Kindern vom ersten Schrei an abgefordert, das Bereitstellen von Nachwuchs, der sich mühelos in das System eingliedern ließ, war oberstes Gebot. [...] Die Theorien von Haarer prägten somit mehrere Generationen von Müttern, und damit auch noch die Kinder, die in den fünfziger und sechziger Jahren geboren wurden – und heute Mutter werden. Das muss man wissen, wenn man sich fragt, warum Frauen heute offenbar leichten Herzens dazu bereit sind, Kleinstkinder und sogar Babys wegzugeben, um wieder zu arbeiten. Und es macht uns auch klar, dass Bücher wie: Jedes Kind kann schlafen lernen *– hier werden beispielsweise Methoden empfohlen, das Baby minutenlang in seinem Bettchen schreien zu lassen, während Mutter oder Vater mit der Stoppuhr vor der Kinderzimmertür ausharren – sich heutzutage jahrelang auf den Bestsellerlisten finden. Ohne die nationalsozialistische Anleitung von einst, es bedürfe nur der fachgerechten »Pflege und Wartung« von Säuglingen, wäre das nicht möglich.*

Diese und weitere Passagen verbieten wohl jeglichen Vorwurf, ich würde die Familienpolitik des Dritten Reiches gutheißen. Das Gegenteil geht hieraus hervor. Ich hätte mir in dieser und der nachfolgenden Zeit übrigens nichts sehnlicher gewünscht, als dass man sich mit jener hochbrisanten, gleichzeitig überlebenswichtigen Thematik sachlich, vor allem auch journalistisch sauber auseinandergesetzt hätte. Schließlich waren es fast ausschließlich Journalisten, mit denen ich es bei den über Jahre dauernden Beschuldigungen zu tun hatte!

Ebenso wäre es sicher hilfreich gewesen, wenn führende Vertreter meines ehemaligen Arbeitsgebers, des NDR, zumindest recherchiert hätten, um die Vorwürfe zu überprüfen. Denn immerhin produziert der Norddeutsche Rundfunk täglich etwa zwei Dutzend Nachrichtensendungen von *Tagesschau* und *Tagesthemen* und nimmt für sich ein gewaltiges Maß an bundesweiter Nachrichtenkompetenz in Anspruch. Da wäre es doch vielleicht nicht so schwer gewesen, auch in meinem Fall ein wenig Sorgfalt walten zu lassen, zumal ich die Herrschaften nicht nur einmal, sondern Dutzende Male darauf hinwies, dass die Nazivorwürfe unhaltbar seien.

Bemerkenswert erscheint mir an dieser Stelle übrigens immer wieder, dass die ausdrücklichen Forderungen mancher bekannter Feministinnen und etlicher Politiker/innen und Öffentlichkeitsvertreter/innen, Mutter und Kind frühzeitig zu trennen, den Forderungen der Nationalsozialisten in Wirklichkeit beängstigend nahekommen. Dass diese Leute einen Zusammenhang zwischen meiner Kritik und den verheerenden Methoden der damaligen Zeit herstellen wollten, mutet beinahe zynisch an. Möglicherweise findet man interessante Antworten darauf in der Psychoanalyse. Deren Vertreter gehen nicht selten davon aus, dass bei heftigen Gegenreaktionen oftmals eben genau jene Mechanismen und Antriebe erkennbar werden, die dem eigenen

Persönlichkeits- und Charakterbild entsprechen. In diesem Zusammenhang erscheinen die willkürlichen und gnadenlosen Aktionen der Feministinnen in einem neuen Licht.

Gender Mainstreaming

Um den heutigen Zeitgeist verstehen und die damit verbundenen, hochgefährlichen Folgen einschätzen zu können, ist es unbedingt erforderlich, sich mit dem Begriff »Gender Mainstreaming« auseinanderzusetzen. Gender Mainstreaming ist das größte und gefährlichste Umerziehungsprogramm der Menschheit.

Doch nicht einmal fünf Prozent der Bundesbürger wissen davon. Die Antwort, warum kaum jemand im Lande und auch außerhalb Deutschlands je etwas über dieses die Welt verändernde Programm gehört hat, gibt der luxemburgische Politiker Jean-Claude Juncker mit der Preisgabe eines allgemeingültigen politischen Durchsetzungsprinzips.

Wörtlich sagte Juncker bereits im Jahre 1999: »Wir beschließen etwas, stellen das dann in den Raum und warten einige Zeit ab, ob was passiert. Wenn es dann kein großes Geschrei gibt und keine Aufstände, weil die meisten gar nicht begreifen, was da beschlossen wurde, dann machen wir weiter – Schritt für Schritt, bis es kein Zurück mehr gibt.« (18) Gender Mainstreaming ist längst zur bitteren Wirklichkeit in deutschen, europäischen und vielen Amtsstuben weltweit geworden. Die Folgen dieser in allen Bundesministerien geltenden Programme sind längst überall zu spüren und werden Stück für Stück zielorientiert umgesetzt. In die bundesdeutschen wie auch in die europäischen und in nahezu alle westlichen Gleichstellungs- und Gender-Programme fließen derzeit Milliarden an Steuergeldern.

Was steckt denn nun eigentlich hinter Gender Mainstreaming?

1995 wurde dieses Programm auf der UNO-Weltfrauenkonferenz in Peking als Folge eines weitreichenden Weltfeminismus beschlossen und durch den Amsterdamer Vertrag 1999 auch rechtlich verankert. Grundlage und Forderung der Vereinten Nationen und der Europäischen Union: die Gleichstellung der Geschlechter von Mann und Frau. Hintergrund: Durch Gender-Maßnahmen in allen gesellschaftlichen und politischen Bereichen, die per Gesetz seit Jahren festgeschrieben worden sind, soll die zunehmende Einsicht eines jeden Bürgers auf der ganzen Welt nachhaltig manifestiert werden, dass es das klassische Geschlecht von Mann und Frau in Wirklichkeit gar nicht gibt. Deswegen müssen die scheinbar gar nicht existierenden Geschlechter jetzt abgeschafft werden! Alles ist gleich! Alles ist eins! Unique ist schick! Erstaunlich nur, dass dies noch niemandem in den vergangenen Jahrtausenden aufgefallen war.

Jeder Mensch ist also – nach der Gender-Definition der Europäischen Union und der Vereinten Nationen – bei seiner Geburt geschlechtsneutral, es gibt, wie bisher angenommen, DAS Mädchen oder DEN Jungen in Wirklichkeit gar nicht. Typische Männlichkeit und typische Weiblichkeit werden nach Gender Mainstreaming nur durch die Erziehung und das soziale Umfeld »künstlich« entwickelt, hauptsächlich von den Eltern, den Großeltern, im Kindergarten, in der Schule usw., dem sozialen Umfeld eben. Typische Männlichkeit und typische Weiblichkeit sind dementsprechend nun sexistisch!

Hier einige Beispiele dafür, wie Gender Mainstreaming derzeit umgesetzt wird:
– Die EU berät ein Gesetz, nach dem in der Fernsehwerbung keine Frauen mehr am Herd und an der Waschmaschine gezeigt werden dürfen. Der Grund: Dies ist für die Frauen diskriminierend, entwertend, sexistisch. Wer allerdings diese Rolle künftig einnehmen könnte, ist auch klar: der Mann. Denn er soll vermehrt durch Hausarbeit und Familienmanagement aus dem Beruf ins Haus verbannt werden, während die Frau (die es ja eigentlich nicht gibt) der Erwerbstätigkeit in jedem Fall den Vorrang geben soll.
– Der deutsche Hausfrauenbund hat sich vor Kurzem umbenannt, da der Begriff »Hausfrau« nach über 90 Jahren nicht mehr modern ist. Er heißt künftig »DHB – Netzwerk Haushalt, Berufsverband der Haushaltsführenden«. Grund hierfür sind die angeblich veränderten Familienstrukturen sowie die stärkere Einbindung von Vätern in Kindererziehung und Hausarbeit.
– Die 2006 erschienene Neuübersetzung der *Bibel in gerechter Sprache* ist das erste deutschsprachige Projekt, das die in der

Zweiten Frauenbewegung erhobene Forderung nach geschlechtergerechter Sprache konsequent umsetzt. Dementsprechend wird Gott in diesem Kontext auch mit weiblichen Bezeichnungen wie Mutter oder Schwester dargestellt.

- Beim Überqueren der Grenze zwischen Deutschland und Österreich am Grenzübergang Kiefersfelden lockt ein feministischer Gruß in großen Lettern in das Alpenland: »Grüß Göttin!«
- Die österreichische Frauenministerin will die Bundeshymne umtexten lassen, in der es unter anderem heißt: »Heimat bist du großer Söhne«. Nun sollen auch die Töchter erwähnt werden.

Gender Mainstreaming ist inzwischen in allen Einrichtungen der öffentlichen Hand, in allen Bundes- und Landesministerien, in den Kommunen, Kirchen, Schulen, Universitäten, Behörden, öffentlich-rechtlichen Sendern, Unternehmen usw. zur verpflichtenden rechtlichen Grundlage geworden. Wer von sich behauptet, zum alten Schlage zu gehören und ein echter Mann zu sein, der muss sich heute den politisch korrekten Vorwurf gefallen lassen, er sei sexistisch! Damit Mann künftig nicht mehr behaupten kann, nur Mann zu sein, wurde Gender Mainstreaming entwickelt. Auch das typisch Weibliche gibt es nicht mehr, Frau kann und soll ebenso Fußball spielen, Flugzeugingenieur oder Bundeskanzler werden.

Was über Tausende von Jahren geschlechtsspezifisch aufgeteilt war in typisch Männliches und Weibliches, ist passé. In vielen Regierungsprogrammen der Welt wurden seit den vergangenen fünfzehn bis zwanzig Jahren die Grundforderungen des Gender Mainstreaming – die Gleichstellung der Geschlechter – verbindlich aufgenommen. Doch Mann und Frau sind nun einmal nicht gleich!

Wer die rechtlichen und politischen Voraussetzungen und Vorgaben des Amsterdamer Vertrages nachlesen möchte, dem seien die eher erschütternden Einzelheiten auf der aktuellen Website des Bundesfamilienministeriums (19) empfohlen. Ebenso sollte man einen Blick in den 2009 in Kraft getretenen EU-Vertrag von Lissabon werfen, wo durch eine Änderung des Artikels 1 der Präambel folgender Wortlaut eingefügt wurde:

»SCHÖPFEND aus dem kulturellen, religiösen und humanistischen Erbe Europas, aus dem sich die unverletzlichen und unveräußerlichen Rechte des Menschen sowie Freiheit, Demokratie, Gleichheit und Rechtsstaatlichkeit als universelle Werte entwickelt haben [...]« (20)

Gleichheit?! Hier, im ratifizierten EU-Vertrag, werden also an allerhöchster Stelle Menschenrechte neuesten Standards festgelegt, die nicht etwa durch die Gleichberechtigung der unterschiedlichen Geschlechter, sondern durch die Gleichheit aller Menschen verankert werden.

Gender Mainstreaming ist von allerhöchster politischer Bedeutung. Man muss dieses Programm kennen, um auch meine Geschichte wirklich verstehen zu können. Denn ich bin mit meiner These des schöpfungsgewollten Auftrages von Mann und Frau Gift für Gender und eine Gefahr für die gesamte Politik.

Es muss klar sein, dass bei ausgewiesenen Feministinnen wie Alice Schwarzer das Gender-Mainstreaming-Programm zur Atemluft gehört, doch ob all jene Journalisten, die mich derzeit durch das Land hetzen, wirklich Bescheid darüber wissen, welchem Herrn sie in Wahrheit dienen, wage ich mehr als zu bezweifeln.

Mein Sender liebt mich nicht mehr!

Nach dem *Spiegel*-Interview mit Alice Schwarzer folgten weitere öffentliche Angriffe, die mir zunehmend den kalten Schweiß auf die Stirn trieben. Auch in meiner Redaktion gingen die Verdächtigungen nun richtig los. Jetzt war es nicht mehr nur der *Tagesschau*-Chefredakteur, der mich in regelmäßigen Abständen zu sich bestellte und ermahnte. Auch der Leiter meiner Talkshow *Herman und Tietjen* rief mich neuerdings des Öfteren an. Er versuchte mir zu verdeutlichen, dass durch die öffentliche Berichterstattung bereits einige Talkgäste unwillig geworden seien und mich als Gastgeberin nicht mehr akzeptieren wollten. Namen nannte er auf meine Nachfrage allerdings nicht. Auch die Redaktion, wozu ebenso meine Co-Moderatorin Bettina Tietjen gehörte, wurde als betroffen angeführt.

Deren Mann, der mir immer ausgesprochen sympathisch war, hatte sich bei der Geburt des ersten Kindes dazu entschieden, die Erziehung zu übernehmen, während Bettina das Geld verdiente – eine Konstellation, die aus meiner Sicht, zumindest bei den beiden, ziemlich gut zu funktionieren schien. Dies hatte ich auch immer geäußert, meine Hochachtung vor ihrem Mann stets hervorgehoben. Und zu keinem Zeitpunkt wäre mir in den Sinn gekommen, diese Lebensform zu kritisieren. Sollten sie sich dennoch durch *Das Eva-Prinzip* bis ins Mark getroffen fühlen? Allerdings geht es in meinem Buch nicht um die berühmten Ausnahmen, die die Regel bestätigen, sondern um die gesamtgesellschaftliche Gefahr einer überbordenden, einseitigen Glorifizierung der Erwerbstätigkeit der Frau. Auch wäre es, bei allem Respekt und jeglicher einst bestandenen Freundschaft, denn doch der Ehre zu viel gewesen, meiner Kollegin und ihrer Familienverhältnisse wegen gleich ein ganzes Buch zu schreiben.

Neue Vorwürfe wurden erhoben: Seit Neuestem, so hieß es jetzt, würde ich sogar in christlichen Kreisen auftreten, die als fundamentalistisch gelten. Zu diesem Zeitpunkt begann ich zu lernen, dass zahlreiche sogenannte Journalisten heutzutage nahezu alle Menschen, die christlichen Glaubens sind, gerne in einen Topf werfen und sie als fundamentalistisch abzustempeln suchen. Die *Spiegel*-Top-Autorin Thea Dorn zum Beispiel, die meine Bücher von Anfang an ebenso wie Schwarzer ohne Not mit dem Nationalsozialismus wie auch einem angeblich christlichen Fundamentalismus in Zusammenhang brachte, verdeutlicht diese Haltung – stellvertretend für viele JournalistenkollegInnen – regelmäßig in der Öffentlichkeit, indem sie Ansichten äußert wie zum Beispiel jene, in den christlichen Religionen sei eine Sehnsucht nach Fundamentalismus zu erkennen. (21)

Nun bin ich selbst überhaupt nicht getauft worden, gehöre seit meiner Geburt keiner Konfession an und werde voraussichtlich bis zu meinem Ableben in diesen Angelegenheiten weiterhin unabhängig bleiben, denn mit etlichen Machenschaften der Kirchen kann ich mich überhaupt nicht identifizieren. Doch hatte ich kurz zuvor, unter anderem durch die Geburt meines einzigen Kindes, einerseits meinen Glauben an den Schöpfer als feste Überzeugung erkannt und machte daraus öffentlich auch kein Geheimnis. Andererseits belästigte ich auch niemanden damit.

Zwar war ich häufiger von Katholiken, Protestanten und auch Freikirchen zu Vorträgen eingeladen worden. Doch was war denn schon dabei? Ich redete vor gläubigen Menschen, die man nicht einfach allesamt unter Generalverdacht stellen konnte. Ich sprach über Werte und Tugenden, über Begriffe also, die in den heutigen Berichterstattungen kaum noch vorkommen.

Ich war also jetzt auch zur christlichen Fundamentalistin erklärt worden, meine Gegner und Kritiker taten, als sei ich damit unter die aktiven Terroristen gegangen, und genau aus diesem Blickwinkel schien ich fortan beäugt zu werden.

Die Situation wurde zunehmend anstrengend. Und häufig fragte ich mich verzweifelt, welche unsichtbare, dunkle und lähmende Macht denn eigentlich über unserem Lande liegen musste, dass niemand mehr zu diskutieren wagte über völlig natürliche Angelegenheiten wie das Muttersein und das Kinderkriegen. Es war offensichtlich, dass allein die Nennung des Begriffes »Mutter« bereits bei vielen öffentlichen Vertretern Schaum vor dem Munde verursachte.

Leider geschah dann ein wirkliches Missgeschick, das die immer größer werdende Anzahl meiner Argwöhner endlich zu bestätigen schien: In meinem kleinen Büro hatte es einen Personalwechsel gegeben. Die neue Sekretärin arbeitete noch nicht lange bei mir, und ich hatte ihr wohl nicht ausreichend die Gefahren geschildert, in die ich geraten konnte, seit ich verdächtigt wurde, rechtsradikale oder christlich-fundamentalistische Kontakte zu haben.

Eine Frauenorganisation aus Österreich hatte sich telefonisch bei ihr gemeldet und sich auf einen Vortrag bezogen, den ich kurze Zeit zuvor für eine katholische Organisation in Niederösterreich gehalten hatte. Einen Vortrag zu genau diesem Thema hätte jene Frauenorganisation auch gerne gebucht. Meine Mitarbeiterin sagte zu, ohne jedoch zu prüfen, zu welcher Organisation dieser Verein in Wirklichkeit gehörte.

Ich selbst war zu jener Zeit nicht in Hamburg gewesen, sondern hatte einige Tage mit meiner Familie Urlaub gemacht. Umso überraschter war ich, als ich auf der Rückfahrt einen Anruf meines Talkshow-Chefs erhielt, der mich mit belegter Stimme fragte, warum zum Teufel ich jetzt für die rechtsnationale österreichische FPÖ arbeiten würde. Da ich noch keine Hintergründe zu diesem inzwischen zugesagten Engagement kannte, versprach ich, mich sofort schlau zu machen. Mein Vorgesetzter schien ausgesprochen wütend, denn die

Hamburger Morgenpost hatte dies gerade herausgefunden und angedroht, es zu veröffentlichen. Wie ich dann feststellte, kooperierte diese Frauenvereinigung tatsächlich mit der rechts ausgerichteten Freiheitlichen Partei Österreichs (FPÖ), was nicht in meinem Sinne war. Nachdem ich jene Veranstaltung sofort abgesagt und das Missverständnis telefonisch geklärt hatte, dachte ich, die Sache sei damit erledigt. Ich hätte wissen müssen, dass dies ein gefundenes Fressen war für die wachsende Schar meiner Feinde.

Am folgenden Tag brachte die *Hamburger Morgenpost* mein Konterfei auf der Titelseite mit dem in fetten, großen Lettern gedruckten Hinweis, ich würde bei der rechtsextremen FPÖ auftreten und damit praktisch mit den Nazis kooperieren. Auch andere Medien folgten, es schien für viele Leute nun beschlossene Sache zu sein, dass ich ein Hitler-Fan sein musste.

Trotz Einschaltung eines Rechtsanwaltes und trotz der Veröffentlichung einer Pressemeldung bereits am Vortage, in der ich nach politisch korrekten Maßstäben den Irrtum, den Hergang und die sofortige Distanzierung schilderte, wurde der nächste Stempel auf meine immer dünner werdende Haut gepresst. Das Misstrauen im Sender wuchs, man glaubte mir nicht mehr, weil man mir nicht glauben wollte. Ich hatte keinen einzigen Fürsprecher, vielmehr nahmen die argwöhnischen Blicke auf den Fluren und in den Redaktionsräumen zu.

Diese tief verletzende Form des gnadenlosen Mobbings war für mich besonders schmerzhaft, handelte es sich hierbei doch – es sei wiederholt – um Unterstellungen, gegen deren Inhalt ich mein Leben lang stets aus ganzer Überzeugung gekämpft hatte. Schwer erträglich, leider jedoch zutreffend war zudem die wachsende Erkenntnis, dass zu Unrecht beschuldigte Menschen, die je mit politisch rechtsextremen Formierungen in Zusammenhang gebracht wurden, in unserem Land für immer und alle Zeiten als erledigt gelten!

Und allmählich hatte ich den Verdacht, dass jene linksfeministischen Kreise, deren politisches Hauptinteresse die Gleichstellung der Frau und die Gleichheit der Geschlechter war, an mir wieder einmal eines ihrer zahlreichen Exempel statuieren wollten. Dass diese Kreise inzwischen sogar eine breite Basis der politisch in der Mitte und weiter rechts davon befindlichen Positionen vereinnahmten, nahm ich mit wachsender Verwunderung ebenso zur Kenntnis.

Zu diesen unterschiedlichen, zum großen Teil auch völlig unpolitischen Gruppierungen gehörten nun plötzlich auch Kollegen und Sender-Obere, genauer gesagt: mein Arbeitgeber! Um zu verhindern, dass meine Thesen in der breiten Öffentlichkeit bekannt wurden, wollte man mich anscheinend zuvor lieber mit der Nazikeule erschlagen. Damit wäre das Problem schnell erledigt gewesen.

Doch das konnte und wollte ich nicht hinnehmen. Erstens bin ich, wie meine Mutter kurz nach jenem auch für sie schmerzvollen Eklat auf dem Sterbebett zu mir sagte, »nicht als Opfer auf diese Welt gekommen«. Es war eines ihrer letzten Vermächtnisse an mich, während sie liebevoll meine Hand drückte, womit mich seitdem das Versprechen verbindet, niemals aufzugeben. Und zweitens motivierte mich ein weiterer Aspekt enorm: Es gab in Wirklichkeit mitnichten nur diese eine aus meiner Sicht vorwiegend »politisch und medial hergestellte« Meinung, nämlich, dass kleine Kinder fremdbetreut und die Mütter arbeiten gehen sollten. Vielmehr war ich inzwischen Tausenden von Menschen begegnet, persönlich und auch auf schriftlichem Wege, die froh darüber waren, dass jemand mit einem bekannten Namen dieses Problem öffentlich ansprach, während sie sich kaum noch trauten, den Mund aufzumachen. Häufig standen nach meinen Vorträgen weinende Frauen vor mir, Mütter, die jahrelang bei ihren Kindern zu Hause geblieben waren und die sich damit zunehmend der gesellschaftlichen Missachtung ausgesetzt sahen.

Zusätzlich zu diesen Diskriminierungen kommt noch der wirtschaftliche Aspekt hinzu: Die Gesetzgebung verschärft sich durch die Gender-Maßnahmen fortlaufend gegen das Wohl von Müttern und Familien. Man nehme nur das neue Unterhaltsrecht, das geschiedene Mütter meist in die Berufstätigkeit und deren kleine Kinder gleichzeitig in die Fremdbetreuung zwingt.

Und schließlich sind es mein Herz und mein Geist, die mir meinen Weg, den ich zu gehen habe, immer zuverlässig zeigten. Ich musste also weitermachen, weil ich tief von der Richtigkeit meiner Ansichten überzeugt war. Und ich war es meiner Mutter, vor allem aber den Kindern schuldig, denen wir ohnehin einst eine zerstörte Scherbenwelt übergeben werden. Außerdem wollte ich morgens weiterhin ohne aufsteigende Übelkeit in den Spiegel sehen können. Sollte ich mich von dieser Gruppe blindwütiger und fehlgeleiteter Feministinnen, die gerade versuchten, unser Land an die Leine zu nehmen, einschüchtern lassen? Ganz sicher nicht!

Wohin dieses aus meiner Sicht lieblose System führt, wird einem durch die immer wiederkehrende Geschichte sozialistischer Systeme mehr als deutlich vor Augen geführt. Die Gleichstellung der Frau, die zum Grundgerüst von Sozialismus und Kommunismus gehört, hat in den zurückliegenden Jahrzehnten zahlreiche Gesellschaften an den Rand des Zusammenbruchs geführt.

Wer dies noch bezweifelt, dem sei die Geschichte der ehemaligen Sowjetunion in Erinnerung gerufen, deren langjähriges Familienvernichtungssystem der Frauenerwerbstätigkeit den riesigen Staat fast zum Erliegen brachte. Angesichts mehrerer Millionen Alkoholiker, einer bindungslosen Gesellschaft, die kaum noch Verantwortung füreinander zu übernehmen bereit war, und eines rasant wachsenden Potenzials an Gewaltbereitschaft, Korruption und Kriminalität, vor allem auch bei Jugendlichen, schrieb der russische Präsident Michael Gorbatschow in seinem Buch *Perestroika* aus dem Jahre 1987:

»Wir haben erkannt, dass viele unserer Probleme im Verhalten vieler Kinder und Jugendlicher – in unserer Moral, der Kultur und der Produktion – zum Teil durch die Lockerung familiärer Bindungen und die Vernachlässigung der familiären Verantwortung verursacht werden. Dies ist ein paradoxes Ergebnis unseres ernsthaften und politisch gerechtfertigten Wunsches, die Frau dem Mann in allen Bereichen gleichzustellen. Mit der Perestroika haben wir angefangen, auch diesen FEHLER zu überwinden. Aus diesem Grund führen wir jetzt in der Presse, in öffentlichen Organisationen, bei der Arbeit und zu Hause hitzige Debatten über die Frage, was zu tun ist, um den Frauen zu ermöglichen, zu ihrer eigentlichen weiblichen Lebensaufgabe zurückzukehren.«

Werfen wir zur Verdeutlichung einen kurzen Blick auf das »Familienprogramm« von Friedrich Engels, der gemeinsam mit Karl Marx die marxistische Gesellschaftstheorie und die »Grundsätze des Kommunismus« entwickelte.

Er schrieb:
»Die Beschäftigung der Frau in der Fabrik löst die Familie notwendig gänzlich auf, und diese Auflösung hat in dem heutigen Zustande der Gesellschaft, der auf der Familie beruht, die demoralisierendsten Folgen, sowohl für die Eheleute wie für die Kinder. Eine Mutter, die nicht Zeit hat, sich um ihr Kind zu bekümmern, ihm während der ersten Jahre die gewöhnlichsten Liebesdienste zu erweisen, eine Mutter, die ihr Kind kaum zu sehen bekommt, kann diesem Kinde keine Mutter sein, sie muss notwendig gleichgültig dagegen werden, es ohne Liebe, ohne Fürsorge behandeln wie ein ganz fremdes Kind, und Kinder, die in solchen Verhältnissen aufgewachsen, sind später für die Familie gänzlich verdorben, können nie in der Familie, die sie selber stiften, sich heimisch fühlen, weil sie nur ein isoliertes Leben kennengelernt haben, und müssen deshalb zur ohnehin schon allgemeinen Untergrabung der Familie bei den Arbeitern beitragen. Eine ähnliche Auflösung der Familie wird durch die Arbeit der Kinder herbeigeführt. Wenn diese so weit sind, dass sie mehr verdienen, als ihren Eltern die Beköstigung zu stehen kommt, so fangen sie an, den Eltern ein Gewisses für Kost und Logis zu geben und den Rest für sich selbst zu verbrauchen. Dies geschieht oft schon mit dem vierzehnten und fünfzehnten Jahr. […] Mit einem Wort, die Kinder emanzipieren sich und betrachten das elterliche Haus als ein Kosthaus, das sie auch oft genug, wenn es ihnen nicht gefällt, mit einem andern vertauschen.« (22)

Anatoli Lunatscharski (1875–1933), ein bedeutender marxistischer Kulturpolitiker und unter Lenin Volkskommissar für das Bildungswesen, schrieb vor fast hundert Jahren:
»Unsere jetzige Aufgabe ist die Zerstörung der Familie und die Ablösung der Frau von der Erziehung ihrer Kinder. Wenn wir in unseren Gemeinschaftshäusern gut vorbereitete Abteilungen für Kinder organisiert haben, ergibt es sich zweifellos, dass die Eltern ihre Kinder von allein dorthin senden werden, wo sie durch medizinisch und pädagogisch qualifiziertes Personal überwacht sind. Dadurch werden zweifellos Ausdrücke wie ›meine Eltern‹ oder ›unsere Kinder‹ immer weniger gebraucht werden und durch Begriffe wie ›die Alten‹, ›die Kinder‹, ›die Säuglinge‹ ersetzt werden.« (23)

Angesichts dieser und weiterer klarer Bestandsaufnahmen und angesichts der tragischen Entwicklung sowohl im zurückliegenden Nationalsozialismus als auch in den Zeiten der sozialistischen DDR konnte und wollte ich nicht hinnehmen, dass die Bundesrepublik Deutschland sich nahezu kritik- und diskussionslos auf den Weg des Massenkrippenausbaus begeben hatte, der von kaum jemandem noch hinterfragt werden durfte. Frühkindliche Fremdbetreuung führt nachweislich zu schwerwiegenden gesellschaftlichen Veränderungen. Doch von nahezu allen politischen Parteien und den meisten Medien wird der Krippenausbau als eines der Zukunftsmodelle gefeiert, die unsere moderne Gesellschaft »positiv« verändern. Und das, während heutzutage in Russland aufgrund der schmerzlich gemachten Erfahrungen der Vergangenheit die kleinen Kinder allermeist wieder von ihren Müttern betreut werden. Mit hohen monatlichen Zuschüssen vom Staat werden diese ermuntert, daheim zu bleiben. Und die riesige Masse an Krippenplätzen wird Stück für Stück abgebaut. Ebenso sei an dieser Stelle das lange gepriesene »Krippenvorzeigeland Schweden« erwähnt, das aufgrund massiver Forderungen der Bürger seit Januar 2008 für jedes Kind bis einschließlich dem dritten Lebensjahr monatlich 300 Euro zusätzlich bezahlt.

Durch meine Bücher *Vom Glück des Stillens* und *Mein Kind schläft durch* hatte ich mich schon Jahre zuvor intensiv mit der internationalen Bindungsforschung und Kinder- und Jugendpsychologie beschäftigt. Unser Schöpfer hat sich schon etwas dabei gedacht, als er der Mutter durch Hormonausschüttungen bedingte zärtliche Versorgungsmechanismen sowie die wunderbare Einrichtung der Muttermilch verlieh, um den kleinen Kindern ein stabiles Urvertrauen sowie körperliche und seelische Gesundheit mit auf den Lebensweg geben zu können. Ein natürliches und intuitives Wissen, dass die Menschheit übrigens bis vor Kurzem noch zusammenhielt und überleben ließ, was jedoch nun, angesichts der seit den 1970er-Jahren eingebrochenen Geburtenrate und der gleichzeitig wachsenden Bildungshörigkeit der modernen Medienelite, nicht mehr der Fall ist.

Und so hatte ich mir vorgenommen, trotz der vielschichtigen Repressalien weiter für dieses Thema zu kämpfen, denn es ging mir inzwischen schon lange nicht mehr um mich selbst und meine persönlichen Erfahrungen. Die Sache war viel umfassender: Die Existenz, das Fortbestehen unseres Landes stand auf dem Spiel, auch wenn die vielen intellektuellen Spötter es nicht wahrhaben wollten!

Kapitel 2

RAUSWURF BEIM NDR

Eine folgenreiche Begegnung

Pressekonferenz Donnerstag, 6. September 2007. Es ist 10.45 Uhr. Mein Mann und ich gehen in Begleitung von Claudia auf das Bundespresseamt zu, wo direkt vor dem Eingang mein Verleger schon auf uns wartet. Er lächelt freundlich.
»Guten Morgen, liebe Frau Herman, ich hoffe, Sie hatten eine gute Nacht?«
Sollte ich ehrlich sein?
»Danke, ja, ich habe prima geschlafen«, schwindle ich. Es hat keinen Sinn, jetzt über persönliche Befindlichkeiten zu sprechen.
Wir betreten das große Gebäude am Schiffbauerdamm im Herzen Berlins und begeben uns in den reservierten Raum. Etliche Journalisten von Funk, Fernsehen und Printmedien haben sich bereits eingefunden, wir werden begleitet von knipsenden Fotografen, die mit grellem Blitzlicht ihre ersten Fotos schießen.
Der Verleger und ich setzen uns auf die für uns vorgesehenen Stühle an einem längeren Tisch, von wo aus wir einen Überblick über den ganzen Raum haben. Claudia tupft uns beiden noch einmal mit einer Puderquaste über das Gesicht, man reicht uns zwei Gläser mit Wasser. Einige Journalisten fragen, ob ich im Anschluss an die Pressekonferenz für Interviews zur Verfügung stünde. Natürlich werde ich das tun, dafür sind wir hier schließlich alle zusammengekommen.
Der Pressechef des Verlages hatte bereits im Vorfeld einige Termine fest vereinbart, sodass diese Veranstaltung für mich ohnehin länger dauern wird als die eigentliche Konferenz, für die eine Stunde angesetzt worden war.
Um Punkt elf Uhr beginnt der Verleger mit der Begrüßung. Er weist darauf hin, dass das Buch *Das Prinzip Arche Noah* aus seiner Sicht ein gesellschaftspolitisch wichtiger Beitrag sei, wie auch das ebenso in seinem Verlag zuvor erschienene Werk *Das Eva-Prinzip*. Während seiner Ausführungen wird plötzlich die Türe aufgerissen, und eine zu spät

gekommene Journalistin stolpert förmlich herein. Sie reißt dabei beinahe den neben dem Eingang aufgestellten Büchertisch um und nimmt geräuschvoll Platz. Ich ahne zu diesem Zeitpunkt nicht, dass diese Frau nur kurze Zeit später für eine der traumatischsten Phasen meines ganzen Lebens verantwortlich sein wird! Der Verleger und ich hatten uns im Vorfeld eine Vorgehensweise zurechtgelegt, damit unserem neuen Buch nicht dasselbe »braune« Missgeschick drohte wie dem *Eva-Prinzip*. So hatte ich auf der letzten Seite eine sogenannte Schlussbemerkung formuliert, in der ich mich von jeglicher politischer Vereinnahmung distanziere. Der Verleger liest meine Schlussbemerkung vor:

»Zu meinen Freunden und Bekannten gehören Schwule, Lesben, Verheiratete, Geschiedene, Alleinerziehende, Alleinstehende, Familien, Ausländer, Deutsche, Behinderte, Kranke und Gesunde. Sie gehören ganz unterschiedlichen Glaubensgemeinschaften und Religionen an, also Katholiken, Protestanten, Buddhisten, Moslems, Juden, Atheisten und andere. Sie haben unterschiedliches Alter und sind Mitglieder unterschiedlicher Parteien, außer es handelt sich um extremistische, fundamentalistische, links- oder rechtsradikale Gruppen, die ich aus tiefster Überzeugung ablehne. Wenn solche Gruppen meine Gedanken für ihre Propaganda benützen wollen, so ist das gegen meinen Willen.

Ich bin ansonsten weder gegen irgendeine Gruppe, noch liegt es mir im Sinn, sie anzufeinden; denn sie bestehen ja aus Individuen mit unterschiedlichen Charakteren. Für mich gilt nur der Einzelmensch. Ich selber gehöre weder einer Partei noch einer Sekte oder irgendeiner Glaubensgemeinschaft an, ich bin also nicht evangelisch oder katholisch, sondern von Geburt an konfessionslos. Meine Erfahrung zeigt, dass man trotzdem alleine Gott als die oberste und mächtigste Kraft der gesamten Schöpfung anerkennen und ihm dienen kann.

Der einzige Grund, warum ich Bücher wie dieses oder auch vorherige gesellschaftspolitisch kritische Bücher schrieb, ist meine Sorge um unsere Gesellschaft, um die Menschen und vor allem auch um die Kinder!«

Der Verleger liest den gesamten Text vor und betont in diesem Zusammenhang noch einmal nachdrücklich, dass weder er noch ich etwas mit rechtsradikalem Gedankengut zu tun haben wollten, das Gegenteil vielmehr der Fall sei, und dass wir uns beide dringend verbäten, in diese Nähe gerückt zu werden, nur weil wir uns für die Familie und die Aufgabe der Mutter ihren Kindern gegenüber stark machten. Er distanziert sich erneut energisch von jener fanatischen Ideologie, die Deutschland einst ins Verderben riss, vor allem jedoch auch mit Blick auf die zurückliegende, verheerende Erfahrung des *Eva-Prinzips*, aus dem unter anderem mit unerträglicher Bosheit und gleichzeitiger Oberflächlichkeit das »Eva-Braun-Prinzip« gemacht wurde.

Nach weiteren Erläuterungen übergibt er mir das Wort, und ich bestätige das Gesagte ebenfalls mehrmals und mit allem Nachdruck. Die zurückliegenden Erfahrungen haben ihre Spuren hinterlassen, das wird uns beiden im Verlaufe dieser Veranstaltung deutlich.

Nachdem ich eine kurze Erklärung über Grund und Sinn des neuen Buches abgegeben und über meine persönlichen Ziele in diesem Zusammenhang gesprochen habe, eröffnet der Verlagschef die Fragerunde für die anwesenden Journalisten.

Es sind etwa dreißig Personen anwesend. Als eine der Ersten stellt die zu spät gekommene Journalistin, die später als Barbara Möller vom *Hamburger Abendblatt* dafür sorgen wird, dass ich monatelang wie eine Verbrecherin medial durch das Land gejagt und den gesellschaftlichen Status der persona non grata erhalte, meinen Arbeitsplatz und nahezu alle weiteren beruflichen Angebote verlieren werde, die bedeutsame Frage, wie viel Geld ich denn mit dem Buch verdienen würde und wie hoch die Auflage sei.

Damit ist ihr Informationsbedarf anscheinend gedeckt. Sie wird im Verlauf der Veranstaltung keine weiteren Fragen mehr stellen. Sie schreibt und schweigt. Meinen Mann, der an der Eingangstüre steht und die Journalistin seit dem verspäteten Hereinkommen genauer beobachtet, beschleicht ein ungutes Gefühl, wie er mir später sagt.

Die Veranstaltung geht ohne nennenswerte Ereignisse zu Ende. Die Journalisten fragen interessiert bis kritisch nach. Einer versucht, mit der Frage zu provozieren, ob er selbst aus meiner Sicht nun »gestört« sei, weil er in einer DDR-Kinderkrippe groß wurde. Wenn es in seiner Kindheit nicht weitere Risikofaktoren gegeben habe, wie zum Beispiel die Trennung der Eltern, Gewalt oder Alkoholprobleme etwa, müsse dies nicht unbedingt sein, entgegne ich ihm. Einige lachen, andere schauen ernst, er hat keine weiteren Fragen.

Zum Thema »Familienpolitik des Dritten Reiches« etwa gibt es außer weiteren Distanzierungen des Verlegers und mir keine Nachforschungen. Im Anschluss werden Schnittchen gereicht, Journalisten kommen zu Einzelinterviews. Der Fernsehsender RTL hat einen seiner Starautoren geschickt. Dieser führt ein ausführliches Gespräch mit mir vor laufender Kamera, nicht ohne mir anschließend zustimmend zu versichern, dass es auch in seinem Sender berühmte Moderatorinnen gebe, die traurig darüber seien, dass sie wegen der hohen beruflichen Anforderungen ihren Kindern nicht immer gerecht werden könnten, und sich deswegen mit ständigen Schuldgefühlen herumplagen würden.

Das Interview wird am selben Abend ausgestrahlt. Der begleitende Ton fällt nicht gerade freundlich aus, vielmehr wird hier, wie schon so häufig, der gewohnte politisch-korrekte Eindruck wiedergegeben, dass eine ehemals professionelle ARD-Moderatorin sich an einem längst verstaubten Thema verhoben und sich dabei gehörig vergaloppiert habe.

Doch Missverständnisse, die mit fragwürdigen politischen Inhalten zusammenhängen, werden an keiner Stelle sichtbar.

Auszug aus den Schriftsätzen meiner Anwälte (II)

Am 06.09.2007 präsentierte die Klägerin das Buch zusammen mit ihrem Verleger Christian Strasser auf einer Pressekonferenz im Bundespresseamt in Berlin. Rund 30 Journalisten waren gekommen. Die Journalistin Barbara Möller vom »Hamburger Abendblatt« störte die Konferenz, indem sie den Tisch mit den Büchern der Klägerin beinahe umstieß. Die Konferenz dauerte ungefähr dreißig Minuten. »RTL exclusiv« zeichnete sie in Gänze in Bild und Ton auf. Strasser las die »Schlussbemerkung« vor, mit der die Klägerin ihr Buch abgeschlossen hatte.

Die Klägerin selbst distanzierte sich ungefähr zehnmal deutlich vom Nationalsozialismus.

Beweis: Zeugnis von fünf Teilnehmern, die darüber eidesstattliche Versicherungen ablegten.

Während der Pressekonferenz kam die Sprache auf eine Studie zweier Professoren der Harvard-Universität, Alberto Alesina und Paola Giuliano, die das Bonner »Institut zur Zukunft der Arbeit« veröffentlicht hatte (http://ftp.www.iza.org/dp2750.pdf). Die Studie analysiert Umfragedaten des »World Value Survey« aus 78 Ländern. In der Pressemitteilung vom 13.08.2007 zu dieser Studie heißt es:

»In kaum einem anderen Land der Welt zählt die Familie so wenig wie in Deutschland. Das ist das Ergebnis einer Studie, die am Institut zur Zukunft der Arbeit (IZA) in Bonn erschienen ist. [Es folgt die obige Internetanschrift.] Demnach sind die familiären Bande lediglich in Litauen noch schwächer als im Land der Dichter und Denker. Die Wissenschaftler untersuchten auch, inwieweit die regional unterschiedliche Rolle der Familie wirtschaftliche Folgen hat. Ihr Fazit: Wo die Familie eine zentrale Rolle spielt, nehmen Frauen weit seltener am Erwerbsleben teil. Gleichzeitig geben die Bewohner dort an, mit ihrem Leben zufriedener zu sein.«

An dieser Stelle distanzierte die Klägerin sich noch einmal vom Nationalsozialismus. Sie bemerkte, die »1968er« hätten das Bild der Mutter abgeschafft. Dieses Bild sei zeitlos; es habe vor, während und nach dem Nationalsozialismus bestanden. Dieser habe die Deutschen ins Verderben geführt. In freier Rede sagte sie:

»Wir müssen den Familien Entlastung und nicht Belastung zumuten und müssen auch 'ne Gerechtigkeit schaffen zwischen kinderlosen und kinderreichen Familien. Und wir müssen vor allem das Bild der Mutter in Deutschland auch wieder wertschätzen lernen, das leider ja mit dem Nationalsozialismus und der darauffolgenden 68er-Bewegung abgeschafft wurde. Mit den 68ern wurde damals praktisch alles das – alles, was wir an Werten hatten – es war 'ne grausame Zeit, das war ein völlig durchgeknallter, hochgefährlicher Politiker, der das deutsche Volk ins Verderben geführt hat, das wissen wir alle – aber es ist eben auch das, was gut war – und das sind Werte, das sind Kinder, das sind Mütter, das sind Familien, das ist Zusammenhalt – das wurde abgeschafft. Es durfte nichts mehr stehen bleiben.«

Dieser Wortlaut ist inzwischen unstreitig. Er ergibt sich aus dem Tonmitschnitt eines Journalisten. Dieses Tondokument kann man von der Homepage der Klägerin (http://www.eva.herman.de) herunterladen und anhören.

Keines der Medien, die über die Konferenz berichteten, erwähnte am selben Abend und am folgenden Tag den Nationalsozialismus. So strahlte selbst RTL noch am 06.09.2007 ein Interview mit der Klägerin aus. Darin erwähnt niemand den Nationalsozialismus.

Tag eins nach der Pressekonferenz

Freitag, 7. September 2007.

Ich sitze in der Sonne hoch oben auf einem Berg der österreichischen Alpen. Nach der Pressekonferenz erlaube ich mir zwei Tage Auszeit, die ich in einem Haus von Freunden verbringe, bevor ich am Samstag zu einer Veranstaltung über das Thema Brustkrebsprävention ins sachsen-anhaltinische Dessau fahre.

Der Stress des Vortages ist weitgehend von mir abgefallen. Ich lasse den Blick schweifen in das herbstlich gefärbte Tal. Die herrliche Ruhe und das Alleinsein in dieser wundervollen Natur tun mir gut. Das Vogelgezwitscher klingt wie eine bezaubernde Melodie, und ich fühle mich dem Schöpfer näher als je zuvor.

Mein Handy klingelt, doch ich gehe nicht ran. Nichts kann in diesem Moment wichtiger sein als der wunderschöne Blick ins Tal und auf die gegenüberliegenden Bergspitzen. Ich genieße diesen beinahe himmlischen Frieden.

Erst eine ganze Weile später höre ich das Band ab. Mein Mann teilt mir mit, dass das *Hamburger Abendblatt* in seiner Freitagsausgabe schreibt, ich hätte bei der Berliner Pressekonferenz die Familienpolitik des Dritten Reiches gelobt. Schnell wähle ich seine Nummer. Er liest mir den ganzen Artikel vor:

Wann ist ein Mann ein Mann?
Die Moderatorin stellte ihr Buch Das Prinzip Arche Noah *vor*, das nahtlos an Das Eva-Prinzip anschließt. – Eine Ansichtssache.

Von Barbara Möller

Er habe im vergangenen Jahr manchmal regelrecht Angst um seine Autorin gehabt, sagt der Verleger. Niemand sei »so gejagt worden« wie sie! Vermutlich hat Christian Strasser nicht gewusst, dass 24 Stunden zuvor auf dem Stuhl, auf dem gerade Eva Herman thronte, Roberto Saviano gesessen hatte. Der Mann, dem die Camorra Morddrohungen schickt. Sonst hätte er sich diese Bemerkung wohl verkniffen.

Richtig ist allerdings, dass man Eva Herman nicht unbegrenzt zuhören kann, ohne in Rage zu geraten. Das liegt zum einen am pseudo-nachsichtigen Ton, der allen Herman-Kritikern von vornherein zu verstehen gibt, dass sie wohl etwas schwer von Kapee sind. Und zum anderen daran, dass die Ex-Tagesschau-Sprecherin ihre Ideen von einer heilen Welt mit allem garniert, was ihr zufällig in die Finger kommt. Mal ist es Aristoteles, mal Astrid Lindgren, mal der Papst, mal Gorbatschow.

Hermans neues Buch, das gestern in Berlin vorgestellt wurde, heißt Das Prinzip Arche Noah (Pendo Verlag, 18 Euro), und es schließt nahtlos an Das Eva-Prinzip an. War es vor einem Jahr noch Eva Hermans Anliegen, dem Mann das Heim mit Blumen und Apfelkuchen so gemütlich wie möglich zu gestalten (»Dafür sind wir Frauen zuständig – wenn wir uns verzetteln, dann schaffen wir das nicht mehr!«), so geht es ihr heute um den Mann an sich: »Er kämpft nicht nur gegen Feinde und Phantome, sondern auch für seine Träume, seine Pläne und für die Prinzessin, die er mit dem Schwert vom bösen Drachen befreien, heimführen und heiraten will. Das klingt einfach, sehr einfach, doch ich bin davon überzeugt: Mehr ist es nicht, was wir wissen müssen, um einen Mann zu verstehen.«

Herman ist für eine strikte Rollentrennung. Sie will ein »geschlechtergerechtes Bild« schaffen: Der Mann soll wieder »als Mann«, die Frau »als Frau« gesehen werden. Eva Herman würde deshalb nach eigenem Bekunden nie den Fehler machen, ihren zehnjährigen Sohn zu einem Fußballspiel zu begleiten: »Das macht mein Mann!« Derzeit ist die 48-Jährige durch eine Nachricht aus Straßburg alarmiert, der sie entnommen hat, dass ein neues EU-Gesetz die Männer zur Hausarbeit verpflichten soll. Wohin das führen kann, hat die Autorin der Begegnung mit einem gewissen Axel entnommen, der – arbeitslos – den Hausmann gibt, während seine Frau Hella in einer Werbeagentur Karriere macht: »Aus dem einst temperamentvollen, selbstbewussten Kerl ist inzwischen ein stiller, verhaltener Mann geworden, der gebrochen wirkt ...« Das Prinzip Arche Noah sei »ein Plädoyer für eine neue Familienkultur, die zurückstrahlen kann auf die Gesellschaft«, heißt es im Klappentext. Herman, die übrigens in vierter Ehe verheiratet ist, will auch schon festgestellt haben, dass die Frauen »im Begriff sind aufzuwachen«; dass sie Arbeit und Karriere nicht mehr unter dem Aspekt der Selbstverwirklichung betrachten, sondern unter dem der »Existenzsicherung«. Und dafür haben sie ja den Mann, der »kraftvoll« zu ihnen steht.

In diesem Zusammenhang machte die Autorin einen Schlenker zum Dritten Reich. Da sei vieles sehr schlecht gewesen, zum Beispiel Adolf Hitler, aber einiges eben auch sehr gut. Zum Beispiel die Wertschätzung der Mutter. Die hätten die 68er abgeschafft, und deshalb habe man nun den gesellschaftlichen Salat. Kurz danach war diese Buchvorstellung Gott sei Dank zu Ende.

Ich halte den Atem an und befürchte, in diesem Moment einfach tot umzufallen.

»Die spinnen doch«, sagt Michael, weil er dabei war. »Mach dir keine Sorgen, das werden wir schon aufklären. Da haben ja einige Journalisten mitgedreht.« Ich will wissen, wer den Beitrag geschrieben hat. »Eine gewisse Barbara Möller«, antwortet er.

Thomas Schreiber, mein Talkshow-Chef, hat ebenso auf die Mailbox gesprochen. Was denn jetzt schon wieder los gewesen sei mit mir, gestern in Berlin? Ich solle eine schriftliche Erklärung abgeben, er erwarte zuvor umgehend meinen Anruf.

Ich tue, was er wünscht, und rufe ihn an. Schreiber ist gleich am Telefon, seine Stimme klingt nicht erfreut. Er will von mir wissen, ob die Berichterstattung des *Hamburger Abendblattes* zutreffend sei, nach der ich bei der Pressekonferenz in Berlin das Dritte Reich gelobt haben soll. Es seien Presseanfragen bei ihm eingegangen, ebenso wurde eine Stellungnahme durch den NDR gefordert. Ich solle umgehend eine Erklärung darüber abgeben.

Jetzt werden auch noch meine Knie weich, übel ist mir schon länger.

Ich erkläre Thomas Schreiber, dass ich diese Schlussäußerung niemals und zu keinem Zeitpunkt abgegeben, sondern mehrfach das genaue Gegenteil zum Ausdruck gebracht hätte. Erkläre ihm, dass offensichtlich ein »abgeschnittener Gedanke« fehle, dass es sich um einen aus dem Zusammenhang gerissenen und damit sinnentstellenden Satz handeln müsse. Ebenso verweise ich auf die vielen Zeugen: meinen Verleger und zahlreiche Journalisten, die dieser Pressekonferenz beigewohnt hatten.

Ich biete ihm an, sofort meinen Verleger anzurufen und ihn um eine schriftliche Stellungnahme zu bitten, die ich selbst auch gerne abgeben würde, sobald ich in die Nähe eines Faxgerätes oder eines Internetanschlusses käme. Dies sei allerdings vor Montagmorgen nicht möglich, frühestens am Sonntagabend, wenn ich von Dessau nach Hause zurückgekehrt wäre. Und ich schlage vor, über die Presseabteilung des Verlages den Originalton der Pressekonferenz besorgen zu lassen.

Meine Erklärungen nützen nicht viel, Schreiber beendet schließlich das Gespräch.

Aufgewühlt rufe ich den Verleger an, der ebenso entsetzt ist wie ich. Er schlägt vor, eine richtigstellende Pressemitteilung über seinen Verlag herauszugeben und diese auch dem NDR unverzüglich zu übersenden. Außerdem betont er, dass er eine eidesstattliche Versicherung abgeben würde, dass ich mich bei jener Pressekonferenz zu keinem Zeitpunkt, wie von Möller behauptet, positiv über die Familienpolitik des Dritten Reiches geäußert hätte.

Darum bitte ich ihn ausdrücklich. Ich bin dankbar, tief dankbar dafür, dass wenigstens ein Mensch in dieser ignoranten Geschäftswelt da draußen zu wissen scheint, dass ich nicht diejenige bin, zu der man mich seit geraumer Zeit mit allem Nachdruck machen will: ein Nazi!

Indes sichert mir mein Buchverlag zu, direkten Kontakt aufzunehmen zu den Fernsehanstalten, die auf der Pressekonferenz gedreht hatten, um einen Originalmitschnitt zu erlangen.

Letzte Reise als normaler Mensch

Innsbruck, Samstag, 8. September 2007.
Ich werde heute nach Dessau in Sachsen-Anhalt reisen, ich fliege über Frankfurt und Leipzig. Von dort geht es mit dem Zug weiter. Ich habe schlecht geschlafen, denn das Schreckgespenst der Verleumdung breitet sich weiter über mir aus. Die halbe Nacht brachte ich damit zu, mir auszumalen, wie dieser Fall wohl weitergehen würde.

Hilflosigkeit heißt das Gefühl, das entsteht, wenn niemand einem glaubt, wenn die Wahrheit verhindert zu werden scheint, wenn sie niemand hören will und wenn der Strick um den Hals Stück für Stück zugezogen wird. Jetzt wird sich rächen, dass ich die ganzen Jahre über keine Allianzen im Sender geschmiedet, mich nicht verbündet habe mit den Oberen. Jede Kleinigkeit, jedes nichtkonforme Verhalten wird mir ins Genick schlagen.

»Frau Herman, warum kommen Sie niemals zu den Betriebsfeiern? Wir vermissen Sie dort jedes Mal ...« »Sie denkt wohl, sie sei etwas Besseres ...«

Ich konnte jedenfalls damals darauf nie wahrheitsgetreu antworten, nämlich, dass ich für diese Form der Fröhlichkeit nur selten etwas übrig habe und unter solchen Veranstaltungen eher leide, als dass sie mich unterhalten oder gar amüsieren könnten. Doch bei diesen Mitarbeiterfeiern entwickelt sich so manches, was einem in einer Situation wie der jetzigen hätte hilfreich sein können. Doch mir fehlen diese Netzwerke und Seilschaften. Ich bin schutzlos. Ich stehe alleine da!

Mein Mann hatte mir abends am Telefon gesagt, die Onlinemedien würden sich nur so überschlagen. Alle hätten vom *Hamburger Abendblatt* diesen einen Satz abgeschrieben mit dem Tenor: Eva Herman hat das Dritte Reich gelobt! Meine Schwester, die in einer Nachrichtenredaktion arbeitet, ruft an und fragt, ob ich wahnsinnig geworden sei. Als ich erläutere, dass ich das niemals gesagt hätte, meint sie: »Na, dann ist ja alles in Ordnung. Hätte mich auch sehr gewundert, Schwesterherz!«

Was täte ich jetzt nur ohne meine Familie? Mama sagt am Telefon: »Mein Kind, bleib ruhig. Du hast die stärkste Macht hinter dir, den lieben Gott! Er wird dich beschützen.« Danke Mama. Mein Sohn fällt mir ein, er wird bald zehn Jahre alt. Lieber Schöpfer im Himmel, hilf, dass man wenigstens ihn damit in Ruhe lässt!

Kurze Zeit später piepst das Handy. Ich habe eine SMS erhalten, sie stammt von Thomas Schreiber. Wörtlich heißt es darin: »Liebe Frau Herman – nun recherchiert auch die *BamS* (*Bild am Sonntag*) hinter Ihren Äußerungen her. Deshalb bitte ich Sie noch einmal, uns bis spätestens Montagvormittag eine schriftliche Erklärung zu übersenden. Sowohl der Intendant als auch der Fernsehdirektor und ganz sicher auch ich wüssten schon gerne, was Sie gesagt haben. Viele Tageszeitungen fragen den NDR nach einer Stellungnahme zu Ihren Äußerungen. Zurzeit verweisen wir darauf, dass wir Sie um eine Erklärung gebeten haben. Mit Dank und Gruß Thomas Schreiber.«

Ich lehne mich zurück. Aus diesen Zeilen geht hervor, dass Herr Schreiber meine mündliche Stellungnahme vom Vortage mitnichten an die Presse weitergegeben hat! In dieser Stellungnahme erkläre ich, dass ich äußersten Wert darauf lege, mich niemals und zu keinem Zeitpunkt lobend über das Dritte Reich geäußert zu haben, sondern, im Gegenteil, dass ich mich ungefähr ein Dutzend Mal in Anwesenheit der versammelten Presse energisch distanzierte. Und dass das *Hamburger Abendblatt* offensichtlich einen Satz aus dem Zusammenhang gerissen und damit den Sinn entstellt hat.

Genau dies hatte ich dem guten Mann, der als mein Chef zurzeit der einzige NDR-Obere ist, der mit mir über den Vorfall spricht, deutlich mitgeteilt. Während, wie er in der SMS behauptet, sich ja ebenfalls bereits Intendant und Fernsehdirektor eingeschaltet und um Aufklärung gebeten hätten. Allerdings ohne ein Gespräch mit mir selbst zu führen. Die Hierarchieebenen müssen schließlich sauber eingehalten werden.

Es fallen mir in diesem Moment die jahrelangen, hartnäckigen Versuche des Intendanten ein, ich solle ihn nach der langen gemeinsamen Zusammenarbeit doch nun endlich duzen, was ich jedoch niemals wollte und auch niemals tat. Warum ruft er mich in diesem Moment nicht einfach an und sagt: »Hallo Eva, hey, du, was ist denn eigentlich los bei dir?«

Sei es drum, der einzige NDR-Mitarbeiter, der die Sache jetzt aufklären könnte und müsste, ist dieser Thomas Schreiber. Er hat eine klare Stellungnahme von mir bekommen, auch wenn sie zunächst nur mündlicher Art war.

Auch die Presseerklärung des Verlegers müsste inzwischen bei ihm eingetroffen sein, ebenso dessen eidesstattliche Versicherung. Warum stellt sich Schreiber auf dem aufklärerischen Ohr taub? Ist es nicht seine Pflicht als mein Arbeitgeber, mich in einer solch prekären Situation zunächst einmal zu schützen, bis das Gegenteil bewiesen sein würde? Wichtig ist es, den Originalmitschnitt der Presseveranstaltung zu bekommen. Welche TV-Anstalten waren damals anwesend? RTL auf jeden Fall. Sat.1? Schon möglich.

Nochmals melde ich mich bei meinem Verleger, der indes bestätigt, alle Schriftstücke an den NDR weitergeleitet zu haben. Er verspricht mir erneut, sich so schnell wie möglich um einen Mitschnitt zu kümmern.

Warum reagieren die NDR-Leute so verhalten? Meine Güte, ich arbeite seit fast zwanzig Jahren für diesen Laden. Und jeder, der mich kennt, weiß, dass derartige Behauptungen einfach nicht stimmen! Habe ich denn kein Recht auf eine vernünftige Anhörung? Es ist zum Verrücktwerden. In dubio pro reo, heißt es doch in jeder normalen Anhörung, im Zweifel für den Angeklagten. Plötzlich stutze ich. Der Gedanke, der mir soeben durch den Kopf schießt, ist zu kühn, um wahr zu sein. Was hatte der *Hörzu*-Journalist neulich gleich noch am Telefon zu mir gesagt? »Sie scheinen auf der Abschussliste zu stehen, Frau Herman! Wussten Sie das noch nicht? Haben Sie schon Pläne für die Zeit nach *Herman und Tietjen*? Ihre Sendung wird nämlich in Kürze eingestellt werden!« Er war nett, fast mitleidig.

Und was schrieb die *Bild*-Hamburg einen Tag später?

»Aus für *Herman und Tietjen*?«

Warum wussten all die Leute da draußen anscheinend mehr als ich? Wollte man mich tatsächlich so schnell wie möglich loswerden? Man hätte doch mit mir darüber gesprochen! Oder?

Wenige Tage zuvor hatte ich mit Bettina Tietjen, mit der ich zehn Jahre lang gemeinsam eine der erfolgreichsten Talksendungen des NDR moderierte, telefoniert und sie mit der *Bild*-Veröffentlichung konfrontiert. Als ich das Gespräch anschließend analysierte, war ich davon überzeugt, dass Bettina längst für andere Aufgaben, wie man so schön sagt, im Gespräch war. Danke denn auch!

Als ich auflegte, habe ich hemmungslos geheult. Fühlte mich verraten, hintergangen. Die gesamte NDR-Welt brach nun gänzlich zusammen, auch wenn ich mich in der Redaktion schon länger nicht mehr besonders wohlgefühlt hatte. Weil keiner von denen sich je die Mühe gemacht hatte, ohne ein vorgefertigtes Urteil über diese Thesen zu sprechen, sondern von vornherein darauf festgelegt zu sein schien, dass es sich wohl eher um das psychische Problem einer überforderten Blondine handeln musste. Frei nach jenem Motto, das eine wütende Feministin über mich im Internet verbreitet hatte: »Eva Hermans Buch ist so überflüssig wie die allgegenwärtigen, nachmittäglichen Gerichtsshows. Denn über Emanzipation diskutiert man nicht!«

Aber was war mit der SMS von Thomas Schreiber, in der er mir mitgeteilt hatte, dass er mit *Bild*-Hamburg gesprochen habe und dass ich selbstverständlich meine Sendungen behalten würde? Dies konnte doch keine dreiste Lüge sein. Seine SMS befindet sich zum Zeitpunkt dieser Niederschrift noch in meinem alten Handy. Der letzte Satz seiner SMS lautet: »Alles wird gut. Grüße, Ihr Thomas Schreiber.«

Jetzt ergab sich für mich ein stimmiges Bild! Deswegen vielleicht die dicke Luft und allgemeines Verstummen, wenn ich einen Redaktionsraum betrat. Das Raunen und das Wispern hinter vorgehaltener Hand, wenn ich die NDR-Flure durchschritt. Es waren nicht nur die idiotischen Verdächtigungen, ich sei fundamentalistisch, ich sei braun, ich sei blöd. Die Medien wussten vielmehr schon von angeblichen bereits weiterführenden Entscheidungen, und der Betroffene erfährt es – wie immer – erst als Letzter.

Auch wenn mir die Sache fast klar schien – fassen konnte ich das Unglaubliche dennoch nicht. Genügte es denn nicht, dass ich mich ein Jahr zuvor gedrängt fühlte, aus der *Tagesschau* auszusteigen, weil der Druck der Feministinnen auf den Sender, speziell wohl jene Spezialmaßnahmen Frau Schwarzers, von denen nur einige wie jene hinterhältige *Emma*-Denunziation durch Zufall das Licht der Öffentlichkeit erreicht hatte, zu groß geworden zu sein schien?

Damals gab es für mich doch gar keine andere Lösung, als zu gehen, »um Schaden von der *Tagesschau* abzuwenden«. Meine Güte noch einmal, wenn der Sender mit meiner politisch unkorrekten Meinung, dass kleine Kinder zu ihren Müttern gehören, nur etwas gelassener umgegangen wäre und das ganze Gezeter der linksfeministischen Fraktion souveräner behandelt hätte, so wäre dieser Sender immer der Stärkere geblieben und ich nicht gleich zum Abschuss freigegeben worden. Aber so? Fast konnte man glauben, der NDR habe sich vor den Karren der Alice Schwarzer spannen lassen. Wer konnte sonst noch dahinterstecken? Zwar muss man nicht gleich eine Verschwörung vermuten, wie mir sicher wieder nahegelegt wird. Wenn man sich allerdings klar macht, dass meine Thesen nicht nur den Ansichten bestimmter Feministinnen zuwiderlaufen, sondern auch der politische Mainstream nichts mit einer differenzierten Sicht auf die Mutterrolle anfangen kann, die Politik sich sogar in die andere Richtung bewegt mit dem Ausbau von Kinderkrippen, dann darf man auch ein politisches Interesse daran vermuten, dass keine Stimmen gefördert werden, die das Gegenteil verkünden. Aufgrund meiner Bekanntheit erhielt diese Stimme jedenfalls ein bisher in der Öffentlichkeit so nicht wahrnehmbares Gewicht. So können sich auch schon einmal Strömungen zwischen Politikern und Journalisten koordinieren, die eher dem Trennungsgebot gehorchen sollten. Auch eine nicht initiierte Koordination kann vernichtend wirken.

Klar war: Hätte ich mich bereit erklärt, meine »Hausfrauenansichten« nicht mehr weiter zu verbreiten, hätte man mir wohl allmählich gnädig verziehen, und ich hätte weiterhin als gut beobachtetes Aushängeschild des NDR und der ARD fungieren dürfen. Aber nicht anders! Keine Bücher mehr, keine Essays oder öffentlichen Aufsätze, keine Auftritte zu diesem Thema! Maul halten!

Oder warum hatte die *Bild* schon ein Jahr zuvor, nach meinem letzten *Tagesschau*-Arbeitstag am 11. August 2006, getitelt: »Kippten Feministinnen sie aus der *Tagesschau*?«

In jenem Artikel hieß es unter anderem:

»Frauenverbände protestierten empört bei der *Tagesschau*-Redaktion, forderten die Absetzung von Eva Herman. Es entbrannte ein Riesenkrach mit Feministinnen, die Eva Herman in einem offenen Brief angriffen.

Als die *Tagesschau*-Sprecherin sich nun entschloss, dass sie sich in ihrem Buch *Das Eva-Prinzip – Für eine neue Weiblichkeit* (erscheint im September) erneut mit dieser Thematik beschäftigen wird, stand sie vor der Frage: Entweder das Buch oder die *Tagesschau*. Beides ginge nicht. Begründung: Mit der Veröffentlichung dieses brisanten und gesellschaftskritischen Themas wäre ihre Neutralität als Sprecherin der *Tagesschau* gefährdet. Buch oder *Tagesschau* – für Eva Herman die schwerste Entscheidung ihrer 23-jährigen TV-Karriere! […] Ihre Talkshow wird die Mutter eines achtjährigen Sohnes auch nach dem *Tagesschau*-Ende fortsetzen. Nach *Bild*-Informationen einigten sich die ARD und Eva Herman darauf, dass eine Rückkehr in die *Tagesschau* in ein bis zwei Jahren möglich ist.« (24)

Auch andere Medien spekulierten in dieser Zeit, was eigentlich damals geschah. So mutmaßte auch der Berliner *Tagesspiegel* am 13. August 2006 unter dem Titel »Das enge Sprecherkorsett«:
»Ob Eva Hermans Entscheidung ganz freiwillig zustande kam oder unter gewissem Druck, werden nur Gniffke (ARD-Aktuell-Chefredakteur) und Herman wissen.« (25)
Und das *Hamburger Abendblatt* war sich in seiner Ausgabe vom 14. August 2007 mit der Überschrift »Kind und Karriere unvereinbar?« ebenso unsicher und fragte mich: »Haben Sie Ihre Entscheidung, bei der *Tagesschau* aufzuhören, aus freien Stücken getroffen oder hat die ARD Sie unter Druck gesetzt?«
Ich antwortete in diesem Beitrag: »Schon als der *Cicero*-Artikel erschien, gab es viele Gespräche mit der ARD, und mir war klar, dass das Problem nach dem Erscheinen dieses Buches wieder auftreten würde.« (26)
Was hätte ich sonst antworten sollen?

Fakt ist: Mein NDR-Vorgesetzter Thomas Schreiber dachte scheinbar überhaupt nicht daran, meine eindeutige, mündliche Stellungnahme, die ich ihm gegenüber mehrfach geäußert hatte mit der dringenden Bitte um Weitergabe, der Presse auch wirklich mitzuteilen. Der NDR schien die Entwicklung nicht nur billigend in Kauf zu nehmen, sondern sie sogar zu forcieren und an der von den Feministinnen entworfenen Schraube mitzudrehen. Jedenfalls förderte er die Hetzjagd auf mich durch diese Untätigkeit. Ich kann mir nicht erklären, warum der anfragenden Presse nicht ausgerichtet wurde, dass ich diese Behauptung für einen furchtbaren Irrtum halte, der in den nächsten Tagen aufgeklärt wird. Hätten Herr Schreiber oder der Intendant oder der Fernsehdirektor meine Worte ernst genommen, wären sie auf jeden Fall ordnungsgemäß öffentlich gemacht worden, wie ich es verlangt hatte. Dann hätte ich nicht nur genügend Zeit zur Aufklärung des Sachverhalts gehabt, sondern es hätte ebenso eine echte Chance bestanden, die Wahrheit rechtzeitig ans Licht zu bringen. Die öffentliche Wahrnehmung wäre bei Einhaltung dieser minimalen Fairnessgesetze somit von Beginn an eine völlig andere gewesen. Doch so wurde den Menschen im Land nur ein einziger Eindruck suggeriert: dass selbstverständlich an dem vermeintlichen Nazilob etwas dran sein musste!

Wenig später liest mein Verleger mir am Telefon vor, was er auf der Website des Pendo-Verlages veröffentlicht und zum NDR geschickt hat. Dieser für mich sehr wichtige Text (27), in dem klargestellt wird, dass ich mich zu keinem Zeitpunkt in besagter Pressekonferenz lobend über das Dritte Reich geäußert habe, wird jedoch ebenso wenig wie die eidesstattliche Versicherung des Verlegers künftig an irgendeiner Stelle zur Geltung kommen. Der NDR wird weder die Klarstellung noch die eidesstattliche Versicherung zu meiner Entlastung verwenden oder gar veröffentlichen. Diese Dokumente spielen schlicht keine Rolle!

Auch das weiß ich zu jenem Zeitpunkt selbstverständlich noch nicht.

Ich verlasse das Alpenhaus und gehe in die Natur. Üblicherweise beruhigen mich die Berge, doch heute bin ich alles andere als entspannt. Zwar glaube ich immer noch, dass ich in Kürze beweisen kann, was in Berlin gesagt und was auf keinen Fall gesagt wurde. Doch macht mir das aufziehende Gewitter allmählich fast Angst.

Wieder in der Hütte angekommen, rufe ich Herrn Schreiber an. Das Band läuft, ich bitte ihn um Rückruf. Keine Antwort.

Vor dem Abflug ist mein Herz schwer. Am liebsten würde ich hier in den Bergen bleiben. Sie wirken vertraut, wie ein großer, starker und liebevoller Schutz umgeben sie mich, sind meine einzigen Verbündeten, die mich nun gehen lassen müssen unter ungewissen und höchst unerfreulichen Vorzeichen.

In dem kleinen Kiosk kaufe ich Zeitungen, als mein Handy vibriert. Ich wühle tief in meiner Tasche; als ich es endlich in der Hand halte, läuft bereits der Anrufbeantworter. Ich hatte das Telefon auf der Autofahrt zum Flughafen leise gestellt. Nun höre ich das Band ab. Es befinden sich mehrere Anrufe in Abwesenheit darauf, unter anderem ein Anruf der *BamS* (*Bild am Sonntag*). Es klingelt schon wieder, und ich melde mich. Eine Journalistin der *BamS* versucht es freundlich und nachdrücklich »zum wiederholten Male«.

Sie wolle ein Interview mit mir machen, sagt sie. Dabei versucht sie, mir einen O-Ton (Originalton) in den Mund zu legen, der ähnlich klingt wie das falsche Zitat von Frau Barbara Möller. Ich antworte ausdrücklich, dass dies gerade eben nicht meine Worte gewesen seien, und stelle vielmehr klar, dass die Werte im Dritten Reich missbraucht wurden. Ich füge an, dass mein Originalsatz sinnentstellt wiedergegeben wurde, und mache ihr gegenüber mehrfach deutlich, dass ich während der Pressekonferenz am 6. September 2007 in Berlin anlässlich der Vorstellung meines Buches zu keinem Zeitpunkt die Familienpolitik Hitlers gelobt habe. Vielmehr sei das Gegenteil der Fall, denn ich hätte mich nach den Erfahrungen des vergangenen Jahres auf der Pressekonferenz mehrfach von links- und rechtsideologischem Gedankengut distanziert und mich gegen jede diebezügliche Unterstellung verwahrt. Dies sei auch darauf zurückzuführen, dass mein vorheriges Buch *Das Eva-Prinzip* ständig von den Linken und der Feministenszene mit »rechtem Gedankengut« in Verbindung gebracht wurde. In *Das Prinzip Arche Noah* hätte ich daher eine ganzseitige Schlussbemerkung geschrieben, die meine tiefe Ablehnung dieser Gesinnung gegenüber zum Ausdruck bringt.

Ich habe das Gefühl, dass ich alles zum wiederholten Male klarstellen müsse, damit sie alle endlich verstehen, verstehen müssen! Ich weise mehrmals auf die letzte Seite meines neuen Buches hin, die während der Pressekonferenz vollständig von Christian Strasser, dem Verleger des Pendo-Verlages, vorgelesen wurde.

Und ich versuche ihr zu erklären, dass alles, was nach der ersten Veröffentlichung im *Hamburger Abendblatt* vom 7. September 2007 zitiert worden sei, unvollständig und aus dem Zusammenhang gerissen ist. Meinen zitierten Äußerungen sei ein Halbsatz vorausgegangen, der einen völlig anderen Sinnzusammenhang ergibt. Ich rede im wahrsten Sinne des Wortes um mein Leben.

Die Redakteurin bedankt sich am Ende für das Gespräch und will sich für eine Autorisierung, auf die ich dringe, noch einmal bei mir melden.

Mit lautem Brummen erhebt sich die kleine Maschine in den Himmel, bis sie die nötige Höhe erreicht hat, dann wird das Geräusch leiser und ähnelt eher einer gleichmäßig schnurrenden Nähmaschine. Leider werden meine geliebten Berge aus dieser Perspektive immer kleiner und zierlicher.

Auf meinem Schoß liegen zwei österreichische Tageszeitungen: die *Kronenzeitung* und *Österreich*, das neue Krawallblatt der Alpenrepublik. Der Papst, so heißt es hier, habe Österreich besucht und mahnend über das Thema »Abtreibung« gesprochen – über das, wie er es formulierte, »Verbrechen«.

Ich kann seine Worte gut nachvollziehen, denn die Sorglosigkeit, der leichtfertige Vorsatz, ungeborene Babys fahrlässig, ja, rücksichtslos zu vernichten, ist heutzutage erschreckend selbstverständlich geworden. Auch ein Thema, das sich die Feministinnen auf ihr Konto schreiben können. Im Zuge der aufkommenden weiblichen Selbstbestimmung Anfang der 1970er-Jahre sollte es, so die Ansicht der feministischen Szene unter der Führerschaft von Alice Schwarzer, die damals den Kampf gegen den Paragrafen 218 aufgenommen hatte, künftig jeder Frau möglich sein, über das Leben im Bauch, der nun einmal »ihr gehört«, allein entscheiden zu dürfen. Von moralischen und ethischen Grenzen, über die der Mensch sich damit hinwegsetzt, keine Spur.

Viele Jahre zuvor, als ich selbst nur Augen für mich und meine wachsende Bilderbuchkarriere hatte, war ich ähnlich unüberlegt und leichtfertig mit diesem heiklen Thema umgegangen. Schließlich war ich durch die öffentlich sicht- und fühlbare Arbeit des Feminismus schon als junges Mädchen über die angeblichen Vorzüge dieser hochgepriesenen weiblichen Eigenbestimmung umfassend informiert worden.

Bereits zu Beginn dieser Kampagne war ich mit etwa dreizehn Jahren immerhin alt genug, um von meiner Mutter aufgeklärt zu werden. Sie erläuterte mir selbstverständlich auch, was zu tun sei, damit es später bloß niemals zu einer ungewollten Schwangerschaft käme. Dass meine Mutter mir als wirksamste Methode sexuelle Enthaltsamkeit empfahl, betrachtete ich zu jenem Zeitpunkt, im gerade angebrochenen Zeitalter der sexuellen Befreiuung, eher als Zumutung.

Die Schwarzerschen Feminismusziele leuchteten mir damals in meiner blauäugigen Jugend teilweise sogar ein. Ich war also mitnichten von Beginn an gegen Alice Schwarzer und ihre Arbeit gewesen. Allerdings konnte ich zu keinem Zeitpunkt verstehen, dass viele derjenigen Frauen, die für die angebliche weibliche Befreiung kämpften, immer gleich aussehen mussten wie verlotterte Vogelscheuchen.

Wie auch immer, ich stellte mir in frühester Jugend ebensolche Fragen wie: Warum sollten wir Frauen nicht genauso erfolgreich und selbstbewusst sein können wie Männer? Es war aus meiner damaligen Sicht fast logisch, dass die Zeit für Themen wie die Gleichberechtigung von Männern und Frauen endlich reif war. Die versprochenen Ziele wie die Befreiung der Frau sollten für mich selbstverständlich ebenso Verbindlichkeit erhalten wie für jedes andere weibliche Wesen dieser Erde. So dachte ich zu jener Zeit mit wachsendem Interesse und fühlte mich dabei sehr fortschrittlich und sogar etwas politisch.

Dass der Feminismus in diesem Zusammenhang allerdings stets von Gleichstellung oder Gender Mainstreaming sprach, peilte ich längst noch nicht. Zumal mir auch niemand genauer erklärte, was sich eigentlich hinter diesen eher harmlos klingenden Begriffen verbarg, nämlich die Behauptung, Männer und Frauen seien gleich, also sowohl sexuell als auch in ihren ganzen typisch angelegten Verhaltensweisen. Mit anderen Worten: Es gibt überhaupt keine Unterschiede zwischen den Geschlechtern. Wenn also kleine Mädchen mit Puppen spielten und kleine Buben mit Autos und Pistolen, dann eben nur, weil die Eltern ihnen diese »geschlechtstypischen« Spielsachen angeboten hatten. Ein Mädchen würde dieser Theorie zufolge jedoch ebenso glücklich mit einer Plastikknarre sein, während Lukas in rosa wippendem Röckchen den Puppenwagen schiebt und sich dabei völlig normal entwickelt.

Welch eine Farce! Das Frausein und das Männliche, die typischen Verhaltensweisen der unterschiedlichen Geschlechter, die so wichtig für günstiges Zusammenwirken und lebendige Vielfalt einer Gesellschaft sind, sollten abgeschafft werden! Als mir diese Hintergründe Schritt für Schritt in ihrem ganzen gefährlichen Wahnsinn deutlich wurden, als ich feststellen musste, dass die Gender-Gesetze in unser deutsches Regierungsprogramm wie in nahezu alle Gesetzgebungen der westlichen Welt verpflichtend festgeschrieben worden waren, begann mein Umdenken. Ich fing allmählich an, mich gegen all diesen menschheitsvernichtenden Wahnsinn innerlich aufzulehnen. Denn inzwischen werden die Gender-Gesetze mit allem Nachdruck verteidigt. Wer sich dagegen wendet, kann durchaus mit hohen Geldbußen oder Gefängnis bestraft werden. So wird die Gesellschaft Stück für Stück umgebaut, ohne dass der Einzelne das wahre Ausmaß dieser Entwicklung bemerkt.

»Man wird nicht als Frau geboren, man wird es«, lautete einer der meistzitierten Sätze der Ikone der europäischen Feministinnen, Simone de Beauvoir, die sich die »Entmystifizierung der Frau« und die »Auflösung der Geschlechter« als Ziele auf die Fahne geschrieben und Alice Schwarzer damit für ewig in ihren Bann gezogen hatte.

Aus heutiger Sicht ist es ebenso erstaunlich, dass es der feministischen Szene um Alice Schwarzer gelingen konnte, seinerzeit das Thema Abtreibung als »politisch korrekte Einrichtung« in unserem Land für viele Jahre zu installieren.

Alice Schwarzer formuliert es in *Die Antwort* folgendermaßen: »[…] Denn bei dem Recht auf Abtreibung geht es um viel: um das Recht auf selbstbestimmte Mutterschaft, um die Verfügung über den eigenen Körper, um eine angstfreie Sexualität.«

Schwarzer griff damals zu jeder Maßnahme, die ihr dieses Ziel näherbringen konnte. Und so erschien am 6. Juni 1971 das Wochenmagazin *Stern* mit der Titelschlagzeile: »Wir haben abgetrieben!«. Auf dem Cover sah man über ein Dutzend bekannter Frauengesichter Deutschlands, darunter Schauspielerinnen wie den Weltstar Romy Schneider und Publikumsliebling Senta Berger, mit der ich später auch noch auf recht unliebsame Weise zu tun haben sollte.

Eine Revolution fand damals statt. Alice Schwarzer beschreibt diese Zeit nicht ohne Stolz in ihrem 2007 erschienenen Buch *Die Antwort*: »Die Veröffentlichung schlug ein wie eine Bombe. Das Tabu war gebrochen. Ein kollektiver Aufschrei ertönte: Ich auch! Die Frauen sammelten Unterschriften in Stadtteilen und an Universitäten, in Büros und Fabriken. Die Politiker brachen unter Waschkörben von Petitionen zusammen. Die Lawine war nicht mehr aufzuhalten – und wurde zum Auslöser der Frauenbewegung.« (28)

Und nun also hatte sich der Papst wieder einmal diesem undankbaren Thema gewidmet und wurde dafür auch wieder öffentlich abgewatscht. Während das kleine Flugzeug bereits mit dem Landeanflug auf Frankfurt begonnen hat, sehe ich die Zeitungen genauer durch: Auf vielen Seiten findet sich angesichts seiner Warnungen nahezu ausschließlich triefende Häme und triumphierenden Spott. Ich bin kein glühender Verehrer des Papstes. Doch aus meiner Sicht hat er in vielen Punkten, gerade wenn es um den Schöpferwillen geht, tatsächlich recht.

Im *Life*-Teil von *Österreich* entdecke ich ein Bild von mir und finde eine zweiseitige Rezension meines neuen Buches. Sie ist ganz gut, ich bin zufrieden. Daneben wird ein zweites Buch besprochen, eine Neuerscheinung, die die österreichische Fernsehmoderatorin Arabella Kiesbauer veröffentlichte. Sinnigerweise wirft man uns zwei in einen Topf, denn schließlich sind wir beide beim Fernsehen und schreiben Bücher. Und diese Bücher haben inhaltlich im weitesten Sinne etwas mit Familie zu tun. Nur mit dem Unterschied, dass Arabella Kiesbauer sich auf die Suche gemacht habe nach ihren eigenen Wurzeln im afrikanischen Ghana, während ich das Wohl der Familien im Visier habe. Von mir aus. Auch gut!

Ankunft Frankfurt. Ich verlasse den Bus, der mich von der kleinen Maschine zum Terminal bringt. Viel Zeit bleibt nicht, ich muss den Anschluss nach Leipzig kriegen, der Check-in hat schon begonnen. Das Gepäck wird automatisch weitergeleitet. Mit schnellen Schritten gehe ich durch den Eingang in die stark belebte Flughalle. Leider ist es ein ganzes Stück Weg, denn ich muss das Terminal wechseln. Hunderten Leuten scheint es ebenso zu gehen, alles wimmelt wild durcheinander. Eigentlich müsste die *BamS*-Frau bald anrufen.

Die plötzliche innere Hitze hat anscheinend weniger mit dem Umstand zu tun, dass ich schnell laufen muss, sondern vielmehr mit der psychischen Zwickmühle, in die ich langsam gerate. Es ist zum Verrücktwerden: Man hat sich auf mich eingeschossen, will mich missverstehen, will mir ganz offensichtlich rechtsradikales Gedankengut unterschieben. Ein Plan? Es sieht alles danach aus. Dass man mich beim NDR loswerden will, wird für mich immer deutlicher. Blondinen brauchen halt manchmal etwas länger.

Die Feministinnen geifern, sinnen danach, wie sie mich am wirksamsten abschießen können. Und ihre Macht ist, wie man sieht, nicht zu unterschätzen. Der durch sie geprägte Zeitgeist und ihr Einfluss in den Medien auch nicht. Außerdem sind da die vielen kinderlosen Journalistinnen und eine Menge Männer, die sich nicht mehr trauen, den Mund aufzumachen, um das zu sagen, was ihnen eigentlich nicht gefällt.

Ein schöner Schlamassel!

Seit dem *Eva-Prinzip* werde ich geächtet, und das ist nicht etwa das Ergebnis eines ausgeprägten Verfolgungswahns, sondern leider pure Wahrheit. Man darf heute nicht anderer Meinung sein als die große Masse. Wehe, wenn doch!

Sie hatten nicht erwartet, dass nach dem *Cicero*-Artikel und ihren anschließenden deutlichen Warnschüssen überhaupt noch einmal etwas von mir käme. Sie werden es auch niemals dulden. Die »Blondinendarstellerin«, wie Alice Schwarzer mich in ihrem Denunziationsbrief bezeichnet hatte, solle gefälligst schweigen, ansonsten würde nachgeholfen!

Sie hatten mir, im Gegenteil, signalisiert, dass sie wieder »gut mit mir wären«, würde ich es nach dem *Cicero*-Artikel nun dabei bewenden lassen. Einige wohlmeinende Damen der Hamburger Gesellschaft hatten mich nach einigen Wochen angerufen und darauf hingewiesen, dass der Bann von mir genommen werde und ich nun wieder Einladungen zu den begehrten Top-Events erhielte. Schließlich, so wurde mir in vertraulichem Tone mitgeteilt, hatte ich etliche ehrbare Leute mit diesem Artikel bis ins Mark getroffen. Aber – jeder könnte schließlich einmal Fehler machen.

Die darauffolgenden Bücher, die ich trotz dieser gnädigen Reaktion in der Folge veröffentlicht hatte, müssen auf sie, die vermeintlich Mächtigen, wie ein Affront, wie eine ausgeklügelte Frechheit gewirkt haben. Fast scheint es, als hätte ich Einzelne von ihnen mit meinen Beiträgen wieder und wieder ganz persönlich beleidigt.

Mache ich ihnen Angst, weil ich über die Liebe spreche? Über die Liebe der Mütter zu ihren Kindern, jener Form von Liebe, die sie selbst vielleicht einstmals nie erhielten? Über die Liebe zwischen den Menschen und die Liebe zu unserem Schöpfer? Ja, vielleicht ist es so. Dahinter sitzt nämlich noch tausendmal mehr Macht und Kraft, als die feministischen Einpeitscherinnen sie je erreichen werden. Wer schreit, hat Angst, sagte Mama immer.

Ich schicke Thomas Schreiber vom NDR eine SMS, dass ich nun unbedingt mit ihm reden müsse. Wenig später schreibt er mir zurück: »Liebe Frau Herman – bitte später. Schreibe gerade unsere Meldung zur RAF, die wegen Redaktionsschluss dringend raus muss. Gruß TS.« Wie interessant! Noch schreibt er »Liebe Frau Herman«, doch das wird sich sicher auch bald ändern.

Das Handy klingelt. Die *BamS*-Dame ist wieder dran. Sie will mir den Text zur Autorisierung vorlesen. Das wird jetzt schwierig, überall ist Lärm, Lautsprecherdurchsagen und Stimmengewirr erfüllen die Luft. Ich versuche, dem hektischen Gewimmel zu entkommen, und suche hinter einer Pappwand für einen Moment Ruhe. Es gelingt nicht wirklich, es bleibt vor allem laut! Auch drängt die Zeit, ich muss zum Flugzeug. All diese Widrigkeiten schildere ich der Redakteurin kurz. Es stört sie nicht sonderlich. Sie liest mir ein langes Zitat vor, das zusammengewürfelt worden zu sein scheint aus verschiedenen Informationen ihrer bisherigen Recherche. Dazu gehören die bereits zitierten Falschaussagen, die die Onlinejournalisten von Barbara Möller abgeschrieben und um einige Erfindungen ergänzt haben, und meine letzten Äußerungen, die jedoch auch verdreht worden sind.

Ich weise sie darauf hin, dass es sich wieder um eine unvollständige und sinnentstellende Wiedergabe meiner Äußerungen handele. Ebenso sage ich ihr, dass ich derzeit immer noch keinen Zugang hätte zu meinem vollständigen Originalzitat aus der Buchvorstellung, dass ich jedoch ganz sicher niemals die Familienpolitik des Dritten Reiches gelobt hätte.

Wieder zitiert sie etwas, was ich gesagt haben soll, was ich nicht will, was sie aber mit »meinem Satz« beschreibt. »Nein, nein, so nicht«, sage ich energisch. Es ist nicht »mein Satz«! Es ist auch nicht meine innere Haltung! Es geht weiter hin und her. Es ist nur noch ein Albtraum! Es wird furchtbar, ich spüre es auf einmal deutlich! Mein Körper fängt an zu zittern, mir ist kalt! Tränen steigen hoch, ich versuche sie wieder zurückzudrängen. In meinen Ohren beginnt es zu rauschen. Ich fühle mich krank und mutterseelenallein!

Warum hört mir keiner zu? Genügt es nicht, dass ich mich mein Leben lang nachweislich anders verhalten habe, als es mir hier unterstellt werden soll? Ich habe keinen Nationalsozialismus gelobt. Nein! Nein! Was soll ich denn noch tun? Schreien? Herr im Himmel, hilf mir! Die Frau am anderen Ende redet und redet, und das Kuddelmuddel ist komplett! Ich verstehe, dass sie sich noch einmal melden wird. Es wird jedoch kein weiteres Telefonat mehr zwischen uns geben, sie meldet sich nicht! Stattdessen wird am folgenden Tag ein Bericht erscheinen, der mir den letzten Todesstoß versetzt. Die *BamS* wird später davon ausgehen, dass ich in diesem Telefonat ausgerechnet das altbekannte falsche Zitat autorisiert hätte und druckt es als das meinige ab. Die Logik dahinter erschließt sich mir bis heute nicht.

Hilflos sehe ich mich um. Das Telefongespräch ist beendet. Die Menschen hetzen an mir vorbei, sie sind unter Druck, Getriebene, die meisten Gesichter totenbleich. Ist das unsere moderne, hoch gepriesene Erfolgsgesellschaft? Ohne Freude am Leben? Ohne Liebe? Mir wird eisig kalt!

Meine Familie, mein Mann, mein kleiner Sohn, die Hunde, euch brauche ich jetzt so sehr wie nichts anderes auf der Welt. Und dein Lächeln, Mama. Weil du mich kennst und weißt, wer ich in Wirklichkeit bin.

Die Tränen verschleiern meinen Blick, ich haste weiter in Richtung Abfertigung. Was sich gerade abspielt, kann man nicht beschreiben. Die gnadenlose Jagd hat begonnen. Doch ich falle nicht um, stürze nicht ab! Lieber Gott, Du bist da und hältst mich fest. Noch verstehe ich nicht genau, was hier wirklich geschieht, und vor allem, warum es passiert. Doch Du weißt es ganz genau. Und ich will Dir folgen, ohne Angst, ohne schwache Knie, ohne Murren und ohne Zweifel.

Dennoch, es wird schwer werden, diese irdischen Zwänge der verfolgenden, hetzenden Meute auszuhalten.

Als ich in Leipzig lande, ahne ich, dass die letzten Stunden gekommen sind, in denen ich noch durch die Menschenmenge gehen kann, ohne dass mir irritierte, verstohlene Blicke folgen oder man sich gegenseitig anstößt, um mit dem Finger auf mich zu deuten. Denn ich bin jetzt abgestempelt, eine Ausgestoßene, persona non grata.

Ich fahre mit dem Zug vom Flughafen zum Hauptbahnhof. Hier habe ich etwa eine halbe Stunde Aufenthalt, dann kommt die Bahn nach Dessau. Mir ist schlecht vor Hunger, doch ich kann nichts essen. Wieder sehe ich müde, erschöpfte, hetzende arme Seelen, manche scheinen vom Teufel getrieben zu sein. Ja, viele von ihnen hat er sicher und fest im Griff. Hohnlachend sitzt er ihnen auf den Schultern und treibt sie durch diese Welt, ihre Seelen verführend, Geld und Ansehen hinterherjagend. Vornübergebeugt durch die Last und die Schwere des ganzen Lebens ahnen manche von ihnen doch in Wirklichkeit bereits, dass es nichts mehr werden wird mit der Außergewöhnlichkeit, die ihnen einstmals als ferne Verheißung erschien. Wie im Fieber sind einige, anderen quillt die Unmoral und Unsitte aus Kleidung und Gestus, alle Reinheit der Menschenseele scheint dahin! Das ist unser viel gepriesener Fortschritt der Globalisierung, überall erkennen wir jetzt die Früchte. Der Erwerbswahn, der kleine Kinder von ihren Müttern trennt, der Familien zerstört, der die Liebe tötet, er macht aus Menschen Monster!

Doch wer schon hat den Mut dieser Bestandsaufnahme? Schlechte Zeiten gab es schließlich immer.

Vielleicht hat es wirklich keinen Sinn mehr, für diese Menschen zu kämpfen. Können sie meinen Blick überhaupt nachvollziehen? Meine Sprache verstehen? Doch, ja, es gibt einige, die sich sehnen nach goldener Liebe, einem geöffneten Herzen, freudigem Schaffen und demutsvollem Sein.

Ich rufe meine Redaktionsleiterin an. Möchte von irgendjemandem hören, dass alles nur halb so schlimm ist, ein Irrtum, der morgen aufgeklärt wird. Und dass man schließlich wisse, mit wem man es zu tun habe … Doch sie sagt es nicht, klingt eher besorgt. Ich höre für mich heraus: Das war zu erwarten. Du bist zu weit gegangen! Wir haben dich gewarnt!

Ich bitte sie, dass sie bei allem, was auch geschieht, niemals vergessen möge, dass ich nichts Unrechtes gesagt habe. Meine Stimme wird dringend, ich merke es selbst. Es ist die klassische Verteidigungshaltung der Angeklagten!

Nach dem Telefonat geht es mir auch nicht besser. Der Bahnhof ist kalt und zugig, es ist mittlerweile dunkel geworden. Die Läden machen jetzt dicht. Ich habe Hunger, aber keinen Appetit. So kaufe ich einen Becher Joghurt mit Früchten. Sitze auf einem Drahtsessel am Bahnsteig. Es ist so kalt! Der Zug nach Dessau hält an jeder Milchkanne. Egal. Morgen wird in der größten Sonntagszeitung Deutschlands stehen, dass ich ein Nazi bin! Ausgerechnet ich. Wenn es nicht so tragisch wäre, müsste man lachen.

Ist es das alles wirklich wert? Mein Einsatz für Kinder, für Familien, für die Menschen? »Was soll denn nur dieser missionarische Eifer?«, wollte man neulich von mir wissen, als ich in der Redaktion war. Eine berechtigte Frage. Ja, was sollte das eigentlich? Warum hatte ich mich nicht einfach weiter um meine Karriere gekümmert? Ich hätte mich weiter feiern lassen können als schillernde Promi-Persönlichkeit, hätte weiterhin viel Geld verdient und wäre ein angesehenes Mitglied dieser Gesellschaft geblieben. »Eva, du bist auf einem ganz merkwürdigen Weg, merkst du das gar nicht?« Meine Co-Moderatorin meinte es in ihrer dauergemieteten, unbekümmerten, doch leider meist oberflächlichen Fröhlichkeit sicher nicht schlecht, als sie mich immer wieder warnte vor zu viel Ernst des Lebens.

Was treibt mich denn in Wahrheit? Anscheinend höre ich die Flöhe husten und das Gras wachsen, scheine Dinge zu sehen, die andere nicht erkennen können oder nicht erkennen wollen. Haben alle recht? Habe ich mich verrannt?

Wenn ich mir die Statistiken ansehe, wohl eher nicht: Epidemisch ansteigende Depressionsraten, komasaufende Jugendliche, wachsende Fettleibigkeit und Magersucht, zunehmende Amokläufe im beschaulichen Deutschland, eine klägliche Geburtenrate, die zum Aussterben zwingt, Burn-out-Erscheinungen bei jeder zweiten berufstätigen Mutter, Bindungslosigkeit landauf, landab, Scheidungen über Scheidungen und so vieles mehr!

Alles in Butter aufm Kutter? Wohl kaum, liebe Leute. Natürlich kann man den Kopf noch eine Weile in den Sand stecken und so tun, als wenn nichts wäre. Dann wird das Erwachen jedoch umso unerfreulicher sein.

Wo ist denn unsere Verantwortung? Vor allem den Kindern gegenüber, denen wir diese Welt einmal übergeben werden? Können wir einfach so tun, als ob immer die anderen schuld an allem sind? Nein, ich mache da nicht mit! Und sollte mein Sohn eines Tages vor mir stehen, anklagend, und mich fragen, warum ich mich beteiligt hätte an diesem Scherbenhaufen von Land, dann will ich ihm wenigstens antworten können: »Ich habe alles versucht!«

Haltet doch inne! Seht euch um, reißt die hässlichen Wurzeln der Entmenschlichung raus! Hört nicht auf die Heuchler und Pharisäer, die nur noch um Goldene Kälber tanzen. Sie bringen Krankes und Falsches über euch, sie rauben euch das Leben! Holt euch endlich euer Land zurück!

Seht das Licht! Die Sonne, den Himmel, die Sterne. Jeder Baum ist klüger als ihr, der Fluss führt Weisheit mit sich, und der Wind kennt die Melodie der Liebe und der Ewigkeit. Das ist die Sprache der Schöpfung!

Ankunft in Dessau

Stockfinstere Nacht. Auf dem Boden neben der Mülltonne sitzt eine Gruppe Jugendlicher, die meisten tragen schwarzes Leder. Die Gesichter sind gepierct, die Köpfe kahl oder bunt gefärbt, die Stiefel schwer. Bier- und Schnapsflaschen garnieren das Gesamtbild. Sie sind laut.

Der Mensch hat sich die Welt untertan gemacht! Herzlichen Glückwunsch!

Ein eingemummter Inder eilt vorbei, versteckt ist sein goldglänzendes Gesicht unter der mächtigen Kapuze eines alten, weiten Sweatshirts. Ach, ja, Dessau, berühmt für seine Übergriffe. Na denn, mit meinem neuen Image hätte ich zumindest hier nichts zu befürchten.

Auf dem Bahnhofsvorplatz wieder eine Glatzen-Gruppe, Verlorene. Sie sind stark angetrunken, lümmeln auf den Stufen herum und erzählen sich lauthals schweinische Witze. Es lässt sich nicht vermeiden, dass ich beim Vorübereilen einige Brocken auffangen muss. Widerlich, zum Kotzen! Es würgt mich. Schnell weg hier. Ob jene, die Deutschland gerade 750 000 Krippen verordnen, dieses Elend hier kennen?

Der Taxifahrer verlädt meinen Koffer. Er ist jung und schüttelt den Kopf, als ich ihm mein Hotel nenne. »Da drüben«, zeigt er mit dem Finger nach vorne. »Noch 150 Meter, links um die Ecke, sind'se schon da.« Ich zögere, würde viel lieber fahren, doch leuchtet mir die Banalität des Unterfangens ein.

Also, wieder raus, ich tipple zu Fuß über das Kopfsteinpflaster in die Dunkelheit, der Koffer holpert hinterdrein. Die Glatzen gröhlen immer noch. Verlorene, ungeliebte Hoffnungslose.

Endlich bin ich im Hotelzimmer. Ruhe! Kurze Erholung von dem Vorgeschmack einer Hetzjagd, die noch in dieser Nacht ihren sichtbaren Anfang nimmt und sich ausweiten wird zu einer landesweiten, viele Monate dauernden Verfolgungskampagne. Einige Henkersstunden, kurz bevor die Angeklagte gerichtet wird. Ohne eine Chance. Das Gefühl ist nicht zu beschreiben. Für mich beginnt hier gerade der gesellschaftliche Zusammenbruch. Ich kenne zum Glück nur wenige, die solche Situationen nicht ausgehalten haben und sich vorher freiwillig aus dem Leben verabschiedeten. Besonders viel Verständnis konnte ich nie für sie hegen, denn der Mensch muss durchhalten, egal, welche Prüfung ihm auferlegt wird. Zum ersten Mal ahne ich, wie es sich wirklich anfühlt.

Ich rufe die Organisatorin an, für die ich morgen im Anhaltischen Theater stehen und eine Veranstaltung zum Thema Brustkrebs moderieren werde, berichte ihr über das bevorstehende Unheil, bereite sie auf den Zeitungsartikel vor, von dem ich jetzt schon weiß, wie er ausfallen wird. Nein, es wird nicht darin stehen, dass ich missverstanden wurde, dass mir Falsches untergeschoben wurde. Sondern ich werde ein weiteres Mal vorsätzlich fehlinterpretiert werden. Ich erläutere, inzwischen schon müde, dass ich die Dinge, die dort beschrieben sein werden, niemals gesagt habe. Und ich schlage ihr vor, zu Beginn der Veranstaltung in zwei, drei Sätzen dazu Stellung zu nehmen, um mich hernach dann ausschließlich auf den Inhalt der Diskussionsrunde konzentrieren zu können.

Es ist in Ordnung für sie. Wir arbeiten seit einigen Jahren zusammen. In verschiedenen Städten Deutschlands diskutierten wir bereits mit Ärzten, Experten und betroffenen erkrankten Frauen über die Ursachen und die Behandlung von Brustkrebs. Die Neuerkrankungen explodieren: Als ich mit dieser Arbeit begann, waren es etwa 50 000 pro Jahr. Jetzt sind wir bei knapp 70 000.

»Mammakarzinom«! Eine furchtbare Seuche! Bezeichnend für eine Gesellschaft, in der die Mama zum unerwünschten Krebsgeschwür geworden ist.

Ich strecke mich auf dem breiten Hotelbett aus. Es tut für einen Moment gut. Kein Lärm dringt durch die geschlossenen Fenster, der Raum ist groß, doch gemütlich eingerichtet. Helle Pastellfarben streicheln die wunde Seele.

Üblicherweise bin ich froh, wenn ich auf Reisen einmal völlig alleine bin, wenn ich abschalten oder lesen kann. Doch jetzt nicht. Die Ruhe erdrückt mich plötzlich. Ich greife zum Handy und wähle die Nummer eines Professors in Süddeutschland, den ich wenige Wochen zuvor für ein paar Tage besucht habe, weil ich über seine Arbeit einen Bericht schreiben möchte.

Er kennt das Spiel genau, in das ich geraten bin, hatte er doch durch seine außergewöhnlichen, jahrzehntelangen Forschungen vielen Schulmedizinern die rote Karte gezeigt, weil er die Ursachen jeglicher Krankheiten in der Seele des Menschen suchte – und dort vor allem auch fand. Seither bekämpfen und verleumden sie ihn. In der rationalen Verstandeswelt kriegt er kein Bein mehr auf die Erde.

Es ist eindrucksvoll, wie er den Zusammenhang herstellt zwischen einer unerfüllten, lieblosen Kindheit und späteren Problemen bis hin zu Depressionen, Kriminalität oder politisch radikalen Einstellungen. Er ist eigentlich ein Genie, was ihm einige amerikanische und israelische Koryphäen schriftlich gaben. Doch Geistesgrößen dieser Qualität haben hier nichts verloren, er ist anders als die Masse. Eher ein Ausgestoßener.

Ich respektiere diesen wunderbaren Querkopf sehr und zitiere seine ungewöhnlichen Forschungsergebnisse oft in meinen Vorträgen.

Nun berichte ich ihm am Telefon von Bevorstehendem.

Er hört geduldig zu, dann lacht er. Es sei zu erwarten gewesen, dass die »stalinistischen Lesbokratinnen«, wie er sagt, mich eines Tages meucheln würden. Er erläutert mir die Ursachen: Kinder, die die Liebe ihrer Mutter niemals erfahren durften, vor allem jedoch jeglicher Hoffnung beraubt würden, diese je noch erhalten zu können, gäben das innere Sinnbild der Mutter und die Sehnsucht nach ihr ein für alle

Mal auf. Liebe, die sie nie erhielten, dürften fortan dementsprechend auch andere Menschen nicht erhalten. Der Mutterbegriff wird vielmehr abgeschafft, ein anderes, dafür radikales Weltbild entwickelt, um den inneren Schmerz abzutöten. Das sei eine der wichtigsten Grundlagen von Feminismus und Gender Mainstreaming.

Pure Hoffnungslosigkeit also. Warum aber kämpfen sie gegen mich mit diesen harten Bandagen?

Wieder lacht er. »Schauen Sie sich an, Sie blondes Muttertier. Sie stellen nicht nur inhaltlich die Mutter dar, sondern auch äußerlich. Dabei reißen Sie die alten Wunden derjenigen auf, die schon früh gelitten haben unter der mütterlichen Botschaft: Ich liebe dich nicht!«

Vielleicht hat er recht. Da scheint eine Menge zusammenzukommen. Das Gespräch mit ihm hat mich ein wenig getröstet, weil er mir einiges erklären konnte. Und mir Mut machte: Sie schaffen das schon.

Ich schlafe schlecht. Schrecke mehrmals hoch. Sehe im Halbschlaf die Druckmaschinen der *BamS*: Auf der Titelseite mein Gesicht, daneben Hitlers Konterfei. Es sind hellseherische Bilder, denn genau so wird es kommen.

Schweißgebadet stehe ich in der Nacht auf, trinke Wasser. Liege wieder, wälze mich hin und her. Es braut sich etwas zusammen, mein Leben nimmt eine Wende, eine dramatische Wende, mein Schicksal scheint besiegelt!

Die schöne, blonde *Tagesschau*-Frau. Vom Erfolg verwöhnt. Die schlagfertige Talkshowmoderatorin, die erfolgreiche Buchautorin. Sie hassen mich! Für den Erfolg. Sie neiden alles. Sehen mich nur von außen. Betrachten mich als Gefahr. Und sehen dabei nicht, wer ich wirklich bin. Eine Suchende, manchmal Verzweifelte. Eine, die sich nicht zufrieden geben will mit Lauheiten und zerstörerischen Lebensformen. Eine, die vor allem den Kindern gerechte Startchancen ermöglichen möchte.

Wie werde ich morgen früh ins Theater kommen? Wie werde ich den Menschen auf der Veranstaltung gegenübertreten? Wie vielen Leuten werde ich begegnen, die die Zeitung schon gelesen haben? Einige werden schon erfahren haben, wie man mich künftig zu betrachten hat. Darf eine wie ich überhaupt noch auf eine öffentliche Bühne?

Turbulenzen

Sonntag, 9. September 2007, 7.30 Uhr.
Ich bestelle Kaffee und Frühstück auf das Zimmer. Und die *BamS*.
»Tut mir leid, die *Bild am Sonntag* gibt es bei uns nicht.«
Auch gut. Zeitaufschub. Ich darf mich zunächst allein auf den Inhalt der Veranstaltung konzentrieren. Rufe meinen Mann an, er ist gerade aufgestanden, hat auch noch keine Zeitung. Noch besser.
Stehe unter der Dusche, föhne mein Haar. Packe den Koffer, weil ich ihn gleich mitnehmen muss. Schleppende Bewegung, alles ist mir zu viel. Ich habe Angst!
Es graust mich vor den Leuten, vor ihren Gedanken, den Vorurteilen, den Verurteilungen. Mir ist schlecht, ich friere und schwitze zugleich.
Heute wird der Öffentlichkeit klargemacht werden, dass ich zur elenden Nazimeute gehöre. Viele werden es glauben. Und das alles wegen einer einzigen, durchgeknallten »Journalistin«! Barbara Möller! Oder eben doch nicht nur wegen dieser einen Frau?
Mein Handy klingelt. Die *Bild* ist dran, ich solle etwas zu der Schlagzeile in ihrer Schwesterzeitung *Bild am Sonntag* sagen, mit der sie angeblich nichts zu tun haben. Ich sage, es ist alles ein furchtbarer Irrtum. Ich habe niemals Hitler gelobt. Ich verurteile ihn, ich verbitte mir diese Unterstellungen. Niemand will das jetzt noch hören.
Das Theater liegt gegenüber. Ich muss nur über die Straße. Die ersten Leute kommen mir entgegen, Frauen, die in den großen Saal möchten. Sie grüßen sehr freundlich, wissen anscheinend noch nichts.
Ich betrete den Eingang, komme ins Foyer. Es ist der grässlichste Augenblick meines Lebens. Mama, hilf mir! Es ist entsetzlich. Wie eine arme Sünderin fühle ich mich, und unendlich alleine.
Doch warum eigentlich? Ich habe nichts Falsches getan. Achtung Eva, du darfst dich dem nicht beugen oder gar unterordnen, was andere dir überstülpen wollen! Du darfst jetzt nicht das Büßergewand anziehen, es gebührt dir nicht! Mach dich gerade! Kämpfe!
Ja, Mama, das werde ich tun. Danke!

Die Organisatorinnen eilen mir entgegen. Besorgte Mienen, dennoch, sie sind freundlich wie immer. Sie bringen mich in den Besprechungsraum, ich bete tonlos. Alle Referenten, Ärzte, Gynäkologen, Psycho-Onkologen und Vertreterinnen von Selbsthilfegruppen sitzen um den langen Tisch herum. Der Bürgermeister von Dessau steht auf und begrüßt mich freundlich.

Guten Morgen allerseits! Man setzt mich an den Kopfteil des Tisches, ich berichte in zwei, drei kurzen Sätzen über das Malheur, komme dann schnell zum Thema des Tages. Einige Mienen sind abweisend. Während mir sonst immer klar war, dass dies meist Unsicherheit vor dem bevorstehenden Bühnenauftritt mit Publikum bedeutet, empfinde ich es heute als ein gegen mich persönlich gerichtetes Verhalten.

Also komme ich aus der Defensive und greife freundlich an: »Ist jemand aufgeregt?«

Manche zucken mit den Schultern. Klar sind sie das. Es werden in Kürze etwa vier- bis fünfhundert Zuschauer im Saal sein.

Ich lächle: »Sie brauchen nicht nervös zu sein, ich bin bei Ihnen. Helfe Ihnen, wenn etwas schiefgeht ...«

In der Garderobe, kurz vor der Begrüßung, kämme ich noch einmal mein Haar, trinke einen Schluck Kaffee, blond, mit Milch. Das Handy klingelt in der Handtasche. Ich gehe nicht ran, konzentriere mich jetzt lieber auf Bevorstehendes, denn es geht gleich los.

Die Sängerin Ina Deter kommt herein, sie erkrankte vor einigen Jahren selbst an Brustkrebs. Wir sehen uns öfter bei den Veranstaltungen. Sie ist nach schwerster Zeit inzwischen gut genesen, ich mag sie sehr und freue mich von Herzen über ihre gesundheitlichen Fortschritte. Ina kämpfte tapfer. Heute trägt sie zum ersten Mal keine dunkle Kleidung mehr, sie hat schöne, helle Sachen an. Vielleicht ist sie über den Berg, es wäre herrlich. Sie nimmt mich in den Arm und drückt mich, hat am Rande etwas von dem Drama mitbekommen. Zeigt mir ein Buch, das ich ihr einmal empfohlen hatte, geschrieben von einem amerikanischen Autor, der viele Geheimnisse über das Leben und Sterben auf heitere Weise löst. Sie hat es gelesen, es hilft ihr sehr. Mir könnte er jetzt auch gerne etwas Unterstützung geben ...

Ich betrete die Bühne, es ist kurz nach elf Uhr. Sage zwei Sätze in eigener Sache, mit denen ich versuche, diesen grässlichen Irrtum zu erklären. Mehr nicht. Gehe dann über zum Business as usual.

Menschenseele, Mädchenseele, wie viel hältst du aus? Ich lächle nach außen, wie immer. Drinnen schlägt das Leben Purzelbaum, stürzt gerade ab! Ich ahne nicht, dass dies alles mitgedreht wird. Die Spione sind schon anwesend, die Treibjagd hat begonnen! Halali!

Kurze Pause, wenige Minuten nur, während ein Filmbeitrag über die Entwicklung von Krebszellen und ihre Verhaltensweise läuft. Ich renne über den Flur. »Erreich die Garderobe mit Müh und Not, innerlich bin ich schon tot!« So in etwa fühle ich inzwischen.

Mein Handy: Sechs Anrufe in Abwesenheit. Eine SMS von meinem Mann, er liebt mich. Danke! Danke! Wie gut das tut! Eine SMS von Thomas Schreiber von 10:43:19: »Liebe Frau Herman, lese eben die *BamS*. Haben Sie das, was als Zitat von Ihnen gestern, also nicht aus der Pressekonferenz, dort gedruckt steht, so gesagt und auch der *BamS* autorisiert? Fragt mit freundlichen Grüßen Thomas Schreiber.«

Mit einer Puderquaste tupfe ich mir den Schweiß von der Oberlippe. Die Tür öffnet sich. Ich werde abgeholt, muss in zwei Minuten wieder auf die Bühne.

Hunderte erkrankte Frauen sitzen im Zuschauersaal, einige tragen Kopftücher, andere Perücken, manche versuchen gar nicht erst, das durch die Chemotherapie ausgefallene Haar zu vertuschen. Ich bemühe mich, präsent und konzentriert beim Thema zu bleiben. Diese Frauen verdienen allerhöchsten Respekt. Sie alle eint, dass sie sehr schwer krank sind. Sie haben Todesängste ausgestanden, mussten ihr altgewohntes, lieb gewonnenes und selbstverständliches Leben verlassen. Die Krebsdiagnose hat ihnen den Boden unter den Füßen weggezogen. Viele hier im Saal wissen nicht, wie lange sie noch leben dürfen. Das größte Problem dieser Krankheit ist die Schuldfrage: Warum gerade ich? Was habe ich falsch gemacht? Werde ich je wieder normal leben dürfen?

Was will ich denn eigentlich? Ich gerate derzeit in eine Krise, zugegeben, in eine ziemlich schwere Krise. Doch wie hieß er noch, der damalige Präsident des Deutschen Bundestages, der einen angeblich unseligen Nazivergleich zog, wie man ungerechterweise behauptet? Jenninger war sein Name, und er verlor deswegen sein Amt. Sein Leben behielt er jedoch. Ebenso andere Leute in ähnlicher Position.

Nichts ist vorhersehbar, weder bei diesen erkrankten Frauen noch bei irgendwelchen Politikern, und auch nicht bei mir.

Ruhig Blut! Ich bete, während meine Gesprächspartner mir ins Mikrofon antworten. Es gibt auch den sozialen Tod, hämmert es mir derweil durch den Kopf ... sozialer Tod ... sozialer, gesellschaftlicher Tod! Visionen?

Die Kündigung

Wieder eine kurze Pause. Es ist kurz vor zwölf. In meiner Garderobe klingelt das Handy. Neun Anrufe in Abwesenheit. Eine SMS von Thomas Schreiber von 11:15:52: »Liebe Frau Herman – brauche bitte aufgrund der Presseanfragen die von Ihnen erbetene Antwort bis 11:45 Uhr. Grüße TS!«

Ich rufe ihn an, denn ich habe etwa drei bis vier Minuten Zeit. Schreiber fragt mich, ob ich das *BamS*-Zitat autorisiert hätte. Ich antworte, dass mir keine *BamS* vorläge. Dass ich auch keine Zeit für ein inhaltliches Gespräch hätte, erst ab etwa 14 Uhr. Erkläre ihm kurz die Situation der Veranstaltung.

Wieder fragt Schreiber, ob ich das, was in *BamS* steht, geäußert hätte.

Erneut antworte ich, dass mir die Zeitung nicht vorläge.

Er will mir den Text vorlesen. Ich sage ihm, dass ich nicht genügend Zeit hätte, um Stellung zu nehmen.

Schreiber liest trotzdem vor. In diesem Moment betreten die Organisatorinnen die Garderobe und fordern mich auf, zur Bühne zu kommen. Durch die Lautsprecher ertönt gleichzeitig der Gong, dann die Stimme des Bühnenmeisters: »Bitte alle Beteiligten, auch die Moderatorin, auf die Bühne!«

Schreiber liest währenddessen noch vor, ich unterbreche ihn nun: »Ich muss raus!«

Er fragt mich, ob ich das von ihm Vorgelesene der *BamS* gegenüber autorisiert hätte. Ich antworte ihm, etwas gehetzt, dass ich in dem Interview über den Missbrauch der Werte gesprochen, mich aber niemals lobend über das Dritte Reich geäußert hätte, ebenso wenig wie bei der Pressekonferenz drei Tage zuvor. Ich betone, dass ich mich jedoch in diesem Augenblick nicht abschließend äußern könne, ich müsse den Text in Ruhe hören bzw. lesen. Gleichzeitig biete ich ihm an, dass mein Anwalt ihn anruft, damit er angesichts meiner momentanen Zeitnot zunächst mit ihm sprechen könne.

Die beiden Damen stehen in der inzwischen geöffneten Tür, sie sind äußerst ungeduldig. Ich nicke ihnen zu, dass ich sofort käme. Ich bin irritiert, weil sie alles mithören können. Nochmals sage ich ihm, dass er sich das Originalzitat besorgen müsse!

Ich sage dann: »Herr Schreiber, ich muss jetzt auflegen. Ich rufe Sie sofort nach der Veranstaltung an.«

Eine der Veranstalterinnen zieht mich am Ärmel, die andere läuft schon hinaus, wieder ertönt die Lautsprecherstimme: »Frau Herman, bitte dringend zur Bühne!«

Schreiber hört es genau, er sagt: »Frau Herman, einen Satz noch: Der NDR wird sich von Ihnen trennen!«

Ich sage wie in Trance: »Auf Wiederhören, Herr Schreiber!«

Der NDR wird sich später auf den Standpunkt stellen, ich hätte in diesem Gespräch erkennen lassen, dass die Veröffentlichung in der *BamS* ein Zitat von mir gewesen sei.

Hetze dann hinter den beiden Damen her über die Gänge, hin zur Bühne. Der Regisseur ist gerade dabei, die Zeit zu überbrücken, indem er dem Publikum erläutert, dass die Moderatorin gleich käme. Noch ein Albtraum – ich war noch nie zu spät auf einer Bühne oder vor der Kamera. Jetzt ist es passiert.

Während ich wieder moderiere, schießen mir hektische Gedanken durch den Kopf. Schreiber hatte alles darangesetzt, um mir eine Bestätigung des *BamS*-Zitates abzutrotzen. Ich sollte es unbedingt sagen. Mit meinem Anwalt hingegen wollte er keinesfalls sprechen. Schreiber hatte vielleicht doch einen Auftrag, das wird mir inzwischen immer klarer. Den Auftrag! Die Exekution! Thomas Schreiber als der Vollstrecker einer langen Kampagne?

»Der NDR wird sich von Ihnen trennen!« Dieser Satz hämmert mir nun durch den Kopf, wieder und immer wieder, während ich Herrn Professor X und Herrn Dr. Y über Rezidiv und Metastasenbildung befrage. Der mediale und soziale Tod der Eva H.! Gerade jetzt, in diesem Augenblick, findet er statt, ohne dass die Anwesenden hier davon etwas ahnen. Ab sofort bin ich nicht mehr Moderatorin des NDR. Auch als *Tagesschau*-Sprecherin wurde ich soeben geschasst. Ich bin rausgeflogen. Wegen des erfundenen Zitates einer angeblichen Journalistin, bei der eine Sicherung durchgebrannt zu sein scheint. Oder hatte auch sie einen Auftrag zu erledigen? Leide ich unter Verfolgungswahn? Immerhin, jeder Kommissar und Ermittler hätte seine Freude an dieser Indizienliste, die immer länger wird.

Die Hunderte von Menschen, die da unten im Publikumsraum sitzen, haben zwar am Rande von dieser beginnenden Katastrophe erfahren, doch noch weiß niemand, dass vor ihnen bereits eine Arbeitslose sitzt.

In Gedanken sehe ich die Schlagzeilen, höre den Hohn der Medienkollegen: »Der tiefe Sturz der Eva H.! Endlich! Jetzt hat sie ihre gerechte Strafe! Sie ist zu weit gegangen! Unerträglich, diese blonde, selbsternannte Familienretterin!«

Oh, wie ich die Meute schon höre. Ich bin erledigt!

Während ich hier noch moderiere, laufen im ganzen Land bereits die Drähte heiß, Interviews, Statements, Kollegenschelte, besorgte Mienen.

»Wie ist das eigentlich, Herr Professor X, wie lange kann man mit Krebs noch leben?« ...

Ende der Veranstaltung. Ina Deter singt zum Abschluss. Ich genoss bei allen zurückliegenden Veranstaltungen immer sehr ihre wunderbaren Edith-Piaf-Chansons, die sie ins Deutsche übersetzt hat. Heute ist alles anders, ich kann mich auf keine Silbe mehr konzentrieren. Denn ich bin inzwischen schon auf der Flucht!

Am Hintereingang wartet das Taxi. Die Organisatorinnen verabschieden sich von mir, sehr fürsorglich, sehr freundlich. Sie haben den Stress in der Garderobe mitbekommen, meine verzweifelten Aufklärungsversuche mit Herrn Schreiber, versuchen noch, mir etwas Nettes zu sagen. Eigentlich wollte ich mich zum Bahnhof bringen lassen, um den Zug nach Hamburg zu nehmen. Doch ich habe kurzfristig umdisponiert. So handle ich jetzt mit dem erfreuten Taxifahrer 75 Euro aus,

dafür bringt er mich nach Leipzig, wo ich ein Auto anmieten werde. Ich will alleine reisen, will niemanden sehen, ertrage keine Blicke auf mir. »Auch Rückfahrt nach Dessau?«, erkundigt der Fahrer sich in gebrochenem Deutsch. »Das fehlte mir gerade noch.«
Es grenzt an ein Wunder, dass ich dabei noch lächeln kann.
Im Taxi rufe ich meinen Mann an. Berichte ihm, dass ich vor Kurzem fristlos gekündigt wurde. Er schweigt am anderen Ende. Sagt schließlich: »Mach dir keine Sorgen, es gibt nichts, was wir nicht bewältigen könnten.«
Dann telefoniere ich mit dem Verleger, er ist entsetzt, weiß im Moment nichts weiter zu sagen, versucht hilflos, mich zu beruhigen.
Der Taxifahrer blickt einige Male freundlich besorgt in den Rückspiegel. Er wird zunehmend unruhiger. »Probleme, was?«, fragt er teilnahmsvoll. »Mehr oder weniger«, antworte ich und lächele wieder freundlich. Kleiner Scherz, grandiose Untertreibung. Eigentlich könnte ich das Theater jetzt auch sein lassen und losheulen. Passt aber nicht zu mir. Wer fast zwanzig Jahre lang die *Tagesschau* spricht, weint nicht öffentlich. Auch nicht in einem Taxi.
Das Handy klingelt, der Unterhaltungschef einer großen Zeitung ist dran und berichtet, dass meine Kündigung über alle Ticker laufe und was ich zu sagen hätte?
Nichts mehr! Ihr wollt ohnehin etwas anderes verstehen, als ich sage. Schreibt, was ihr wollt, in diesem Moment kann ich nichts mehr ausrichten. Die Lawine rollt. »Ich habe niemals das Dritte Reich gelobt und werde es mir von Ihnen auch nicht unterjubeln lassen. Sie werden schon noch sehen.« Klingt trotzig. Habe ich in dieser ausweglosen Situation zu hoch gepokert? Mitnichten, ihr werdet es alle noch erleben. Müde lehne ich mich in den Sitz. »Aber das kann Jahre dauern«, murmle ich vor mich hin. Leider sollte ich recht behalten.
Vielen Dank, Barbara Möller. Danke, Thomas Schreiber. Und ihr alle, die ihr fleißig mitgesägt habt an dem Stuhl, auf dem ich eine ganze Weile sitzen durfte. Vielleicht schob mich die Vorsehung einst in die Öffentlichkeit, damit ihr mir jetzt zuhören musstet, als ich über die so notwendige Liebe der Eltern zu ihren Kindern sprach.
Auch wenn ihr diese Wahrheit nicht ertragen konntet und sie bekämpft habt, ich würde alles jederzeit wieder genauso tun. Denn es geht mir in erster Linie um die Kinder und nicht um euch, die ihr

geistig stillsteht und nichts mehr zu hinterfragen wagt. – Zugegeben, das Schicksal scheint sich jetzt gerade komplett gegen mich zu entscheiden. Doch so erscheint es euch nur aus dem Blickwinkel eurer gleißenden Medienwelt, die bei euch über allem steht.

In Leipzig angekommen, husche ich mit gesenktem Kopf zur Autovermietung. Die junge, dunkelhaarige Dame ist freundlich, sie weiß wohl noch nichts. Am Nebentisch sitzt ein Kollege, er mustert mich allerdings interessiert. Sind es die soeben beginnenden Wechseljahre oder ist es Stress? In Sekundenschnelle steht mir das Wasser auf der Oberlippe. Ich sehe es, als ich sie mit dem Handrücken vorsichtig abtupfe.

Etwa eine halbe Stunde später rase ich mit 180 km/h über die Autobahn. Und jetzt endlich darf ich auch weinen. Hemmungslos heule ich raus, was sich in den letzten Stunden an Seelennot angesammelt hat. Wie entsetzlich, wie furchtbar ist das alles! Die ganze Welt ist gegen mich! Mobbing auf allerhöchstem Niveau und in der ganzen Öffentlichkeit!

Ich schalte das Radio an und höre: »Der NDR hat seiner Moderatorin, der *Tagesschau*-Sprecherin Eva Herman, fristlos gekündigt ...« Schnell schalte ich weiter, doch alle berichten jetzt darüber, und jeder weiß noch ein bisschen Grausameres zu berichten. Ich schalte das Radio wieder ab und weine weiter.

Das Tanken wird mir zur Qual, ich kaufe mir nichts zu essen, obwohl ich ziemlich hungrig bin, denn auf allen Raststätten schlägt mir die Schlagzeile entgegen: »Eva Herman lobt Hitlers Familienpolitik!« Darüber ein schönes Foto von mir. Mein Blick auf diesem Foto ist ausgerichtet auf ein anderes Bild, das direkt gegenüber auf der großen Titelseite installiert wurde: die Visage des Führers!

Ausgerechnet ich! Eigentlich zum Schlapplachen, wäre da nicht die überdimensionale Tragik!

Mir geht die Geschichte mit dem Hamburger Taxifahrer durch den Kopf.

Als dieser Anfang 2000 meine Freundin jüdischer Abstammung, deren Familie zum großen Teil in Konzentrationslagern umgekommen war, zutiefst beleidigte, indem er den Holocaust leugnete, zeigte ich ihn an. Er verlor seine Lizenz, worüber in einer großen Tageszeitung berichtet wurde. Von den Morddrohungen, die ich daraufhin erhielt, sprach ich damals nicht öffentlich. Ab heute gehört jedenfalls diese Zeitung zu meinen Verfolgern, weil ich nun der Nazi bin!

»Eva Herman lobt Hitlers Familienpolitik!«

Wer diesen Stempel aufgedrückt bekommt, der sollte sich besser zu Hause verbarrikadieren und erst einmal dort bleiben, denn er hat in dieser Gesellschaft kein Aufenthaltsrecht mehr.

Abgründe einer modernen Gesellschaft

Die Beine sind schwer, alle Glieder tun mir weh, mein Blut scheint zu brennen, es ist wie ein innerer Wundschmerz, der mir einen Schauer nach dem anderen den Rücken hinunterjagt, als ich am Abend in Hamburg aus dem Auto steige. Mein Mann wartet auf mich, nimmt mich wortlos in die Arme. Er ist stark, er tut mir gut, er hilft mir so sehr.

Mein Sohn schläft bereits, welch ein Glück. Er ist neun Jahre alt, noch zu jung, um genau verstehen zu können, was mit seiner Mutter geschieht, doch alt genug, um zu begreifen, dass etwas nicht stimmt.

Meine Mutter hat auf den Anrufbeantworter gesprochen: »Hallo, meine liebe Tochter, es war abzusehen, dass du gefährlichen Boden betreten hattest, voriges Jahr ging es doch schon mit dem *Eva-Prinzip* los. Aber du weißt selbst, dass du stark genug bist, das alles durchzustehen. Wir sind bei dir. Lass dich fest in den Arm nehmen, Mama.«

Ihr unerschütterlicher Glaube an mich rührt mich zutiefst, sie will mich stärken, und das gelingt ihr, wie immer. Danke, Mama! Unsichtbare Hände rücken meine Wirbelsäule zurecht. Es geht mir schon besser. Bei Tee und Kerzenschein sage ich zu meinem Mann, dass ich einen Blick ins Internet werfen will. »Oh, nein, heute ganz gewiss nicht«, entgegnet er bestimmt. »Am besten wäre es, wenn wir jetzt gleich in die Federn gehen würden. Du brauchst Schlaf.«

Er hat recht. Ich kann ohnehin nichts mehr ändern oder verhindern. Die Lawine rollt und rollt, und kein Mensch kann sich ausmalen, auf welcher Achterbahn der Gefühle ich derzeit unterwegs bin. Was mich am meisten schockiert, ist die Tatsache, dass von meinen sogenannten Freunden und Kollegen nicht ein Einziger angerufen hat, um sich zu erkundigen, was denn wirklich los ist. Nicht einer. Alle scheinen abzuwarten: Hat sie? Oder hat sie nicht? Oh, ihr Feiglinge, ihr kennt mich doch, ihr wisst doch, dass ich auf der anderen Seite stehe! Wo ist euer eigenständiges Denken geblieben? Wo euer Herz? Und da waren doch so viele gewesen, die sich Freunde nannten, oder?

Auszug aus den Schriftsätzen meiner Anwälte (III)

Noch am 08.09.2007 setzte der Verleger der Klägerin, Christian Strasser, Herrn Schreiber davon in Kenntnis, dass die Darstellung im »Hamburger Abendblatt« falsch war. In einer E-Mail von 18.45 Uhr teilte er Schreiber mit:

»[...] der Artikel im gestrigen ›Hamburger Abendblatt‹ ist in seiner gesamten Tendenz einseitig, unseriös, unfair und diffamierend. Da setzt sich fort, was ein Jahr zuvor seinen Anfang nahm: eine Hetzjagd auf Eva Herman, nur weil sie vielen ›Karrierefrauen‹ einen möglicherweise schmerzhaften Spiegel vorhält. [...]
Um genau dies zu vermeiden, dass Eva Herman in irgendeine Ecke gestellt wird, insbesondere nicht in eine rechte, hat Frau Herman ihrem Buch eine Nachbemerkung angefügt (es ist die letzte Seite), auf der sie sehr klar und unmissverständlich klarstellt, wo sie steht, und sich dabei insbesondere von jeder Art von Ideologie oder Radikalismus distanziert. Als derjenige, der die Pressekonferenz geleitet hat, habe ich mir erlaubt, diese ganze Seite in ihrem gesamten Wortlaut gegen Ende vorzulesen. Ich ahnte wahrscheinlich instinktiv, dass die Jagd in der bekannten üblen Form weitergehen würde. Dass dann auch sogenannte seriöse Medien wie die FAZ und ›Spiegel Online‹ einen Artikel wie den im Abendblatt sofort zitieren, ohne eigene Recherchen anzustellen, sagt mir, dass Frau Herman mit ihrer Sorge, dass in der Gesellschaft vieles nicht mehr stimmt, wohl nur recht hat. [...]«

Wider Erwarten habe ich geschlafen, nicht sehr viel, nicht sehr tief, doch genügend, um zwischendurch abzuschalten. Ich fühle mich sogar gestärkt, als ich die Augen aufschlage. Doch bei einsetzender Erinnerung an das Grauen ist auch schnell wieder Schluss mit dieser Erholung.

Die Zeitungen! Das Internet! Das Fernsehen! Das Radio! Die Leute da draußen! Der NDR! Meine Kollegen! Sind sie alle jetzt zu Feinden geworden? Ja, offensichtlich. Denn es gibt so gut wie niemanden, der mir beisteht. Alle hauen drauf, auch diejenigen, die sich noch bis vor kurzer Zeit auf so manch unangenehme Weise lieb Kind bei mir machen wollten.

Mein Mann hat die Tageszeitungen vorsorglich weggeräumt. Ich bereite das Frühstück für meinen Sohn und halte es kaum aus: Fröhlich mampft der kleine Matz sein Brot und schlürft den Kakao, dazwischen erzählt er munter drauflos und neckt den Hund. Ich schaue ihn an und möchte am liebsten wieder losheulen. Nein, diese Welten passen nicht mehr zusammen: Auf der einen Seite meine kleine Familie, die für dieses Desaster noch weniger kann als ich, und auf der anderen Seite diese gnadenlose, widerwärtige Meute, die sich vorgenommen hat, die arme, aber böse Sünderin auf jeden Fall zur Strecke zu bringen. Lieber Himmel, hilf, diese üble Geschichte von dem Kleinen fernzuhalten, so gut es geht.

»Tschüss, Mami!« Mit seinem Kumpel, der vor der Haustüre gewartet hatte, saust mein Junge auf seinem Fahrrad los zur Schule. »Mach's gut, mein Engel«, weine ich leise und schaue ihm hinterher. Felsbrocken legen sich auf meine Seele, die Wand vor mir türmt sich zu einem unheilvollen, tief zerklüfteten Gebirge auf. Hoffentlich lassen sie das Kind in der Schule damit in Ruhe …

Ob die Leute, die mich in Bausch und Bogen verurteilen, sich nur ein einziges Mal Gedanken darüber machen, was sie überhaupt anrichten? Versucht auch nur einer von denen, sich in mich, in uns, hineinzuversetzen? Wohl kaum. Passt auch nicht in die glatt geschliffene Promiwelt da draußen, zu der ich Idiot so lange gehört hatte.

Ich gehe wieder ins Haus, in mein kleines Büro und zünde eine Kerze an. Dann bete ich. Dabei wird es mir wärmer, Liebe durchflutet mich mehr und mehr. Hier ist die wahre Kraft, der Trost, und hier wächst die Zuversicht, dass dieser Spuk eines Tages auch wieder vorbei sein wird. »Herr, gib mir Kraft, das durchzustehen. Und schütze meine Familie, vor allem meinen kleinen Sohn! Ich bitte Dich! Amen!«

Ich sehe aus dem Fenster, und während die Morgensonne durch die Äste der uralten, gewaltigen Eiche flimmert, in der einige Amselpaare schon tirilieren, kommen mir der Apostel Paulus und sein Brief an die Römer in den Sinn. Diesen Satz sagt Mama oft, weil er auch ihr schon häufig geholfen hat: »Ist Gott für uns, wer kann wider uns sein?«

Deutschlands Leitmedium – *Der Spiegel*

Der Computer fährt hoch, bei *Google* gebe ich meinen Namen ein. Zum Glück sitze ich. Es ist noch viel schlimmer, als ich erwartet habe. Ich lese, was sich seit dem Erscheinen des Artikels von Barbara Möller im *Hamburger Abendblatt*, die als einzige von etwa dreißig Journalisten ein Hitlerlob von mir gehört haben wollte, in den deutschsprachigen Internetportalen bisher entwickelt hat. Dabei stelle ich fest, dass ein Medium ganz besonderen Gefallen an dieser »braunen Geschichte« gefunden hat: *Der Spiegel*. Indirekt fordert das Blatt in einem Artikel, der bereits kurz nach Möllers Artikel im *Hamburger Abendblatt* erschienen sein muss, den NDR auf, mich zu feuern:

ENTGLEISUNG
Eva Herman und die Mütter unter Hitler
In der Nazi-Zeit sei einiges »sehr gut gewesen, zum Beispiel die Wertschätzung der Mutter«: Mit diesem Satz, der jetzt bekannt wurde, verblüffte Eva Herman bei ihrer jüngsten Buchpräsentation das Publikum. Im gleichen Zug nannte sie zwar Hitler »sehr schlecht« – trotzdem findet man die Sätze im NDR ungeheuerlich.

Hamburg – Das Prinzip Arche Noah heißt Eva Hermans neues Werk. In dieser Woche stellte sie das Buch vor und dabei fiel plötzlich ein Satz, der manche Zuhörer stutzig machte. Einer Reporterin des Hamburger Abendblatts *zufolge sagte die Fernsehmoderatorin, im Dritten Reich sei »vieles sehr schlecht gewesen, zum Beispiel Adolf Hitler«. Dann fügte sie hinzu: »Aber einiges auch sehr gut, zum Beispiel die Wertschätzung der Mutter.« Die 68er hätten dann die Wertschätzung der Mutter abgeschafft – und seien somit für den »gesellschaftlichen Salat« verantwortlich.*

»Ungeheuerlich« findet das ein leitender Mitarbeiter des NDR. Bisher hatte der Satz zwar noch keine Konsequenzen – aber dass in der Rundfunkanstalt nicht alle glücklich sind über Hermans Ausfälle und Anwandlungen, ist ein offenes Geheimnis.

In ihrer Abrechnung mit dem Feminismus (Das Eva-Prinzip) hatte sie den Frauen die Rückkehr an Kochtopf und Backblech als Lebenssinn verordnet – in ihrem neuen Elaborat widmet sich die Bestsellerautorin der Keimzelle der Gesellschaft. Warum wir die Familie retten müssen, lautet der Untertitel. Strikte Rollentrennung preist sie als heilbringend und sinnstiftend an: starke Männer und anschmiegsame Frauen.

Erst im März hatte die selbsternannte Tabubrecherin für Schlagzeilen gesorgt, als sie sich vom Freiheitlichen Parlamentsklub aus Österreich für einen Vortrag einladen ließ – einer Unterorganisation der rechtsnationalen FPÖ. Damals beteuerte sie, hinters Licht geführt und von einem ihr nicht bekannten Veranstalter eingeladen worden zu sein. Ein Zusammenhang mit einer politischen Partei sei nicht zur Sprache gekommen. Der NDR teilte kurz nach Bekanntwerden des vorgesehenen Engagements in Österreich mit: »Frau Herman hat sich entschlossen, den geplanten Auftritt bei der FPÖ abzusagen. Wir begrüßen das sehr.«

Ihren Feldzug für ein veraltetes Frauenbild kommentierte der Sender bisher nach außen hin gelassen. Sie habe das Recht auf eine private Meinung – wie abstrus auch immer. Herman argumentierte unter anderem, dass die Gewaltbereitschaft im Osten deutlich höher sei als im Westen, weil es dort so viele Krippen-Kinder gab, stellte einen Zusammenhang her zwischen Kita-Unterbringung in der Kindheit und späterem Alkoholismus und Drogenmissbrauch.

Die neuen Zitate könnten die frühere Tagesschau-*Sprecherin nun erneut unter Druck bringen – zu sehr klingen die Zitate nach einer naiven Verniedlichung, dass in der NS-Zeit nicht alles schlecht gewesen sei. Eine offizielle Reaktion des NDR war am Abend nicht zu erhalten.* (29)

Ungläubig schüttle ich den Kopf. Mir schwant, dass kein Mensch da draußen in der Welt auch nur auf den Hauch einer Idee kommen wird, am Wahrheitsgehalt dieser Berichterstattung zu zweifeln. *Spiegel Online*, aufs Engste vernahtet mit Deutschlands Nachrichtenmagazin Nummer eins, das seit nunmehr sechzig Jahren zuständig ist für die wichtigsten Enthüllungen zahlreicher politischer Affären, durch seinen Einfluss auf die öffentliche Meinungsbildung mitverantwortlich für so manches Auf und Ab großer Karrieren deutscher und ausländischer Politiker. Dieser *Spiegel* hat ebenso auf eine stichhaltige Recherche verzichtet und mich zum Nazi abgestempelt! Es ist die Zeitung, auf die die meisten Redakteure der *Tagesschau*, wie ich viele Jahre lang beobachten konnte, bereits am Samstag vor dem montäglichen Erscheinungsdatum sehnsüchtig warten, um als Erste dabei zu sein, wenn Sensationen und Enthüllungen die noch warmen Seiten füllen und dem politischen Geschehen im In- und Ausland Leben oder auch Chaos einhauchen.

Na, super! Eindrucksvoller konnte man nicht mehr gegen die öffentliche Wand laufen, wirkmächtiger sich nicht aus der feinen Gesellschaft da draußen verabschieden. Knall! Aus! Tschüss, normales Leben. Auf Wiedersehen, verlässlich geschliffene Eitelkeiten.

Achtung, liebes Evchen, Hohn und Spott, Verachtung und Häme, Überheblichkeit und Dämlichkeit werden deine künftigen Begleiter, nein, nicht deine Begleiter, sie werden deine künftigen Richter sein. Zieh dich warm an! Dabei hat Deutschlands Leitmedium nicht einmal auch nur den Versuch gemacht, bei mir anzurufen, um nachzufragen, was denn an den Vorwürfen in Wahrheit eigentlich dran sei. Meine Telefonnummer müsste die Elite des investigativen Journalismus aus Hamburg auf jeden Fall noch haben. Hatte sich doch letztes Jahr eine zwar ganz nette, doch leicht verhuschte, links angehauchte *Spiegel*-Autorin mit hennafarbener Lockenpracht ein wenig Zeit für ein Interview mit mir genommen. Thema: *Das Eva-Prinzip*. Das Gespräch wurde auch gedruckt, aber hat es der Sache genutzt? Wohl kaum. Denn es war von einer Autorin verfasst worden, die bei mir nicht gerade den Eindruck erweckt hatte, dass sie irgendetwas verstanden hatte von dem, was hier in diesem Lande in Wirklichkeit auf dem Spiel steht: überforderte Frauen, vernachlässigte Kinder, verunsicherte Männer und eine Geburtenrate, die seit Jahrzehnten kontinuierlich sinkt. Hauptsache, die Frau ist emanzipiert! Wehe, es sagt einer etwas dagegen! Unabhängiges Nachdenken und eine sachliche Prüfung stehen, so ahne ich es schon länger, nicht gerade fett gedruckt auf der Agenda eines zeitgemäßen, politisch korrekten Journalisten, pardon, einer Journalistin natürlich. Trotzdem: Was war eigentlich aus dem gerühmten, einstmals so selbstverständlichen journalistischen Handwerkszeug geworden, das zur Grundausstattung eines jeden ernst zu nehmenden politischen Journalisten gehört so wie der hippokratische Eid zu den ethischen Grundsätzen aller Mediziner? Wo waren gründliche Recherche, Sorgfaltspflicht und Unabhängigkeit geblieben? Die man übrigens ständig von anderen einforderte, zum Beispiel von den bösen Kollegen aus Russland oder China?

Wie sagte mein ehemaliger *Tagesthemen*-Kollege Hanns-Joachim Friedrichs, nach dem die gleichnamige alljährliche Auszeichnung benannt ist, die an rechtschaffene Vertreter der Berichterstattungselite Deutschlands vergeben wird und die inzwischen als einer der höchsten und begehrtesten Preise für diese Gilde dient? »Einen guten Journalisten erkennt man daran, dass er sich nicht gemein macht mit einer Sache, auch nicht mit einer guten Sache.«

Hätte man diesen Artikel, der mich gerade aus dem Bildschirm hinterhältig angrinst und der einen gewaltigen Anteil an meiner weiteren öffentlichen Demontage haben wird, vielleicht auch etwas distanzierter schreiben können, wenn man sich schon nicht einmal mehr die Mühe machte, selber nachzufragen? Hätte das berühmteste Nachrichtenmagazin Deutschlands nicht wenigstens ein Mindestmaß an Recherche auf sich nehmen können, statt einen Halbsatz der vergleichsweise unbedeutenden Regionalzeitung *Hamburger Abendblatt* abzukupfern und den erfinderischen Gedanken einer einfallsreichen Autorin unkontrollierten Lauf zu lassen?

Aber nein: Alles, was nicht in das linksfeministische Weltbild hineinpasst, wird instrumentalisiert, als braunes Munitionsmaterial gegen mich gerichtet, und – eins, zwei, drei – wird einfach drauflos geballert! Den Schießbefehl erteile ich ihnen praktisch selbst durch meine unerwünschten Argumente: meine Abneigung gegen Krippenbetreuung, mein »Feldzug« für ein angeblich »veraltetes Frauenbild« und meine in Wahrheit zu keinem Zeitpunkt geäußerte Forderung, »Frauen Kochtopf und Backblech zu verordnen«.

Doch was soll's? Es sieht so aus, dass der angebliche Vorfall bei der Pressekonferenz am 6. September 2007 vielen selbsternannten Gutmenschen gerade recht gekommen zu sein schien, um der Welt zu zeigen, wie wenig man doch persönlich mit einem Nazilob zu tun hatte. Man schreckte jetzt nicht einmal vor derben, verleumderischen und hochgefährlichen Unwahrheiten gegen andere zurück, um den

Kontrast zwischen »Gut« und »Böse« noch deutlicher werden zu lassen. Was musste da noch überprüft werden? Der Fall war doch schon länger klar. Schließlich hatte Alice Schwarzer von Beginn an genau hier, im wichtigsten deutschen Nachrichtenmagazin, zu der »Suada Eva Hermans, die zwischen Steinzeitkeule und Mutterkreuz angesiedelt ist«, deutlich Stellung bezogen, sodass es auch jeder gleich von Anfang an verstehen konnte. Und wer heute Mutter sagt, muss doch Nazi sein! Deutschlands Cheffeministin hat das Land doch jahrzehntelang eigenhändig und als erste Vorabeiterin mit umgebaut, hat es mit einigen geschickten und raffinierten Fingertricks in das kaum jemandem geläufige, globalisierte Gender-Lüftchen hineingedreht, das in Wahrheit jedoch eher einem scharfen Fallwind gleicht. Sie war es auch, die durch ein monatelanges mediales Dauergewitter vor der CDU-Kanzlerkandidatenwahl schließlich der ersten Frau des Landes mit weiblicher Finesse – kämpferisch, doch ergeben zugleich – den Weg ins Herrscheramt ebnete. Da weiß man sich in allen Lebenslagen einer wohlwollenden Unterstützung sicher, oder?

Wahnsinnig prickelnd, diese Befreiung der heutigen modernen Frau, auch Emanzipation genannt, oder? Die oberen Zehntausend, die Bildungselite, die Intellektuellen und die Einflussreichen, die Mächtigen in Medien und Politik (Geben Sie es zu!), sie profitieren alle von jenen Errungenschaften!

Der Rest? Fehlanzeige. Die Kassiererinnen und Wurstverkäuferinnen im Supermarkt, die Sekretärinnen und Assistentinnen, die Dienstleisterinnen dieser Welt, sie alle mühen sich ab, um in dieses von oben gepredigte, angeblich fortschrittliche, moderne Weltbild zu passen! Sie verzichten auf Kinder, um im Spiel zu bleiben, sie geben die Säuglinge in fremde Hände, um nicht rauszufliegen! Jede zweite berufstätige Mutter leidet inzwischen unter dem Burn-out-Syndrom, weil diese an Sozialismus erinnernden Erwartungen und Forderungen einfach nicht zu erfüllen sind. Als ob alle Frauen im Land Intellektuelle seien, die im Businesskostüm und mit dem Laptop unterm Arm von Flugzeug zu Flugzeug springen. Einfach lächerlich. Und überhaupt: Eine ganze Gesellschaft verändert sich derzeit in Richtung Bindungslosigkeit, weil der Begriff »Mutter«, der zu den ältesten und natürlichsten Begriffen gehört, bei uns in Deutschland einen so abgrundtief hässlichen Beigeschmack bekommen hat. Danke, Alice Schwarzer, dass Ihnen die

Frauen so sehr am Herzen liegen! Wahlfreiheit? Zum Kaputtlachen! – Aber, Frau Schwarzer, welche Frauen meinen Sie eigentlich?

An ihren Werken sollt ihr sie erkennen, sagt die Bibel. Werden wir sicherlich, es wird nur noch eine Weile dauern, bis das wahre Ausmaß dieser Katastrophe ans Licht kommen wird.

Das wichtigste Ziel bei dieser Berichterstattung hier scheint zu sein, dass die Geschichte von außen interessant aussieht und dass Medium und Autor dabei in das politisch korrekte Licht der Öffentlichkeit gerückt werden. Verkaufsträchtiges Fazit: Eva Herman ist ein Nazi! Wir nicht! Und übrigens, auch innerhalb der Redaktion macht sich so etwas immer gut, das wissen wir doch alle: Wer seine persönliche Distanz zu einem solch ekelerregenden Thema, bei dem längst verpönte, ja, verbotene Begriffe wie Mutterliebe favorisiert wurden, wer diese Abneigung sichtbar zur Schau stellt durch einen mit Widerwillen durchwirkten, scheinbar seriös distanzierten Textbeitrag, der hat doch mindestens einen beim Chef gut, nicht wahr?

Mir wird jetzt immer deutlicher klar, dass ich schon viel länger auf der anderen Seite stehe. Meine Lebenseinstellung passte ehrlich gesagt nie wirklich zu dieser Gilde hier. Auch wenn ich eine beispielhafte Karriere hingelegt habe und, zugegeben, ziemlich ehrgeizig war, so waren mir dennoch einige Grundsätze wichtig, die meine Mutter uns mit freundlich-beharrlichem Nachdruck mit auf den Lebensweg gab: Was du nicht willst, das man dir tu, das füg auch keinem andern zu!

Ein nicht immer ganz einfach durchführbares Ziel. Ich habe sicher öfter dagegen verstoßen. Und dies hinterher meist bitter bereut! Spätestens am Abend, wenn ich im Bett lag und den Tag noch einmal Revue passieren ließ. Auch heute noch entsteht bei mir dieses unangenehme Gefühl oberhalb der Magengegend, wenn die Erkenntnis kommt: Ich habe falsch gehandelt und anderen weh getan.

Es ist wichtig, dass wir Menschen uns das erhalten, was man Gewissen nennt. Nicht allein aus Rücksichtnahme anderen gegenüber, sondern auch für uns selbst. Wer sich häufig mit einem schlechten Gewissen belasten muss, der wird krank! Sagte Mama immer. Ja, sie hat, wie stets, recht!

Vorzeigefeministinnen und ihr folgenreicher Muttermangel

Mein Lieblingsleitmedium ist übrigens noch nicht fertig mit mir. Kurz darauf erscheint online ein weiterer Artikel, diesmal von Thea Dorn, der bekennenden Feministin, die mir – als Schwarzersche Schützenhilfe – schon früher ordentlich zugesetzt hatte, als sie *Das Eva-Prinzip* vorsätzlich und böse verunstaltete. Sie erinnern sich! Dorn spielt als feministische Schreibkraft in den öffentlichen Mainstream-Medien keine unbedeutende Rolle. Zu ihrer Arbeit gehören außer Femi-Essays noch Aufsätze, Krimis, Romane und Sachbücher. In ihren Büchern geht es allermeist um dunkle, böse Mächte, die den Menschen antreiben und leiten, wenn er auf sadistische Weise mordet, quält, foltert und vergewaltigt.Die Opfer sind meist Frauen und Kinder. Dorns grausame Exzesse und bluttriefenden Thriller scheinen jedoch die seriösen Medien nicht zu schrecken, Dorn tritt als regelmäßige Autorin für *Spiegel Online* in Erscheinung, ebenso für die linke *taz*, für das seriöse Wochenmagazin der *Zeit*, sie erstellt Drehbücher für die ARD und moderiert regelmäßige Fernsehsendungen für die Öffentlich-Rechtlichen, für den SWR und für ARTE.

Thea Dorn heißt eigentlich Christiane Scherer, schien durch ihr Studium jedoch so restlos begeistert von dem als hochbegabt bekannten Philosophen Theodor W. Adorno, dass sie sich kurzerhand nach ihm benannte.

Doch nicht jeder Anhänger eines hochbegabten Philosophen muss automatisch aus demselben Holze geschnitzt sein wie sein Idol, nur weil er persönlich plötzlich so ähnlich heißt und ebenso Philosophie studierte: Thea Dorn machte 1996 mit dem Buch *Die neue F-Klasse. Wie die Zukunft von Frauen gemacht wird* von sich reden (F steht für Feministin), in dem sie eine »idealtypische Frauenelite« forderte (*Die Zeit*). Sie war es, die, wie schon oben erwähnt, den diffamierenden, viel beachteten Einfall gehabt hatte, *Das Eva-Prinzip* in einem ihrer Artikel zum »Eva-Braun-Prinzip« zu machen. Doch selbst diese geschmacklose Bezeichnung stammte nicht von der Adorno-Anhängerin selbst, zumal sie schon vorher im Netz kursierte und damit eindeutig geklaut war.

Aber was wollte man auch erwarten? Sowohl Thea Dorn als auch

Alice Schwarzer scheinen zu jener Sorte zu gehören, die sich inzwischen zu Dutzenden in den Medien tummeln. Es sind dies nicht selten Menschen, die aufgrund ihrer eigenen Sozialisation, aufgrund früh erlebten Muttermangels, kaum in der Lage zu sein scheinen, ihr persönliches, unverarbeitetes Kinderseelenleid außen vor zu lassen, während sie die ganze Welt nach ihren kranken Vorstellungen einordnen und damit unbewusst Fatales anrichten. Oft sind es gerade sogenannte Intellektuelle, Menschen also, denen angelernte Bildung und Verstandeswissen weitaus wichtiger sind als eigene Empfindungen und Seelentiefe. Die unbewusste Steuerung durch ehemals Erlebtes kann mit den Jahren zur politischen Meinung, zur rigiden Lebenshaltung werden, so ein berühmter ostdeutscher Psychiater. (30)

»Ich wurde als Kind nicht geliebt, deswegen erlaube ich dies anderen Kindern auch nicht! Sie sollen in die Krippe gehen und brauchen keine mütterliche Zuwendung! Und: Meine Mutter kümmerte sich nicht um mich, also müssen andere Mütter dies auch nicht tun! Erwerbstätigkeit ist super!« Zack! Und fertig! Nicht jeder Mensch muss deswegen zum Hobbypsychologen werden. Im Gegenteil: Jeder hat das Recht, selbst zu entscheiden, ob oder wie er seine Lebensgeschichte verarbeitet. Wenn da nicht die riesige Verantwortung wäre, die diese Medienmenschen tragen, wenn sie öffentlich auftreten und ihrem Publikum ihren eigenen, traurigen Lebensentwurf als einzige Wahrheit, als Mainstream-Meinung, als politisch korrekte Losung verkaufen.

Medienleute haben Macht. Mehr als alle anderen Menschen! Doch wie nutzen sie diese Macht? Indem sie übelsten Einfluss nehmen auf die sozialpolitischen Konstellationen im Land. So tragen sie mit dazu bei, dass sich der Zwang zur Erwerbstätigkeit als Ideal in den Hirnen festsetzt, während Millionen Frauen in Wahrheit gerne – zumindest in den ersten Jahren – bei ihren kleinen Kindern daheimbleiben würden, es aber längst nicht mehr dürfen!

Merkwürdig, dass selbst das bisschen Selbstanalyse, das man bei diesen fortschrittlichen und entwickelten Medienfeministinnen eigentlich erwarten würde, nahezu völlig zu fehlen scheint. Man muss sich einmal die Mühe machen und die Biografien dieser Streiterinnen, die öffentlich so laut gegen die Mutterschaft randalieren, beleuchten, um am Ende eins und eins zusammenzählen zu können:

Dass Alice Schwarzer als kleines Kind von ihrer Mutter und Großmutter als ernst zu nehmendes und auch als zu liebendes Menschenwesen gänzlich verschmäht wurde, weiß man spätestens seit Bascha Mikas Biographie über sie (31). Dass die Großmutter ihrer Mutter als Strafe für die ungewollte, ehelose Schwangerschaft wochenlangen Küchenputz und Hausarbeit aufbrummte, unter der diese extrem litt und von der sie sich schwer gedemütigt fühlte, wird in dem Buch ebenso überdeutlich. Damit war die Botschaft »Haushalt ist unerwünscht« ebenso perfekt! Und dass der Großvater sich als einziges Familienmitglied erbarmte und die kleine Alice liebevoll großzog, brachte ihm als »langweiligem Waschlappen« allenfalls Hohngelächter und spotttriefendes Mitleid der Mutter und Großmutter ein.

Wer mit einem solchen Männerbild groß wird, müsste schon schwer, vor allem in vollem Bewusstsein, an sich arbeiten, um von dem Bild des »hausarbeitenden Weicheis, das von den Frauen zwangsverpflichtet wird«, wieder loszukommen.

Der Reinentwurf des Feminismus war mit dem Lebensstart Alice Schwarzers 1942 in Wuppertal-Elberfeld geboren, fruchtbarster Boden für das spätere Programm Gender Mainstreaming. Fast zu offensichtlich, um nicht irgendwann bemerkt zu werden. Doch auf eine gebotene Selbstreflektion der fast Siebzigjährigen wartet der deutsche Bundesbürger bis heute vergeblich. Möglicherweise auch deswegen, weil damit ein gewaltiges Kartenhaus zusammenstürzte, unter dem nicht nur die kleine Alice schwer verletzt hervorkriechen würde. Und die Erkenntnis des riesigen Irrtums, mit dem sie ein blühendes Land jahrzehntelang demontierte, würde sie vielleicht in den Irrsinn treiben.

Und Thea Dorn? Ein ähnlicher Fall, obwohl die beiden Feministinnen sich angeblich nicht besonders gut leiden können. Thea Dorn hatte mehrfach versucht, Alice Schwarzer als eine Art altmodische Ex-Rivalin mit ihren Thesen in die Wüste zu schicken. Doch biss sie sich an der Älteren wohl eher die Zähne aus. Zu einem öffentlichen Showdown ist es nie gekommen. Dafür rezensierte Dorn auf scharfe Weise das 2007 erschienene Schwarzer-Pamphlet *Die Antwort* (32), ein aus meiner Sicht eher überflüssiges Buch, weil es nichts Neues enthält, sondern einem öden Aufguss ihrer ausgeleierten, weltfremden Thesen von 1960 gleicht.

Über die Kindheit Thea Dorns (bzw. Christiane Scherers) ist nicht allzu viel bekannt, weil bislang noch niemand auf die Idee kam, eine Biografie über sie zu schreiben. Doch äußerte sie sich hin und wieder selbst über ihre zurückliegende Sozialisation und deren prägende Folgen. In einem Interview mit dem *Kölner Stadtanzeiger* im September 2009 ist sie davon überzeugt, dass frühe Prägung für den Menschen »wahnsinnig wichtig sei« (33).

Weiter sagt sie:

»In meiner Familie war völlig klar: Die Hosen hat die Mutter an. Insofern bin ich naiv groß geworden. Ich war hoch überrascht, als ich feststellte: Das ist gar nicht überall so. Für mich war vollkommen klar: Väter sind die netten Wesen. Zu denen geht man, um sich auszuheulen. Die haben auch mehr Zeit und sind öfter zu Hause. Mütter sind die Strengen, die Leistung fordern, die Entscheidungen treffen. Insofern bin ich ganz klar in einem System mit Chefin groß geworden. Keinen Tag in meinem Leben habe ich erwogen, einen Mann zu suchen, der mich erhebt.«

Warum Mütter immer ein schlechtes Gewissen hätten, wenn sie acht Stunden arbeiteten, wisse sie nicht. »Es muss irgendetwas Archaisches sein. Aber wir kennen eine Menge anderer archaischer Triebe in uns, denen wir auch nicht allen nachgeben. Das ist ein Zeichen von Zivilisation.«

Eine Kindheit, die jener von Alice Schwarzer nicht unähnlich zu sein scheint. Beide scheinen von starken, fast kompromisslosen Frauenvorbildern beherrscht. Beiderlei Familien kennen nur die Standardausgabe des weichen Mannes, der daheim sitzt und nicht aufmuckt gegen das, was frau anordnet.

Doch Moment mal, wie lauteten Dorns Worte weiter? Nicht nachgeben den Trieben, dem schlechten Gewissen als Mutter, die von ihrem Kind getrennt ist? Wo hatte ich das denn schon einmal gehört? Wie würde es ihr gefallen, wenn ich das, was sie so gern mit meinen Worten macht, mit ihren machte? Wie würde sie sich dabei fühlen, sich in folgendem Gegenüber wiederzufinden?

Johanna Haarer war es, die in ihren Büchern eben genau diese Empfehlungen an Mütter weitergab. »Liebe Mutter, werde hart«, gab Haarer zu verstehen. »Fange nur ja nicht an, das Kind aus dem Bette herauszunehmen, es zu tragen, zu wiegen, zu fahren und oder es auf dem Schoß zu halten. Denn sonst beginnt ein endloser Kuhhandel mit den kleinen Plagegeistern.«

Zu dumm nur, dass die Bücher Johanna Haarers, aus denen ich hier und etwas ausführlicher in meinem Buch *Das Eva-Prinzip* zitiere, als Grundlagenwerke der »Reichsmütterschulung« galten und wegweisend waren für die Erziehung in der NS-Zeit. Johanna Haarer war überzeugte Nationalsozialistin, und es ging ihr in erster Linie darum, bindungslose Kinder heranzuziehen, die sich früh in das nationalsozialistische Erziehungssystem integrieren ließen. Ebenso empfahl sie den Müttern zu lernen, ihre Empfindungen und Gefühle für die Kleinen, die sie als »Affenliebe« bezeichnete, systematisch zu unterdrücken.

Zur Verdeutlichung: Ich lege Thea Dorn damit eine Affinität zum Nationalsozialismus oder diesem Gedankengut nicht nahe. Inhaltlich lehne ich die Meinung natürlich dennoch ab. Die Krimiautorin fordert, dass Mütter dank ihrer Zivilisation das schlechte Gewissen abstellen müssten. Das jedoch in Wahrheit nichts anderes ist als die innere Stimme, die mahnt, das Kind nicht alleine zu lassen, es nicht zu vernachlässigen. Es ist in Wahrheit jene innere Stimme, die Liebe heißt und die nur ihr natürliches Recht einfordert. Ein Mechanismus, der nicht nur dem Menschen, sondern ebenso jedem Tier innewohnt. Mütter wollen und müssen ihre kleinen Kinder beschützen vor allem Fremden, Unwägbaren; dafür riskieren sie in freier Natur jederzeit ihr eigenes Leben. Sie sind eben nicht für eine frühe Trennung vorgesehen, ebenso wenig wie die kleinen, schutzbedürftigen Kinder. Und jede Mutter wird (eigentlich) zur wütenden Bestie, wenn man sie daran hindern möchte.

Jene Thea Dorn, die meine Aussagen mit denen des Chefideologen Alfred Rosenberg in Verbindung brachte, gibt uns weitere Hinweise auf ihr geistiges Innenleben. Dorn wörtlich in einem Interview über ihren Roman *Die Hirnkönigin*:

»Also wenn z. B. beschrieben wird, wie diese Hirnkönigin jemanden köpft und das Hirn rausholt und dann bei diesen Hirnen in einen seltsamen Erregungszustand gerät, den sie sich selber nicht erklären kann. Also da wäre es sehr einfach gewesen, es bei Andeutungen zu belassen. Aber ich dachte, nein, gerade an so einer Stelle ist es falsch. Gerade weil ich so was Unerhörtes, Unerlebtes beschreibe, muss ich es für mich rausholen.« (34)

Die Hirnkönigin hat natürlich keinen Nachwuchs, ebenso wenig wie die heute vierzigjährige Thea Dorn selbst, die in einem Interview einmal auf den Vorwurf, dass sie nie über Kinder schreiben würde, antwortete, dass Kinder in ihren schriftstellerischen Werken sehr wohl hin und wieder eine Rolle spielten, nämlich dann, wenn sie tot seien. Familie und Mutterbegriff werden meist ebenso klar definiert: »Eine klassische Familie mit Vater, Mutter und Kind ist für mich nach wie vor ein Albtraum. Ich kenne nur kaputte Familien. Diese Art von festen Banden, die zusammenschweißen sollen, was möglicherweise gar nicht zusammengehört – das kann nicht gut gehen. Außerdem wäre ich eine furchtbare Mutter. Ich hätte viel zu wenig Geduld. […] Ich bin eine Hyänin. Denn bei den Hyänen sind immer die Weibchen die Alpha-Tierchen. Sie sind sehr kluge und raffinierte Jäger und außerdem extrem zäh. Ich wäre auch eher Jägerin als Sammlerin. In der Höhle zu warten, bis der Göttergatte mit dem Mammut heimkommt – das wäre nicht mein Ding.« (35)

Wie auch in ihrem Roman *Die Brut*. Diesen Titel gab es zuvor schon in Form des kanadischen Kinofilmes *The Brood*, der sich durch seine äußerst gruselige Einstellung neugeborenen Kindern gegenüber auszeichnet. Er schildert dramatische Szenen einer Ehe, in der die aggressive Protagonistin geschlechtslose Wesen zur Welt bringt, die, gesteuert durch Aggressionen, ihren vermeintlichen Peiniger ermorden. Dass *The Brood* ihrem deutschen Horror-Roman *Die Brut* als unheilvolle Vorlage gedient hat, dass sie gar ihr eigenes Berufsleben in die Geschichte mit hineinmontiert haben könnte, scheint mehr als nahezuliegen.

Auszüge aus einer Rezension zu Thea Dorns *Die Brut*:
»Der Alltag einer Fernsehmoderatorin steht im Mittelpunkt; diese wird schwanger und lässt ihr Karriere und Beziehungen störendes Kind eines Tages verschwinden (sie tötet es). […] Der Roman zeigt, wozu Mütter fähig sind, wenn der Druck von außen zu groß wird. […] Dorns Frauen sind pragmatisch bis zur Selbstaufgabe, es geht ihnen nicht um bloße Gleichberechtigung, sondern um Superfrauenwerdung. Kinderkriegen ist da nur eines der vielen Mittel, Oberwasser zu bekommen. […] Thea Dorn ist die brutalste Krimiautorin.« (36)

Thea Dorn selbst, die, wie erwähnt, noch nie ein eigenes Kind betreuen und lieben lernen konnte, äußerte sich zu diesem sensiblen

Thema mit folgender Aussage: »Der Grat zwischen ›ich liebe mein Kind‹ und ›ich schmeiß' es zum Fenster raus‹ ist verdammt schmal!« (37)

Die Frage, wie moderne Elternschaft in Zukunft aussehen könne, werde ihrer Meinung nach eine der Fragen sein, die unsere Gesellschaft in nächster Zeit am meisten beschäftigen werde, Gleichberechtigung halte sie für eine Notwendigkeit. Sie selbst habe sich in ihrem eigenen Leben allerdings gegen Mutterschaft entschieden, weil sie seit ihrer Jugend den Verdacht hege, »dass zwischen Mutterschaft und Moderne ein Spannungsverhältnis besteht«. »Ich habe schlicht null mütterliche Gefühle«, sagt sie, »habe ich nicht einen Tag in meinem Leben gehabt.« Die Vorstellung, sich an ein Wesen zu binden, das rationaler Ansprache mehrere Jahre lang nicht zugänglich sei, findet sie befremdend! Eher schon könnte sie sich vorstellen, ein großes Kind zu adoptieren. (38)

Konzertierte Vernichtung

In dem Artikel, den mir Thea Dorn am 9. September 2007 bei *Spiegel Online* widmet, heißt es:

NDR feuert Eva Herman – Endlich Zeit für Apfelkuchen
Ihre Aussagen zur Nazi-Zeit haben NDR-Moderatorin Eva Herman den Job gekostet. Dass der Sender so lange an ihr festhielt, findet Autorin Thea Dorn bemerkenswert. Schließlich habe es schon früher Anlass gegeben, an der freiheitlichen Einstellung der Moderatorin zu zweifeln.

»Diejenigen, die schon immer den Verdacht hatten, der Teufel suche sich bevorzugt schwache Frauenleiber und -hirne aus, um in diese hineinzufahren, dürften sich dieser Tage bestätigt fühlen. Denn welchen Reim soll man sich sonst darauf machen, dass eine ehemalige Nachrichtensprecherin, die sich auf ihrer Homepage unverdrossen als Mitwirkende bei der Hörbuch-Aktion »Laut gegen Nazis« präsentiert, nun das »Dritte Reich« dafür lobt, dass in ihm »Werte wie Familie, Kinder und das Muttersein gefördert wurden«? Die Frage, ob und, wenn ja, welcher Teufel Eva Herman reitet, möge der Exorzist beantworten. Viel interessanter erscheint mir die Frage, welcher Teufel die Verantwortlichen beim NDR geritten hat, die publizistisch-rhetorischen Umtriebe ihrer Talk- und Quizshow-

Moderatorin so geduldig mitanzuschauen. Denn bereits Eva Hermans medial hochgejazzter Bestseller vom letzten Herbst, Das Eva-Prinzip, hätte genug Anlass geboten, daran zu zweifeln, dass sich seine Autorin noch im ideellen Raum einer freiheitlich-demokratischen Grundordnung bewegt. […] So gesehen ist an dem Vorgang, dass sich die selbsternannte Tabubrecherin Herman nun als Freundin brauner Familienpolitik entlarvt hat, eigentlich nur eines erstaunlich: Dass sie (oder der Teufel) diese Entlarvungsarbeit selbst leisten musste. […] Auf den anti-freiheitlichen, totalitären Kern des Eva-Prinzips *jedoch haben nur die Allerwenigsten hingewiesen. Die schlichteste Erklärung für dieses Versäumnis mag lauten: Kaum einer hat das Buch tatsächlich gelesen. […] Es dürfte aber nicht nur mangelnde Lektüresorgfalt gewesen sein, die ermöglichte, dass der NDR so lange an Eva Herman festhielt: Das Propagieren von anti-freiheitlichen, totalitären Gedanken wird in diesem Land erst dann zum Skandal mit Konsequenzen, wenn einer die Schwelle des Tabuisierten überschreitet.«*

Spätestens nach der Lektüre dieses Artikels weiß ich, dass diese Welt, in der wir leben, endgültig verrückt geworden ist. Oder ich? Auf jeden Fall ist mir jetzt klar, dass ich zunächst keine Chance mehr haben werde. Denn das, was ich seit über einem Jahr erlebe und was sich jetzt zu einem nie geahnten Empörungshöhepunkt hochgeschaukelt hat, ist politische Agitation in Reinkultur. Wenn bereits *Der Spiegel* ein solch verquirltes, hochgefährliches Femi-Mus, das aus durchschaubar persönlicher Häme komponiert wurde, ohne Not in Auftrag gab und druckte! Und wenn in einem solchen Artikel behauptet werden durfte, dass schon *Das Eva-Prinzip* einen angeblichen Angriff auf Freiheit und Demokratie darstellen – dann brauchte man überhaupt nicht mehr weiterzudiskutieren. Die durch jene Veröffentlichung legalisierte Blindwütigkeit und Unsachlichkeit, der verletzende Frontalangriff auf meine Person coram publico machten es mir fürderhin unmöglich, mich auf geeignete Weise zu verteidigen. Spätestens jetzt weiß ich, was noch alles auf mich zukommen kann.

Ja, meine Knie sind weich, mir ist schlecht, und alles um mich herum beginnt sich zu drehen. Hunderttausende werden diese Sätze und eine Menge weiterer Beleidigungen lesen und billigen. Ich bin zum Abschuss freigegeben! Vogelfrei! Die Meute wurde längst auf mich losgelassen!

Und doch: Ich stürze nicht ab! Denn ich weiß, was ich tue. Wer in diesem Land noch eine Veränderung zum Guten erreichen will, der muss hart sein und etwas aushalten können. Wer die Menschen liebt, allen voran die Kinder, wer die Liebe als höchstes Ziel anstrebt und wer diese herrliche, wunderschöne Welt lieber im Lichte der Wahrheit als im Dunkel des Bösen erschauen und erleben will, der wird zunächst zwangsläufig leiden müssen. Denn er hat den Teufel und seine zeternden, hasserfüllten Bräute gegen sich.

Natürlich schmerzt es gewaltig, wenn man so bösartig hingerichtet wird. Aber etwas ist von Anfang an in mir, das stärker ist als alle Eitelkeiten, Schwächen und Angst: Es ist der Überlebenswille! Nicht allein mein eigener und jener, den ich mit der Geburt meines Kindes für einen zweiten Menschen übernahm. Es ist auch ein Stück Kampfeslust, mich stellvertretend für viele Menschen in meinem Land einzusetzen, denen es größtenteils noch schwerfällt, die verfemte, hinterhältige Politik zu durchschauen, mit der ihr Leben täglich mehr und mehr in einen für die Freiheit hochgefährlichen Bereich gelenkt wird. Hier sind Freiheit und Demokratie, die Leute wie Thea Dorn durch ihre verquirlten, feministischen Zwangsforderungen zu etablieren behaupten, inzwischen in allerhöchstem Maße gefährdet. Es ist die an sozialistische und kommunistische Systeme heranreichende Wirklichkeit, die Frauen inzwischen zwingt, ihre kleinen Kinder bei fremden, überforderten Leuten abzugeben, um Geld verdienen zu gehen. Und der Grat zwischen »Kann und Muss« ist inzwischen derart schmal geworden, dass zunehmend mehr Frauen die Balance nicht mehr halten können und abstürzen: in Hilflosigkeit, in grenzenlose Überforderung, in Burn-outs und Armut. Die Kinder sowieso, sie hängen an den Müttern und erleben und fühlen jede Qual der Mutter stellvertretend mit.

Wie schrieb der einstige sozialistische Kulturpolitiker der ehemaligen Sowjetunion, Anatoli Lunartscharski, der ein begeisterter Biograf von Wladimir Iljitsch Lenin war? Man müsse, um die Gesellschaft an die marxistischen und kommunistischen Leitideen heranzubringen, »die Kinder aus der Familie nehmen, in erstklassige staatliche Kinderheime überführen und dort unter dem Einfluss fortschrittlicher Pädagogen erziehen, die ihre Aufgabe hinlänglich verstehen. [...] Wir wollen einen Menschen erziehen, der ein Kollektivmensch unserer

Zeit ist, der weit mehr für das gesellschaftliche Leben als für seine persönlichen Interessen lebt. […] Das Menschenmaterial muss als ›Wir‹ denken, jeder muss ein lebendiges, nützliches, brauchbares Organ, ein Teil dieses ›Wir‹ werden. Alle persönlichen Interessen müssen weit in den Hintergrund treten. […] Wir sind verkrüppelte Menschen, denn wir sind noch keine Sozialisten. […] Menschen, die einen großen Teil ihres Lebens oder zumindest ihre Jugend in der alten Gesellschaftsordnung zugebracht haben, befreien sich nur schwer von jeder Art Egoismus und von anderen Attributen eines kleinbürgerlichen, individualistischen Lebens.« (39)

Deutschlands Leitmedium *Der Spiegel* bleibt übrigens bei seiner Vernichtungsaktion: Fast stündlich erscheinen weitere Verunglimpfungen. Nun beteiligen sich auch die anderen Medien *Stern, Focus, Die Welt, Bild, Die Süddeutsche* usw. Die meisten begrüßen es begeistert, dass der NDR unsere gemeinsame, fast zwanzig Jahre während Zusammenarbeit mit »sofortiger Wirkung« beendet hat. Ich weiß in diesem Moment nicht, dass die Telefonzentrale des Senders seit dem frühen Morgen mit Hunderten Anrufen bestürmt wird, in denen wütende Zuschauer sich über den Rausschmiss beschweren. Die Medien überschlagen sich, Zeitungen, Onlinedienste, Radio und Fernsehen berichten tagelang über meine »Verbalentgleisungen«, wie der NDR-Chefexekutor Volker Herres meine Ausführungen bezeichnete. Sie alle benutzen inzwischen Bild- und Tonmaterial von jener Pressekonferenz am 6. September 2007, während es uns hier bei allen Versuchen und Anstrengungen nicht gelingt (nicht gelingen soll?), ebenfalls an diese Ausschnitte zu gelangen. Es ist wie verhext!

Ich schaue kein Fernsehen mehr, höre kein Radio, weil ich es nicht aushalten kann, von nahezu allen Leuten als jemand abgestempelt zu werden, der ich nicht bin. DER ICH NICHT BIN! Basta!

Ich muss dies immer wieder laut betonen, denn die Nazikappe, die mir jetzt alle gewaltsam auf den Kopf drücken und tief in mein Gesicht zu zerren suchen, sie passt einfach nicht. Und wenn sie es noch so oft und derartig verlogen versuchen, es wird ihnen nicht gelingen. Ja, ich muss mich in Acht nehmen, mich selbst schützen, damit die unsichtbaren, dunklen Kräfte, die daran mitwirken, nicht doch noch die Oberhand bekommen. Ich darf mich nicht unterkriegen lassen, denn ich habe nichts getan, was falsch gewesen wäre. Außer, dass ich gegen eine herrschende Meinung sprach. Und genau diesen wunderbaren Luxus werde und muss ich mir weiterhin gönnen, heute und auch morgen. Wer keine eigene Meinung haben darf, ist innerlich tot. So wie jene Millionen Menschen, die in allen Diktaturen dieser Erde leben müssen. Wer sich unterordnen muss, weil anderen nicht gefällt, was man zu sagen hat, lebt in Unfreiheit. Das allerdings habe ich mit Sicherheit nicht vor!

Mein Mann ruft mich. »Du musst kurz schauen, im Fernsehen haben sie gerade etwas über dich angekündigt. Du sollst einmal sehen, wie sie arbeiten.« Widerwillig folge ich ihm. Noch läuft ein Werbespot, in dem eine schicke Frau im Businesskostüm ihrem trotteligen Ehemann erklärt, wie er eine Tütensuppe in ein rauschendes, italienisches Folklorefest verwandeln könne, während die Kinder ihm hinter dem Rücken eine lange Nase machen und ihrer Karrieremama kichernd in den Minivan folgen. Hallo, Männer, aufwachen. Wann peilt ihr eigentlich, was hier los ist? Die Botschaften sind doch längst klar. Aber was soll's? Wenn euch diese Zukunft lieber ist als das, was der Schöpfer eigentlich für euch vorgesehen hatte, bitteschön!

Nun kündigt die Moderatorin meinen Fall mit den Worten an: »Riesenskandal um Eva Herman! Ihre dummen, aber vor allem ihre gefährlichen Bemerkungen sind ihr jetzt ein für allemal zum Verhängnis geworden! Eva Herman ist erledigt! Niemand will mehr etwas mit ihr zu tun haben. Freunde und Kollegen sind enttäuscht, wenden sich von ihr ab! Was genau geschah? Wir zeigen es Ihnen!« Es werden einige Bilder von der Pressekonferenz gezeigt, die sensationsgeschwängerte Pieps-Stimme der Moderatorin plappert dabei im Off weiter, Diktion und Aussprache wirken auf mich einfach nur platt und billig. Ich muss lachen. Bin ich befangen? Hysterisch? Welch eine Überraschung! Dennoch, ein Fernsehprofi ist sie wahrlich nicht.

Jetzt klingt sie gehetzt, das Stimmchen überschlägt sich beinahe, denn sie nähert sich dem Höhepunkt des Tages, nein, der Woche oder gar des Monats? »Meine Damen und Herren, passen Sie jetzt gut auf. Denn hier greift Eva Herman jetzt tief in die braune Brühe, doch sehen Sie selbst!«

Was dann folgt, ist der inzwischen bekannte rudimentäre Satz von mir, dessen erste Hälfte, die sich auf die gesamte Menschheitsgeschichte bezieht, abgeschnitten wurde. Diese Verkürzung und die manipulierende Eingangsmoderation müssen dem Zuschauer nun jedoch den Eindruck vermitteln, dass ich über die Nazizeit spreche im Zusammenhang mit Werten, Müttern und Familie.

Ein Mittel nur, dabei jedoch ein übles, menschenverachtendes eines prima funktionierenden Kollektivkomplotts!

Der Programmdirektor des Norddeutschen Rundfunks, Volker Herres, tritt übrigens noch am Tage der fristlosen Kündigung vor die Presse und verkündet meinen Rauswurf. Wenig später erscheint in den Onlinemedien die gesamte Pressemitteilung des Norddeutschen Rundfunks, die im Februar 2010, in dem ich die letzten Schreibarbeiten für dieses Buch erledige, noch immer auf der *Tagesschau*-Website und dem NDR-Portal zu finden ist. Hierin heißt es unter anderem:

»Der NDR beendet mit sofortiger Wirkung seine Zusammenarbeit mit der Moderatorin Eva Herman. NDR-TV-Programmdirektor Volker Herres sagte in Hamburg, Hermans schriftstellerische Tätigkeit sei ›aus unserer Sicht nicht länger vereinbar mit ihrer Rolle als Fernsehmoderatorin und Talk-Gastgeberin‹. Dies sei nach ihren Äußerungen anlässlich einer Buchpräsentation in der vergangenen Woche deutlich geworden. Am Wochenende hatten mehrere Zeitungen berichtet, dass Herman bei der Vorstellung ihres neuen Buches in Berlin den Umgang der Nationalsozialisten mit Werten wie ›Kinder, Mütter, Familie, Zusammenhalt‹ als ›das, was gut war‹ bezeichnet habe. Dem NDR bestätigte Herman ihre dazu in der *Bild am Sonntag* zitierte Aussage, wonach ›Werte wie Familie, Kinder und das Muttersein, die auch im Dritten Reich gefördert wurden, anschließend durch die 68er abgeschafft wurden‹. [...] Zugleich war Eva Herman darauf hingewiesen worden, dass eine klare Trennung zwischen ihrer Arbeit als Talk-Moderatorin und als Buchautorin unabdingbar sei. Stattdessen kam es immer wieder zu Vermischungen. So forderte Eva Herman, die beim NDR bisher als freie Mitarbeiterin tätig gewesen ist, in der vergangenen Woche am Rande der Internationalen Funkausstellung in Berlin die Kirchen zu einer stärkeren Präsenz in Talkshows auf, um zum ›Auftrag von Mann und Frau‹ Stellung zu nehmen. Programmdirektor Herres betonte außerdem: [...] Einer solchen Entwicklung können wir nicht tatenlos zusehen. Frau Herman steht es frei, ihren ›Mutterkreuzzug‹ fortzusetzen, aber mit der Rolle einer NDR-Fernsehmoderatorin ist dies nicht länger zu vereinbaren.« (40)

Nun bin zu einem echten Fall geworden! In diesem Augenblick beginnt das Schicksal bereits, den Rest meines eigenen inneren Wollens mit einem scharfen Rasiermesser vorsichtig und behutsam abzutrennen von dem, was mir jahrzehntelang so wichtig war: von der mir so vertrauten, bunten Medienwelt, in der ALLES möglich ist. Mein eigener Weg, der mich schon vor längerer Zeit behutsam in eine neue Richtung führte, nimmt in diesem Moment klarere Linien und Formen an! Vielleicht ist dieser »Skandal« in Wirklichkeit eine große Hilfe für mich?

Auszug aus den Schriftsätzen meiner Anwälte (IV)

Schon am Abend des 08.09.2007 begannen fast alle deutschsprachigen Fernseh- und Radiosender damit, über ein »Lob für Hitlers Familienpolitik« zu berichten, das die Klägerin angeblich am 06.09.2007 ausgesprochen habe. Die Kommentare und Anmoderationen waren durchweg unrecherchiert und verurteilend. Mit ihnen wurde immer wieder selektiv ein aus dem Zusammenhang gerissener, abgeschnittener Halbsatz ausgestrahlt.

Sinngemäß stellten fast alle Sender schon durch die Anmoderation einen Bezug der Klägerin zum Nationalsozialismus her:
»Und hier hören wir den Skandalsatz von Eva Herman. Sie bezieht sich hier auf die Familienpolitik des Dritten Reiches ...«

Im Anschluss an derartige Anmoderationen wurde fast immer allein das selektive, also mutwillig verkürzte und damit sinnentstellte Zitat aus den Äußerungen der Klägerin vom 06.09.2007 ausgestrahlt, das RTL reihum verkauft und geliefert haben musste:
»aber es ist damals eben auch das, was gut war – und das sind Werte, das sind Kinder, das sind Mütter, das sind Familien, das ist Zusammenhalt –, das wurde abgeschafft.«

Diese Art der Berichterstattung – ungeprüfte Übernahme eines selektiven Zitats, verbunden mit dem Vorwurf eines »Nazi-Lobs« – setzt sich bis heute fort (»Rudeljournalismus« bzw. »Orientierung an den Leitmedien«). Die einschlägigen Veröffentlichungen sind nicht zu zählen.

»Der NDR, das Beste am Norden?«

Immer noch schaffe ich es nicht, an meinen Originaltext der Pressekonferenz zu gelangen. Mir ist inzwischen klar, dass dies mit allen Mitteln verhindert werden soll, dass dahinter Methode zu stecken scheint. Üblicherweise hätte ich jetzt eine lange Liste derjenigen Kollegen abtelefonieren können, die mir verdeckt dabei hätten helfen können. Aber: Ich kann nicht einen von ihnen anrufen! Niemand würde mir Unterstützung geben. Gemeinsam mit meinem Rechtsanwalt verfasse ich eine Presseerklärung und setze sie auf meine Homepage. Ebenso versende ich sie an einen Pressedienst und investiere mehrere hundert Euro, damit sie über den großen Verteiler geht. Ich hätte mir das Geld sparen können: Nicht einer druckt sie! Hier der Wortlaut:

Presseerklärung

Leider wurden meine Äußerungen auf der Pressekonferenz zur Vorstellung meines Buches *Das Prinzip Arche Noah* am 6. September 2007 von zahlreichen Medien zum Anlass genommen, mir offenbar eine Identifikation mit der nationalsozialistischen Familienpolitik zu unterstellen.

Ich bedaure zutiefst, wenn diese Ausführungen Anlass zu Missverständnissen gegeben haben sollten. Wenn hierdurch die Gefühle anderer Menschen, insbesondere von Opfern des Nazi-Regimes oder derer Angehörigen, verletzt worden sind, möchte ich mich hierfür entschuldigen. Dies entsprach weder meiner Intention, noch meinen persönlichen Anschauungen.

Allerdings meine ich, eine angemessene Auseinandersetzung mit meinen Erklärungen hätte vorausgesetzt, dass man diese in ihrem konkreten Zusammenhang und unter Berücksichtigung meiner bis heute gezeigten Überzeugung interpretiert. Allenfalls am Rande berücksichtigt wurden in den Berichten folgende Umstände, aus denen sich ein anderes Bild ergibt:

1. Ich habe mehrfach während der Pressekonferenz meine Ablehnung des totalitären NS-Regimes betont.

2. Bereits zu Beginn der Veranstaltung hat mein Verleger die Schlussbemerkung meines Buches verlesen, in dem ich mich von jeglicher ideologischen Vereinnahmung, insbesondere extremistischen Tendenzen von rechts oder links, distanziere.

3. In meinen beiden Büchern *Vom Glück des Stillens* und *Das Eva-Prinzip* habe ich mich explizit mit der Problematik des ideologischen Missbrauchs familiärer Werte und der Kindererziehung befasst und dessen dramatische Folgen für Kinder und Gesellschaft dargestellt.

4. Vor zwei Jahren habe ich für die Aktion »Laut gegen Nazis« eine CD mit Texten von Erich Kästner eingelesen.

Die Fehlinterpretation meiner Aussage nach meiner Buchvorstellung liegt insbesondere aber auch in deren inhaltlicher Verkürzung. Meine Intention war allein, den Verlust von für jede Gesellschaft notwendigen Grundwerten deutlich zu machen, die die Familie in den gesellschaftlichen Mittelpunkt gestellt haben. Diese sind im Dritten Reich instrumentalisiert und für verwerfliche politische und gesellschaftliche Zwecke missbraucht worden. Der Folgereaktion der sogenannten 68er, nämlich der notwendigen Entnazifizierung der Gesellschaft, ist dann leider auch die Wertschätzung für die Familie weitgehend zum Opfer gefallen. Ich habe also nicht die Familienpolitik der Nazis gelobt, sondern auf den als Gegenreaktion auf deren Missbrauch eingetretenen Verlust gesellschaftlicher Werte hingewiesen.

Eva Herman
10. September 2007

Diese Presseerklärung wird lediglich von einigen Medien benutzt, um den Menschen mitzuteilen, dass ich mich von meinen Äußerungen distanziere und die Öffentlichkeit um Entschuldigung bitte. Die *Bild-Zeitung*, deren Mitarbeiter fast täglich bei mir anrufen, bittet mich um eine dezidierte Stellungnahme. Ein Redakteur sagt, es sei sehr wichtig, dass die Öffentlichkeit endlich ein Signal von mir bekäme, durch das deutlich würde, dass mir meine Äußerungen leidtäten. Sie tun mir aber nicht leid, entgegne ich ihm, denn ich habe nichts Falsches gesagt. Gebetsmühlenartig versuche ich wieder und wieder klarzustellen, dass es sich um einen Irrtum handelt. Längst weiß ich, dass dies niemand hören will, doch ich werde nicht aufhören damit! Es soll später niemand sagen können, ich hätte mich nicht deutlich distanziert. Der Redakteur ringt mir schließlich eine schwammige Erklärung ab, erläutert, dass sich dadurch meine Situation schlagartig bessern würde, weil durch öffentliche Entschuldigungen erfahrungsgemäß den Tätern vergeben würde. Aha, den Tätern also! »Ich bin aber kein Täter!«, schreie ich in den Telefonhörer. Wütend lege ich auf und heule hemmungslos. Meine Assistentin schüttelt den Kopf.

Am nächsten Tag wird in der Zeitung stehen, dass es mir leidtäte, wenn durch diesen Irrtum die Gefühle anderer Menschen, insbesondere von Opfern des Naziregimes oder deren Angehörigen, verletzt worden seien. Mit einer reißerischen Schlagzeile wird auf der Titelseite meine angebliche »Entschuldigung« angekündigt. Sie wird gedruckt, nutzen tut sie nichts.

Der NDR hatte wie bereits erwähnt nicht lange gefackelt. Bereits am Erscheinungstag der *Bild am Sonntag* am 9. September 2007, nach dem letzten Telefonat, in dem Thomas Schreiber mir mitteilte, dass der NDR sich von mir trennen würde, war der NDR-Programmdirektor Volker Herres vor die bundesdeutschen Medien getreten und hatte die Veröffentlichung der Pressemitteilung bekannt gegeben. Am Ende ruft er mir mit mokantem Lächeln in Schwarzerscher Rhetorik hinterher, ich möge künftig meinen »Mutterkreuzzug« alleine fortsetzen.

Das kurz entschlossene Handeln des NDR-Programmdirektors, seine beleidigenden Formulierungen wie die, ich solle meinen »Mutterkreuzzug« künftig alleine fortsetzen, scheinen die politisch Korrekten im ganzen Lande nicht im Geringsten zu tangieren. Ganz im Gegenteil: Sie gereichen dem wackeren Gutmenschen, der sich durch seine kreativen Wortschöpfungen hervortut, nicht gerade zum Nachteil: Wenige Monate später befördern ihn die Rangoberen der ARD zum Programmdirektor für alle öffentlich-rechtlichen Sender des Ersten

Programms in Deutschland. Bis zum heutigen Tage trifft er seine Entscheidungen für die gesamte, von den Zuschauern durch Gebühren finanzierte ARD-Unterhaltung, für die politischen Sendungen, vor allem jedoch auch für die Nachrichten-Flaggschiffe, zu deren Existenz an allererster Stelle sachliche Berichterstattung und gründlichste Recherche gehören. Programmbereiche, die derzeit zum Entscheidungsspektrum von Volker Herres gehören, sind unter anderem: ARD, *Das Erste online, Tagesschau, Sportschau, Anne Will, Tatort,* Daily Soaps, *Verbotene Liebe, Marienhof, Herzblatt, Morgenmagazin, Plusminus, Panorama, Beckmann, Lindenstraße, Globus, Bericht aus Berlin,* Wetter, Kinder, *Weltspiegel, Fernsehlotterie, Brisant, Wort zum Sonntag,* Chat, Dokumentation.

In einem Interview mit dem Bayerischen Rundfunk zu seinem Amtsantritt 2008 fragt sich Herres berechtigterweise: »Wird es Fernsehen in klassischer Form künftig noch geben?« Zu seiner bevorstehenden Aufgabe befragt, antwortet er frank und frei, auf öffentlich-rechtliche Weise anscheinend inzwischen ganz korrekt: »Ich bekenne mich auch zum Leichten und Seichten!« Nicht ganz uninteressant auch sein Lebensmotto, das er angesichts seiner bevorstehenden neuen Aufgabe als verantwortlicher ARD-Programmdirektor besonders hervorhebt: »Wer ständig begreift, was er tut, der lebt unter seinen Möglichkeiten!« (41)

Kapitel 3

AUFSTAND DER GUTMENSCHEN

B. Tietjen und andere Enttäuschungen

Was schließlich in den ersten Tagen nach dem fristlosen Rauswurf durch den NDR an weiteren Presseveröffentlichungen zu verkraften ist, geht, wie meine Mutter es treffend formuliert hatte, »auf keine Kuhhaut«. Bis heute stellt man mir die Frage, was mich im Rückblick am meisten in dieser Zeit verletzt habe. Nun, da gäbe es sicher einiges zu nennen. Eine meiner größten Enttäuschungen war mit Abstand sicherlich meine jahrelange Moderationskollegin Bettina Tietjen. Sie wusste in Wirklichkeit ganz genau, wer ich war. Doch muss sie sich wohl massiv angegriffen gefühlt haben angesichts der Themen, die ich in meinen Büchern beschrieb. Mehrmals hatte ich ihr zu erklären versucht, dass es dabei mit Sicherheit nicht um sie persönlich ging, sondern um die aus meiner Sicht gefährliche grundsätzliche Tendenz der Glorifizierung der weiblichen Erwerbstätigkeit. Konnte sie wirklich glauben, dass ich mir die unendliche Arbeit, mehrere Bücher zu diesem Thema zu verfassen, alleine deswegen machte, um sie zu kritisieren? Keine Ahnung, denn nun war es letztlich egal. Sie sah mich wohl deswegen schon seit Längerem eher als Gegnerin denn als Kollegin. Aber was auch immer meine ehemalige Kollegin Bettina Tietjen bewogen haben mochte, sich derartig zu verhalten: Einige grundsätzliche Anstandsregeln hätte sie als zivilisierter Mensch vielleicht doch beachten können, um wenigstens ein Mindestmaß an Anstand einzuhalten, wenn schon von Empathie keine Rede mehr sein konnte. Hätte sie mich nur ein einziges Mal angerufen, um mit mir persönlich über »meinen Ausrutscher« zu sprechen, wäre es mir sicherlich besser gegangen, gleichgültig, wie die Diskussion ausgegangen wäre. Sie hätte mir signalisiert: Es interessiert mich, was mit dir passiert, und ich möchte gern deine Sicht der Dinge zu diesem Vorfall hören. Aber sie war Lichtjahre von mir entfernt, und selbst wenige Tage später, am Freitag, den 14. September 2007, als eigentlich unsere gemeinsame Sendung *Herman und Tietjen* ausgestrahlt werden sollte und sie mit einem

Ersatzpartner namens Reinhold Beckmann in unserem ehemals gemeinsamen Studio saß, hatte sie sich mitnichten vorher gemeldet. Ein kurzer Satz am Anfang der Sendung erklärte die neue Situation, und schon lief der NDR-Medienbetrieb wie geschmiert und fröhlich weiter. Die allermeisten Ex-Kollegen nahmen die öffentlichen Verurteilungen praktischerweise auch gleich zum Anlass, von mir abzurücken. Mit drei Ausnahmen haben sich alle bis heute brav daran gehalten, niemand meldete sich bis zum heutigen Tage.

Hier einige Auszüge und Aussagen aus den zahlreichen Presseveröffentlichungen:

Bettina Tietjen: »Ich kann die Entscheidung des NDR verstehen. Ich distanziere mich von den Äußerungen Eva Hermans. Ich finde es traurig, dass es so weit kommen musste.« (42)

Sie kritisierte zudem Hermans Mangel an medialem Taktgefühl: »Wir hatten Eva schon mehrfach gewarnt, dass sie sich solche Äußerungen als gesellschaftspolitisch ausgewogene Moderatorin nicht erlauben darf. Eva ist ja kein Neonazi. Einige ihrer Äußerungen sind aber völlig inakzeptabel, das habe ich ihr schon immer gesagt.« Zur Zukunft der gemeinsamen Talkshow erklärte sie: »Ich habe auch schon andere Shows allein moderiert.« (43)

Bettina Tietjen macht ebenso in *Bunte* schnell klar, dass sie schon lange nichts mehr mit mir zu tun hat: »Wir standen uns früher näher, aber seit einigen Jahren habe ich nur noch ein freundlich-professionelles Verhältnis zu ihr. Ich bin geschockt und traurig, ich erkenne Eva nicht mehr wieder. Ihre radikalen Mütterschriften, die ja auch mir als berufstätiger Frau ein unweibliches Leben attestieren, haben schon viele erregt.« (44)

Der Schauspieler Jan Fedder in einem Lied: »Eva, du hast ein Loch im Kopf. Eva, mach dir einen Nazizopf.« (45)

Die Kabarettistin Desirée Nick: »Ich muss sagen, ich bin entzückt, dass sie sich endlich selbst abgeschossen hat.« Hermans literarische Ausflüge in die NS-Familienpolitik überraschen sie nicht: »Nein, überhaupt nicht. Alles, was der Frau jetzt vorgeworfen wird, stand schon in ihrem letzten Buch *Das Eva-Prinzip*. Schon da forderte sie Design-Kinder und ergoss sich in gleichen Parolen [...] Sie ist eine Wiederholungstäterin und müsste daher schwer bestraft werden. Frau Herman missbraucht Deutschland als ihre private Schadstoffdeponie. Aber was will man von einer schlecht blondierten Nachrichtenaussteigerin schon erwarten?« (46)

Grünen-Fraktionschefin Renate Künast: »Bei Eva Herman wünscht man sich selbst als Frauenrechtlerin, sie möge doch bitte heim an den Herd gehen.« (47)

Die Bundesvorsitzende der Arbeitsgemeinschaft Sozialdemokratischer Frauen, Elke Ferner, erinnerte – zu Recht – an das Schicksal jüdischer Familien und anderer Verfolgter während der NS-Zeit. Aber auch anderen Frauen »wurde in dieser Zeit der verquasten Mütterideologie das passive Wahlrecht genommen, sie wurden aus den Universitäten getrieben«, erklärte sie. (48)

NDR-Rundfunkrätin Sara-Ruth Schumann, Vorsitzende der Jüdischen Gemeinde Oldenburg: »Von einer intelligenten Moderatorin erwarte ich, dass sie sauber formuliert.« Für jüdische Mütter und Frauen, die mit jüdischen Männern verheiratet gewesen seien, habe das damals alles nicht gegolten. (49)

Verwaltungsratsmitglied Michael Fürst, zugleich Vorsitzender der Jüdischen Gemeinde Hannover: »Wenn sie diesen verquasten Unsinn so gesagt hat, spricht das für ein sehr schlichtes Gemüt und ist historisch unverantwortlich. Dieses schlichte Gemüt zeigt sie auch in ihren Büchern.« (50)

Der Schriftsteller Ralph Giordano: »Das ist das Schlimmste, was ich seit Langem gehört habe. Frau Herman sollte wissen: Das Charakteristische am Dritten Reich war nicht die Behandlung der Mütter, denn die sollten nur Kanonenfutter produzieren. Das Charakteristische waren die Gaskammern.« (51)

Welt online: »Eva Herman hat das Familienbild der NSDAP gelobt; seine Perversion in den Jahren der NS-Diktatur ist ihr völlig entgangen. Fraglich aber bleibt, ob es angemessen war, sie deshalb gleich an die Luft zu setzen. [...] Kein Wunder, dass Frau Hermann nicht mehr so recht auf dem Radar hat, wie die Nazis Familien funktionalisiert haben: als Kleinzelle der Nation, als Hort des Kanonenfutters, als ›Lebensborn‹, mit Tausenden von Kindern, die ihren leiblichen Eltern weggenommen wurden, zum Teil auf Nimmerwiedersehen. Von Behinderten und nicht arischen Familien wollen wir gar nicht erst anfangen. Jeder muss das Recht haben, sich zum Horst zu machen. Leid tun kann einem nur das arme Privatleben, das doch praktisch immer mit der Hand am Selbstauslöser gelebt wird. Seht her, meine Mutterschaft! Seht her, mein Leben als Ehefrau. Aber das ist ja glücklicherweise nicht unser Problem.« (52)

Stern.de: »Eva Herman ist nach beschönigenden Aussagen über die NS-Familienpolitik vom NDR entlassen worden. Die Tagespresse geht ebenfalls hart mit der Ex-Moderatorin und Buchautorin ins Gericht. Von ›naiv‹ bis ›strohdoof‹ ist alles dabei.« (53)

Spiegel Online: »Der NDR hat die Zusammenarbeit mit Eva Herman nach ihrem Lob der nationalsozialistischen Familienpolitik zu Recht beendet – darin sind sich die Zeitungen einig. Wer so redet, könne von einem öffentlich-rechtlichen Sender keine Plattform mehr erwarten.« (54)

Westdeutsche Allgemeine Zeitung: »Wenn Eva Herman über die Hitler- und damit über eine aus ihrer Sicht teilweise gute alte Zeit spricht, tut sie das nicht am heimischen Herd, obschon sie ihn gern die natürliche Heimat der Frau nennt. Sie, die NDR-Talkerin, die Autorin, die PR-Moderatorin, sagt es allen, sagt es den Deutschen. Da fehlte eigentlich nur noch etwas Nettes über die Autobahnen, die Arbeitslosen [...] Es geht nicht darum, dass man Familie als Gut nicht loben dürfte. Es geht um die Dreistigkeit, mit der Herman aus einem menschenverachtenden System eine Tugend herausschält und den Rest mit einem lapidaren ›sehr schlecht‹ abtut. Und: Diese Tugend ist nicht einmal eine gewesen. Denn eine treusorgende Familienpolitik hieß für die NSDAP Rassenpolitik. Hieß: eine zuverlässige Keimzelle gesellschaftlicher Berechenbarkeit zu unterstützen – um sie zu kontrollieren. Wenn wir nicht Vorsatz unterstellen, hätten wir es im Fall Herman alternativ mit einer bizarren Ahnungslosigkeit zu tun. Beides wäre – der NDR hat schnell und gut reagiert – für eine Frau, die mal *Tagesschau*-Sprecherin war, ein Armutszeugnis mit der Note 1.« (55)

Stuttgarter Nachrichten: »Dass die Reduzierung der Frau auf Mutterschaft und das Hüten des Herdes kein Selbstzweck war, sondern seine feste strategische Funktion in einem auf Krieg und Vernichtung programmierten Unrechtssystem hatte, übersieht Herman. Dass hier keine Wertschätzung, sondern eine Instrumentalisierung, im Kern also Verachtung durchscheint, kommt Herman leider nicht in den Sinn. Das mag im besten Fall naiv, im schlimmsten Fall eine bewusste, für ihr neues Buch verkaufsfördernde Provokation sein. Einerlei. Wer so redet, kann von einem öffentlich-rechtlichen Sender keine Plattform mehr erwarten. Soll die Autorin, die als Schreiberin und Moderatorin karrierebewusster ist, als sie es ihren Leserinnen empfiehlt, nun die neue Freizeit im Dienste strikter Häuslichkeit nutzen.« (56)

Coburger Tageblatt: »Der NDR hat Eva Herman hinausgeworfen – und ist zu diesem radikalen Schnitt zu beglückwünschen. Die Journalistin, die ihr Handwerkszeug einst beim Bayerischen Rundfunk gelernt hat und als *Tagesschau*-Sprecherin eine Galionsfigur der unabhängigen deutschen Presse war, hat mit ihrem Schönreden der Mutterrolle im Dritten Reich den Bogen überspannt – gerade jetzt, wo es den Anschein hat, politische Positionen aus dem Repertoire der Nationalsozialisten seien einer zunehmend apolitisch werdenden Öffentlichkeit wieder vermittelbar. Ihre gestrigen Wertungen der Frauenemanzipation (*Das Eva-Prinzip*) mag man ja noch als skurril hinnehmen, das Lob für die menschenverachtende Mütterpolitik der Nazis ist mehr als ein Eigentor – die Rote Karte des NDR ist okay.« (57)

Allgemeine Zeitung: »Eva Hermans These, dass die Nazis ›Werte wie Familie, Kinder und das Mutterdasein‹ hochgehalten hätten, ist eine bodenlose Unverschämtheit, die einem den Atem verschlägt. Was meint die Dame? Etwa Mutterkreuz und Lebensborn? Den meisten Menschen dürften zur Familienfreundlichkeit der Nazis jüdische Familien einfallen, die auf den Rampen der Vernichtungslager mit Knüppeln auseinandergetrieben wurden. Dass der NDR nach dieser furchtbaren Entgleisung von Eva Herman die Notbremse gezogen hat, ist verständlich. Mehr noch: Es war ein Muss.« (58)

Südkurier: »Ginge es nach Eva Herman, stünden alle Frauen hinterm Herd und trügen stolz ein Mutterkreuz auf ihrer Säuglinge stillenden Brust. Das Lob für die Wertschätzung der Mutter während der NS-Zeit hat Eva Herman, Autorin des Buchs *Das Eva-Prinzip*, den Job gekostet. Nicht den in der Küche, sondern auf dem Bildschirm. Der NDR hat seine langjährige Moderatorin mit sofortiger Wirkung vom Dienst suspendiert. Über traditionelle Familienvorstellungen lässt sich diskutieren. Nicht aber über derart blödsinnige und verharmlosende Bemerkungen über die Rolle der Frau während der NS-Zeit. Dass der NDR die Äußerungen seiner einst beliebtesten Moderatorin nicht mehr duldet, war abzusehen. Denn bereits *Das Eva-Prinzip* hatte am Image des Senders, der sich gerne als liberal und gesellschaftspolitisch neutral darstellt, gekratzt. Herman kann ihren ›Mutterkreuzzug‹ fortsetzen. Aber ohne die Öffentlichkeit des Senders wird dieser mühevoller.« (59)

Welt online: »Warum tut Eva Herman das also? Aus schierer Dummheit? Oder aus berechnendem Populismus? Beides ist möglich. Plausibler erscheint, dass sie deswegen so redet, wie sie redet, weil ihre eigenen Thesen zur Rolle der Frau nun einmal in fataler Weise braunem Gedankengut nahestehen. Sie beruft sich auf die Bestimmung der Frau, die an der Seite des Mannes sei, zu Hause am Herd und bei den Kindern. Dass sie als berufstätige Mutter eines Sohnes, die inzwischen mit dem vierten Mann verheiratet ist, dieser Bestimmung selbst nicht folgt, sei nur am Rande bemerkt. Sie argumentiert biologistisch, was in diesem Fall sexistisch ist – und genau so argumentierten die Nationalsozialisten auch. ›Sexismus ist ein ebenso treuer Begleiter des Totalitären wie Antisemitismus und Ausländerfeindlichkeit‹, schrieb die Schriftstellerin Thea Dorn vor einem Jahr, als Eva Hermans letztes Buch (*Das Eva-Prinzip*) erschien. Detailliert hatte Thea Dorn herausgearbeitet, wie sehr Eva Hermans Thesen den Ideen Alfred Rosenbergs ähneln, des Chefideologen der Nazis.« (60)

Ganz genau! Frau Dorn hatte nicht nur detailliert herausgearbeitet, wie sehr sich diese Thesen ähneln, sie erweckte sogar in einem Einzelfall den Eindruck, sie stammten von mir und ist auch rechtskräftig dazu verurteilt worden, solches nie mehr zu tun! Aber wen störte das noch?

Die Ratten verlassen das sinkende Schiff

In den folgenden Tagen überschlagen sich wiederum die Ereignisse: Im Fernsehen erscheinen Bilder von der Pressekonferenz. Der umstrittene Satz, um den es die ganze Zeit geht, wird gezeigt, doch er ist nur ein Fragment. Der wichtige Halbsatz vornweg ist abgeschnitten worden. Dabei macht erst dieser nun fehlende Kontext deutlich, dass ich über Werte spreche, die zu allen Menschheitszeiten Bestand hatten und durch die Nazis und die 68er abgeschafft wurden. Fast alle Fernsehsender zeigen plötzlich die verkürzten Bilder, nur ich bekomme sie nicht. Wir haken nach bei RTL, bei Sat.1. Mein Verlag, mein Rechtsanwalt, mein Büro probieren alles. Keine Chance. Ich stehe allein auf weiter Flur und kann mich nicht verteidigen.

Das Heidelberger Familienbüro distanziert sich öffentlich von mir, indem es wissen lässt, »mein Bild von Mann und Frau sei mit ihrem nicht vereinbar«.

Einige Mitglieder des Familiennetzwerks Deutschland, mit dem ich eng zusammengearbeitet hatte, legen der Vorsitzenden Maria Steuer nahe, sich deutlich von mir zu distanzieren. Maria Steuer hält an mir fest und handelt sich erheblichen Ärger ein.

Die Vereinigung »Laut gegen Nazis«, für die ich mich engagiere, entledigt sich meiner Person kurzerhand mit einem öffentlichen Brief auf der Homepage, den sich jeder herunterladen kann. In Gutmenschen-Manier wird dem interessierten Leser mitgeteilt, wie sehr man nichts, aber auch gar nichts mehr mit mir zu tun haben wolle. Mein Anwalt übersendet ein Schreiben mit dem Hinweis auf das entsetzliche Missverständnis, und ich bekräftige darin meine klare Auffassung. Doch es nützt nichts. Der letzte Satz auf der Homepage »Laut gegen Nazis« ballert mir frontal in die Magengegend: »Ihr Verhalten ist im Zusammenhang mit unserer Kampagne verantwortungslos und kontraproduktiv, weil Sie neues rechtsextremes Gedankengut fördern und legitimieren.«

Die Grünen-Politikerin Krista Sager erklärt gegenüber dem *Hamburger Abendblatt*: »Ich habe den Eindruck, dass Frau Herman immer mehr ins Sektenmäßige abdriftet.« (61)

Die ehemalige SPD-Krippenministerin Renate Schmidt meldet sich noch einmal zu Wort: »Die Frauen zurück an den Herd, die Männer hinaus ins feindliche Leben, dieser Tenor schließt nahtlos an die Nazizeit an.« (62)

Friedrich Nowottny, ehemaliger WDR-Intendant: »Ich habe die Geduld des NDR mit dieser Dame immer bewundert, aber nie verstanden. [...] Frau Herman weiß nichts!« (63)

Die stellvertretende Hamburger FDP-Landesvorsitzende Sylvia Canel: »Mit Nazi-Romantik höhere Verkaufszahlen erzielen zu wollen darf in einer demokratischen Gesellschaft nicht zum Erfolg führen.« (64)

Und hier noch einige weitere Reaktionen:

Die Autorin des *Moppel-Ich*, Susanne Fröhlich, mit der ich gemeinsam zu Beginn meines beruflichen Werdegangs ein Rhetorik- und Moderationsseminar besucht hatte und die im Laufe der Jahre mehrmals in der Sendung *Herman und Tietjen* zu Gast war, um ihre Bücher zu vermarkten, findet jetzt: »Tja, sie war etwas schlicht im Denken, viel zu schlicht.« (65)

Der *Spiegel*-Autor Henryk M. Broder sagt dem Wiener *Standard*: »Frau Herman ist sehr blond und nicht sehr helle.« (66)

Der lustige Komödiant Oliver Pocher nennt mich jetzt nach Hitlers Schäferhund Blondie und kündigt mein nächstes Buch an: *Mein Kampf*!

Alice Schwarzer freut sich darüber, dass sie endlich geschafft hat, was sie mit allen Mitteln versucht hatte: »Wir freuen uns für die Kollegin, dass sie sich ihrer eigentlichen Berufung widmen kann. Statt eine zwischen Fernsehen und Büchern zerrissene Karrierefrau wird sie vermutlich bald ganz Hausfrau und Mutter sein können.« (67)

Es genügt derweil nicht, dass in allen Medien, vor allem in den People-Magazinen der kommerziellen wie auch der öffentlich-rechtlichen Sender, unverhohlen und offen die »dämliche Nazitusse Herman« beschimpft, beleidigt, erniedrigt, verlacht und verhöhnt wird. Alle möglichen Sternchen und Möchtegern-Promis spucken giftige Galle, vor allem Frauen. Auffällig dabei ist immer wieder jener Reflex, auf jeden Fall ganz deutlich herausstellen zu wollen, wie gut und sauber man selbst doch sei, wie weit man drüben, auf der anderen, richtigen Seite stehe, wo alle diejenigen sich befinden, die politisch blitzsauber und akkurat korrekt sind.

Ich schaue mir die selbstgerechten Mienen an, und mir fällt der berühmte Satz ein: »Denn sie wissen nicht, was sie tun.« Und dann sehe ich sie vor dem geistigen Auge plötzlich allesamt vor dem großen Schöpfer im Himmel, dereinst, wenn Gericht gehalten wird, wenn die Taten und die Werke, an denen wir Menschen einst erkannt werden sollen, in die Waagschale geworfen und wenn sie dann einzeln gefragt werden: »Kennst du das achte Gebot? Es lautet: Du sollst nicht falsch Zeugnis reden wider deinen Nächsten!« Sie wissen es anscheinend nicht besser, jetzt im Moment. Sie versuchen vielleicht auch, ihr bisschen öffentliche Haut in den erlaubten Bereich zu retten. Aber wie heißt es? Unwissenheit schützt vor Strafe nicht. Es beruhigt mich sehr, dass ich persönlich nichts weiter zu tun brauche als abzuwarten. Das Leben wird sie schon noch erziehen!

Dennoch, in manchen Augenblicken mutet die Situation wie ein tonnenschwerer Albtraum an, aus dem ich dringend erwachen und den ich meinen ärgsten Feinden niemals zumuten möchte. Und ich brauche viel Kraft und guten Willen, um das durchzustehen. Mehr als einmal gehen mir Namen von öffentlichen Personen durch den Kopf, die die Schmach der grausamen Medienberichterstattung nicht aushielten und sich mehr oder weniger freiwillig aus diesem Leben verabschiedeten.

Am 10. September kommt meine Mitarbeiterin zu mir und sagt: »Das ZDF hat dich ausgeladen. Gerade haben sie angerufen, die ZDF-Sendung *Johannes B. Kerner* wurde für dich gestrichen.« Derweil läuft diese Meldung schon über die Nachrichtenagenturen. ZDF-Sprecher Walter Kehr erläutert: »Wegen der aktuellen Diskussionen um ihre Äußerungen zur Familienpolitik der NS-Zeit haben wir gemeinsam mit der Redaktion von Johannes B. Kerner entschieden, auf die Teilnahme von Frau Herman zu verzichten.« (68)

Journalistische Sorgfalt?

Es gibt wenige Fürsprecher, darunter Beate Marcks von der *Berliner Zeitung*. In ihrem Artikel mit der Überschrift »Lasst Eva Herman in Ruhe« schreibt sie:

»[...] dabei behauptet kein ernst zu nehmender Mensch, dass Herman eine Nazisse sei. Nur das wäre doch ein Anlass, sie wirklich ins Gebet zu nehmen. Doch in Wirklichkeit geht es um anderes. Es spricht einiges dafür, dass man froh war, endlich einen Anlass zu haben, Herman loswerden zu können. Vor allem ihre familien- und frauenpolitischen Ansichten passen dem politischen Mainstream nicht. Beinahe wäre daran auch Christa Müller gescheitert, aber die ist durch ihren Ehemann, den die Linke unbedingt braucht, geschützt und hat im Saarland eine feste Basis. So läuft Politik. Gleichfalls naiv, wenn man auf der Forderung besteht, politische Auseinandersetzung doch auch mal sachlich zu führen.« (69)

Wären da nicht Leute wie diese Journalistin oder auch der Professor für Unternehmensethik Erik von Grawert-May – wer weiß, ob ich den Glauben an das Leben und die Nächstenliebe nicht endgültig verloren hätte. Der Wissenschaftler schreibt einen Artikel über die Herman-Affäre und bringt die Sache unter dem Titel »Inquisition 2007« auf den Punkt:

»Man wartete geradezu auf einen Fauxpas und glaubte, sie in flagranti ertappt zu haben. Es nützte ihr gar nichts, sich von Hitler zu distanzieren. Sie tat es mehrmals schriftlich wie auch mündlich. [...] Diejenigen, die sie jetzt verhöhnen und ihr einen Kurs in Geschichte empfehlen, haben nichts, aber auch gar nichts gelernt. Sie sind nur Verleumder mit gutem Gewissen. Um beim Mittelalter zu bleiben: Sie würden gute Femerichter abgeben. Und diejenigen, die jetzt nichts Eiligeres zu tun haben, als Hermans frühere Funktionen einzunehmen, werden hoffentlich bald in sich gehen und die Dreistigkeit ihres Verhaltens erkennen. Man traut seinen Augen nicht, wer alles dazugehört. Smarte Leute. Leute, die von anderen Bürgern gern Zivilcourage gegen Rechts einfordern. Wo ist ihre eigene? Zivilcourage besteht in unserem Kontext darin, sich dem Klima der Verdächtigung vernehmbar zu widersetzen. Wo es nicht mehr ausreicht, sich von Hitler und seinem grausamen Regime zu distanzieren, ohne gleich in Bausch und Bogen alles zu verdammen, was unter ihm geschah, wer schon wegen der kleinsten Abweichung von der politisch korrekten Linie der freien Ausübung seines Berufes nicht mehr sicher ist, da kann Freiheit nicht gedeihen. Schon gar nicht angesichts einer Säuberungsaktion, die Schlimmstes befürchten lässt. Die Sprecher jüdischer Verbände der Bundesrepublik können so etwas schon gar nicht wollen. Auch ihnen ist nicht verboten, sich kundig zu machen, bevor sie jemanden in Acht und Bann tun. Die Bücher der Autorin sind überall erhältlich. Es ist ausdrücklich erlaubt, ja, es wird dringend empfohlen, sie zu lesen, ehe man sein Urteil fällt!« (70)

Am liebsten würde ich meinen NDR-Vorgesetzten dieses Schreiben auf ihren öffentlich-rechtlichen Gebührenschreibtisch knallen und auch jedem anderen all jener Klugschwätzer, die sich hier wichtig taten mit der üblichen, reflexartigen, jedoch völlig überflüssigen Distanzierung von etwaigem Nazilob.

Wären nur einige Artikel in dieser Klarheit veröffentlicht worden, so hätte sich das Klima viel eher zu meinen Gunsten ändern können. Hätte der Norddeutsche Rundfunk, der nun einmal höchste journalistische Ansprüche stellt, das getan, was er als Allererstes dringend hätte tun müssen, nämlich sorgfältig zu recherchieren, so wäre diese Angelegenheit mit Sicherheit anders ausgegangen. Ich hatte es ihnen noch leicht gemacht, indem ich stets und ständig warnte: Es handelt sich um eine verkürzte und verfälschte Wiedergabe, es ist ein entsetzlicher Irrtum.

Überhaupt, der NDR, mein Heimatsender seit fast zwanzig Jahren, was tat er eigentlich noch alles, um mich zu diffamieren? Eine ganze Menge. Wenige Tage später wurde im NDR-Fernsehen das Satiremagazin *Extra 3* ausgestrahlt. Und man hatte weder Mühe noch öffentlich-rechtliche Kosten gescheut, um eigens für die Herman-Affäre einen Zeichentrickfilm anzufertigen, in dem die braune, selbstzufriedene Nazi-Eva als treusorgende Reichsmutter mit mehreren Kindern in der Küche gezeigt wird und auf fröhlich-naive Weise unsägliche NS-Parolen ausstößt. Die unendlichen Beleidigungen und Demütigungen erspare ich dem Leser, allein, weil ich keine Lust dazu habe, diese Frechheiten durch das Aufschreiben noch einmal erleben zu müssen.

Und dann gibt es da ja auch noch die absolut korrekte, also politisch korrekte Vorzeigesendung *Zapp* des Norddeutschen Fernsehens. Genau diese *Zapp*-Redaktion wird mir kurz darauf ebenso das Messer von hinten in die Rippen stoßen. Der Redaktionsleiter heißt Kuno Haberbusch, leitete viele Jahre lang die *Panorama*-Redaktion und genießt in der Journaille-Szene einen Ruf wie Donnerhall, weil er angeblich unbequem ist, sich nicht unterordnet oder etwa anpasst und immer hart am Wind recherchiert.

Das stimmt auch zuweilen. Bevor er seinen Redaktionsposten im Sommer 2009 an den Nagel hängte, diskreditierte er den festangestellten *Tagesthemen*-Moderator Tom Buhrow wegen dessen angeblich unakzeptabler Nebeneinkünfte. Das hatte natürlich großen Stil und machte mächtig Eindruck auf die Zuschauer und die übrigen Journalisten auf der Welt. Welch eine Unabhängigkeit offenbarte sich hier: Der eigene Sender demonstrierte in aller Öffentlichkeit seine unbegrenzte Souveränität, indem er gegen die eigenen Leute schoss und vorging! In Wirklichkeit jedoch handelte es sich dabei, wie immer, um Petitessen, die schnell verdaut waren, denn diese Neiddiskussionen gegenüber den »On-Kollegen«, also jenen Kollegen, die durch ihre Arbeit nicht nur journalistische Meriten ernten, sondern auf einem Kanal wie dem »Ersten« auch bundesweite Bildschirmpräsenz haben, hat es immer gegeben. Und so wird es auch bleiben, solange die Öffentlich-Rechtlichen noch existieren. Diese offenkundigen Missbilligungen haben noch niemals etwas Konkretes bewirkt wie etwa den Rauswurf eines prominenten Kollegen, wie sich das der eine oder andere Redakteur vielleicht insgeheim hin und wieder gewünscht haben mochte.

Kuno Haberbusch, mit dem ich früher schon so manchen Kaffee in der NDR-Kantine getrunken hatte, während wir uns über Seil- und Machenschaften innerhalb und außerhalb des bundesdeutschen Medienbetriebes austauschten, wird mich jedenfalls zwei Tage später anrufen und mir »anbieten«, in jenem *Zapp*-Magazin zu den bundesweiten Vorwürfen und zu meiner fristlosen Kündigung Stellung nehmen zu dürfen. Er würde dafür in den nächsten ein, zwei Stunden ein Kamerateam zu mir nach Hause schicken.

Dieser Vorschlag ist von vorne bis hinten eine solche Unverschämtheit, dass mir am Telefon zunächst die Luft wegbleibt. Denn erstens: *Zapp* hatte von Anfang an eine derartig verschwindend geringe Quote, dass sich viele NDR-Mitarbeiter regelmäßig hinter vorgehaltener Hand lustig machten unter dem Motto: »Viel Aufwand und Geld für wenig Erfolg«! Zweitens wird diese Sendung in dem eher ruhigen Regionalprogramm des Norddeutschen Rundfunks kurz vor Mitternacht ausgestrahlt, wenn rechtschaffene Leute längst schlafen, während es doch in meinem Fall um nicht weniger als eine vor der gesamten bundesdeutschen Presse veröffentlichte fristlose Kündigung der *Tagesschau* und des NDR geht. Und drittens gleicht dieser Vorschlag eher einem Überfall, denn ich hätte für eine Vorbereitung keine Zeit, könnte den Zusammenschnitt des Gesagten nicht mehr prüfen, denn am selben Abend sollte die Sendung bereits ausgestrahlt werden. Und viertens, und das bereitet mir wirklich die größten Sorgen, ist Kuno Haberbusch ganz plötzlich zu einem anderen Menschen geworden. Denn er hört mir gar nicht erst zu, als ich versuche, ihm zu erklären, dass es sich um einen grässlichen Irrtum handelt. Fast scheint es, als kenne er mich nicht mehr. Stoisch, fast mechanisch wiederholt er sein »Angebot«, ohne auf das von mir Gesagte überhaupt einzugehen, und all meine verzweifelten Erklärungsversuche in der Sache selbst perlen an ihm ab. Ich versuche, ihn persönlich anzusprechen, ihn zu erreichen, nenne ihn dabei mehrfach beim Vornamen, erinnere ihn ebenso an sein journalistisches Ethos, doch: Fehlanzeige. Ich bin fassungslos, denn das berührt zutiefst und empfindlich mein innerstes Ehrgefühl. Mein Mann und einer seiner besten Freunde, die bei diesem Telefongespräch beide anwesend sind, sehen mich entsetzt an. Kurzentschlossen lehne ich diese dreiste Offerte ab und beende das Telefonat. Später wird der Hausjurist des Norddeutschen Rundfunks behaupten, ich hätte mit diesem Angebot die einmalige Chance der öffentlichen Rechtfertigung erhalten.

In jener nächtlichen *Zapp*-Sendung werden dem Thema »Eva Herman und ihre Nazi-Äußerungen« mehrere Minuten gewidmet. Die Moderatorin Inka Schneider, die ich ganz gut kenne, ist nun offensichtlich ebenso gegen mich. In gedrechselten Worten macht sie mit wichtiger Miene den Zuschauern schnell deutlich, wie sehr man sich in mir getäuscht habe und wie erdrückend die Faktenlage gegen mich sei.

Ich sehe mir ihr Gesicht genauer an und frage mich, was in diesem Kopf eigentlich vorgeht. Versuche, mich in sie hineinzuversetzen, enden für mich in der Fragestellung, ob ich an ihrer Stelle möglicherweise ebenso gehandelt hätte. Wie wird sie sich fühlen, wenn dieser Irrtum einst deutlich wird und damit sie und all die anderen Hetzer auch bewusst schuldig werden?

Und dann folgt ein Interview mit jener Person, die mir diesen ganzen Mist letztlich eingebrockt hat, die mir zumindest den von den Feministinnen lang angedrohten Todesstoß versetzte, ob es nun, wie einige Leute Monate später behaupten, eine Auftragsarbeit war, die sie erledigte, oder auch nicht: Barbara Möller, die Frau vom *Hamburger Abendblatt*, die in eben jenem Blatte behauptete, ich hätte die Werte des Dritten Reiches gelobt. Durch ihre persönlichen Aussagen in der *Zapp*-Sendung wird jetzt schnell klar, dass sie selbst einen gestörten Bezug zur Nachkriegszeit zu haben scheint, in der sie sich angeblich ständig angehört haben musste, dass damals nicht alles schlecht gewesen sei. Nun sei ihr schließlich der Kragen geplatzt. Kritische Nachfragen gibt es nicht, man scheint froh darüber zu sein, dass alles nach Plan läuft und die Vorurteile umfänglich bestätigt werden.

Es ist vielleicht nur eine kleine Randnotiz, die zu dieser ganzen, übel riechenden Braunbrühe noch zu passen scheint, die mir meine »Gutmenschen-Kollegen« mit wachsender Beharrlichkeit und stetig schwellender Selbstgerechtigkeit über das Blondhaupt gießen: Kuno Haberbusch ist Erfinder und Mitbegründer des »Netzwerks Recherche«, eines renommierten Vereins, dem inzwischen mehrere hundert Journalisten des In- und Auslands angehören und der, wie es auf der Homepage heißt, »eine Lobby für den in Deutschland vernachlässigten investigativen Journalismus sein soll.«

Auf der Homepage von »Netzwerk Recherche« heißt es zudem: »Er vertritt die Interessen jener Kollegen, die oft gegen Widerstände in Verlagen und Sendern intensive Recherche durchsetzen wollen. Der Verein sieht sich in der Pflicht, wenn Funktionsträger den freien Fluss von Informationen behindern, wenn kein Geld für Recherchen zur Verfügung gestellt wird, wenn Kollegen für korrekte, kritische Arbeit angegriffen oder zum Teil sogar juristisch verfolgt werden.« (71)

Interessant ist dabei vielleicht ebenso, wer alles zu diesem »Netzwerk Recherche« gehört: Es sind dies nahezu alles Vertreter der deutschen Mainstream-Presse, die mich gerade regelrecht exekutiert haben. Diese Journalisten, die die Meinungs- und Pressefreiheit Deutschlands retten wollen, treffen sich regelmäßig zu gemeinsamen Veranstaltungen und zum Meinungsaustausch, ebenso verständigen sie sich auf dem kurzen Netzwerkweg untereinander, wenn mal wieder »etwas passiert« im Lande. Erstaunlicherweise gehören zu diesem festen, erlesenen Kreis ebenso die Gewerkschaften, wofür man die auch immer brauchen mag, wenn es um sachliche und objektive Recherche geht.

Derzeitiger erster Vorsitzender (Stand Februar 2010) ist ARD-Mitglied Thomas Leif vom SWR, zweiter Vorsitzender der Redaktionschef der *Süddeutschen Zeitung*, Hans Leyendecker, der mich in seinem täglich erscheinenden Bayernblatt noch mehrmals übel beleidigen wird. Im Vorstand sind darüber hinaus weitere Journalisten, die für den *Spiegel*, den WDR, den NDR und für das Institut für Medien- und Kommunikationspolitik in Berlin tätig sind. Darüber hinaus kooperieren zahlreiche Journalisten mit dem »Netzwerk Recherche«, die für *Focus*, *Die Zeit*, ZDF und ARD arbeiten und Verhaltensregeln sowie Kodizes für die Arbeit in den Medien erstellen und nahezu den Rest der bundesdeutschen Medien abdecken und erziehen möchten zu akkurater Arbeit.

Dazu gehört auch Dr. Manfred Redelfs, der zum Thema Quellenprüfung und Glaubwürdigkeit zum Beispiel folgende Lernziele veröffentlicht:

- Die Glaubwürdigkeit von Informationen lernen Sie anhand ihrer Herkunft einzuschätzen.
- Sie können von Sekundärquellen auf Primärquellen schließen.
- Sie können die Glaubwürdigkeit von Informanten durch »Testfragen« prüfen.

Hehre Vorsätze, die gut klingen und den Menschen im Lande das Gefühl vermitteln: Hier herrscht Ordnung! Hier gibt es Pressefreiheit! Unsere bundesdeutsche Berichterstattung ist sauber, zumindest dann, wenn sie von Leuten dieser großen, aufrechten Medienfamilie kommt, die ja selbst von sich behauptet, im Dienst der guten, aufklärerischen Sache zu stehen! Eine prima Angelegenheit also, dieses »Netzwerk Recherche«, dachte ich jedenfalls bisher immer.

Heute allerdings stellt sich mir die Frage, wer eigentlich wann wie entscheidet, ob ein Journalist bei seiner Arbeit behindert wird, was überhaupt eine Behinderung ist und welche Themen es sind, die ungehindert recherchiert und berichtet werden sollten. Und ob in jenem großen, journalistischen Netzwerkgeflecht die abweichende Einzelmeinung eines Journalisten überhaupt eine Chance hätte. Jedenfalls sind es unter anderem genau die Medien, für die jene Netzwerker arbeiten, die mich ohne eine Nachfrage, ohne überhaupt den Versuch einer Recherche zu machen, kaltblütig erledigen.

Wirre Zeiten und falsche Behauptungen

Vieles geschieht in den folgenden Tagen: Mein Anwalt und ich treffen uns nach mehrmaliger Aufforderung mit Vertretern des NDR zu einem Gespräch. Herr Schreiber, mein ehemaliger Talkshow-Chef und einziger NDR-Ansprechpartner der vergangenen Tage, fehlt. Er ist derjenige, der meine Bestätigung am Telefon gehört haben will, das Zitat in der *Bild am Sonntag* vom 9. September 2007 genauso getätigt zu haben. Ich hätte mit ihm sehr gerne ganz ruhig das Gespräch reproduziert.

Stattdessen geschieht das nahezu Unglaubliche: Obwohl ich – beraten und begleitet von einem Anwalt im Bewusstsein, worum es dabei geht – hier ein weiteres Mal richtigstelle, dass ich mich zu keinem Zeitpunkt derartig geäußert habe und dass ich Herrn Schreiber gegenüber mitnichten eine Bestätigung abgab, wird einige Tage später ein Schreiben vom NDR kommen, in dem es heißt, ich hätte allen bei dem Treffen Anwesenden noch einmal bestätigt, dass ich Thomas Schreiber gegenüber geäußert hätte, das Zitat sei von mir genau so autorisiert worden. Dies jagt selbst meinem erfahrenen und ziemlich belastbaren Medienrechtsanwalt einen Schauer des Grauens nach dem anderen über den Rücken. Und ich persönlich neige bereits phasenweise dazu, an meinem Verstand zu zweifeln.

So gemein, grausam und unsachlich übrigens die öffentliche Berichterstattung über mich auch ausfallen mag, es gibt einen immensen Trost, der mich schier überwältigt: Ich erhalte täglich Hunderte E-Mails von besorgten Zuschauern aus dem In- und Ausland, die mir Mut zusprechen wollen. Es sind insgesamt Zigtausende, die allermeisten beginnen ihr Schreiben mit ähnlichen Worten: »Nicht, dass Sie glauben, ich sei ein Nazi, doch was mit Ihnen derzeit geschieht, können wir nicht akzeptieren.« Es tut unendlich gut, von Menschen zu hören, die noch normal denken können. Manche sind sehr liebevoll, andere beten für meine Familie und mich. An dieser Stelle bedanke ich mich ausdrücklich und aus tiefem Herzen für Zehntausende Zuschriften, von denen ich leider nur einen sehr geringen Teil beantworten konnte.

Auszug aus den Schriftsätzen meiner Anwälte (V)

Von den Menschen außerhalb von Politik und Journalismus erhielt die Klägerin ganz überwiegend Zustimmung. Bis 31.12.2007 sind der Klägerin über 45 000 private Zuschriften zugegangen. Viele sympathisieren mit dem natürlichen Familienbild der Klägerin. Nahezu alle beanstanden, dass der Beklagte die Meinungsäußerungsfreiheit der Klägerin, statt sie zu schützen, grob verletzt habe.

Der Beklagte (NDR) erhielt und erhält massenhaft Proteste. Allen Protestierenden schickt der Beklagte die gleiche Standard-Antwort, unterschrieben von Thomas Schreiber, Leiter Programmbereich Fiktion und Unterhaltung: »Frau Herman hat seit Jahren jede Freiheit gehabt, ihre streitbaren Überzeugungen in der Öffentlichkeit zu vertreten, und wurde weiterhin von uns als Moderatorin beschäftigt. Es steht ihr auch zukünftig frei, ihre Überzeugungen zur Rolle der Frau in der Gesellschaft zu publizieren sowie sich dazu mit den von ihr für richtig gehaltenen Parallelen und Ableitungen öffentlich zu äußern. Mit ihrer Tätigkeit als NDR-Fernsehmoderatorin, mit ihrer Rolle als Gastgeberin, mit dem Ansehen und Selbstverständnis des NDR sowie seinem gesetzlichen Programmauftrag sind ihre Äußerungen aber nicht länger zu vereinbaren.«

Bei einigen Schreiben, zumindest bis zum 19.09.2007, folgte noch der Schlusssatz: »Ich danke Ihnen für Ihr Verständnis für unsere Entscheidung und kann versprechen, dass wir mit einer attraktiven neuen Talksendung an den Start gehen werden, in guter NDR-Tradition überraschend, informativ und frech – aber ohne Grenzverletzungen.«

> Diese Antwort lässt u. a. offen, nach welchem rechtlichen oder politischen Maßstab der Beklagte verfährt, um Meinungen als »vereinbar« bzw. als »unvereinbar« einzustufen. Der »gesetzliche Programmauftrag«, auf den er sich beruft, ist definiert in § 3 des Rundfunkstaatsvertrags. Dort heißt es:
> § 3 Allgemeine Programmgrundsätze
> Die in der Arbeitsgemeinschaft der öffentlich-rechtlichen Rundfunkanstalten der Bundesrepublik Deutschland (ARD) zusammengeschlossenen Landesrundfunkanstalten [...] sollen dazu beitragen, die »Achtung vor Leben« [...] »vor Glauben und Meinung anderer zu stärken«.

Die Hölle vor dem Haus

Unser Haus ist umstellt. Überall stehen, hocken, liegen oder kauern Fotografen und Kameraleute. Der nächste Schock. Sie machen nicht vor den Kindern Halt, sie verfolgen sie, um sie zu fotografieren. Stundenlang lauern die Paparazzi hinter Hecken, parkenden Autos, übernachten in ihren eigenen Fahrzeugen, sind immer wach, zum Sprung bereit. Meine Güte! Was ist aus dieser einst so anspruchsvollen Berufsgattung geworden? Es ist so peinlich! Sie erniedrigen sich selbst, es sind wirklich arme Schweine!

Mein Sohn und seine Freunde bekommen alles mit. Am Anfang ist es ein lustiges Spiel für sie. Die Kleinen holen ihre Spielzeugknarren aus rotem und schwarzem Plastik aus dem Kinderzimmer und legen sich ihrerseits auf die Lauer. Peng! Peng!

Mein Schwiegervater ist genervt. Er führt unsere Hunde morgens und abends aus und stolpert praktisch ständig über irgendwelche getarnten Fotografen. Aus dem nahe gelegenen Park bringt er schließlich einen dicken Knüppel mit und droht dem Kamerapöbel.

An einem Tag kommt der Kleine mit seinen Kumpels aufgeregt angerannt, klingelt Sturm und schreit: »Mami, Hilfe, jetzt kommen sie sogar zu unserer Haustür, schnell, lass uns rein, sie kommen!« Er schreit gellend. In letzter Sekunde öffne ich, zerre die aufgelösten

Kinder rein und knalle einem widerlich aussehenden Typen, dessen Kamera bereits läuft, die schwere Türe vor der Nase zu.

Jetzt reicht es meinem Schwiegervater. Er kommt vom Lande und verfügt über eine klare Sprache. Kurzerhand schiebt er die schwer atmenden Kinder zur Seite und geht mit festem Schritt auf den Eingang zu. Dort nimmt er seinen dicken Knüppel, öffnet die Tür, klopft mit einem heftigen Schlag auf die Erde und sagt laut und drohend: »Ich zähle bis drei! Und dann gibt's was aufs Maul!« Mit einem jähen Ruck dreht sich der Kameramann um und gibt unter dem lauten Gejohle der Kinder Fersengeld.

Ehrlich gesagt ist dies die einzige einigermaßen lustige Geschichte in diesem Zusammenhang. Ich habe mich daheim verbarrikadiert und verlasse nicht mehr das Haus. Der Gedanke, dass ich da draußen vertrauten, bekannten oder auch unbekannten Menschen begegnen könnte, die tatsächlich glaubten, dass ich das Dritte Reich gelobt haben könnte, ist mir unerträglich. Ein einziges Mal versuche ich es und gehe in den nahe gelegenen Wald mit den uralten, herrlichen Bäumen. Als mir auf der Lichtung zwei Personen entgegenkommen, läuft mir innerhalb weniger Sekunden der Angstschweiß das Gesicht runter. Damit beschließe ich, fürs Erste daheim zu bleiben!

Endlich – die Wahrheit kommt ans Licht

Tagelang bin ich damit beschäftigt, den Originalmitschnitt der Pressekonferenz zu besorgen. Doch niemand gibt ihn raus. Keiner hilft. Ich bin ratlos, denn eins ist sicher: Nur mit dem echten Text, dem ganzen, im Zusammenhang erkennbaren Satz, kann ich juristisch weiterkommen. Fakt ist, dass ich unbedingt und dringend diesen Text beschaffen muss, den alle anderen zu haben scheinen – außer mir. Inzwischen telefoniere ich fast stündlich mit meinem Anwalt, der sich, ebenso wie der Verlag, nach allen Kräften darum bemüht.

Als ich nach zwei Wochen schon fast aufgeben will, kommt mir Kommissar Zufall rettend zu Hilfe. Bekannte aus dem Ausland rufen mich an und berichten, dass irgendein Journalist besagten Satz ins Internet gestellt hätte. Sie schicken mir den entsprechenden Link, und mir schwinden vor Glück fast die Sinne: Sowohl im Originalton, den er als MP3-Datei veröffentlichte, als auch in schriftlicher Form habe ich den Text jetzt vor mir. Auch wenn mir bewusst ist, dass mir eine Riesenmenge Arbeit bevorsteht, die wohl Jahre in Anspruch nehmen wird, bin ich jetzt wieder zuversichtlich. Denn eines müsste klar sein: Auch wenn nahezu die gesamte Journaille sich derzeit gegen mich verschworen hatte, so müssten die Gerichte doch immer noch Recht sprechen. Und nun besaß ich den Gegenbeweis.

Aus meinen Worten, die ich jetzt abhöre, geht genau das hervor, was ich eigentlich ohnehin schon wusste, aber bislang nicht beweisen konnte: Meine Aussagen waren verkürzt dargestellt und sogar im gekürzten Satz noch verfälscht worden.

Wieder verfasse ich eine Pressemitteilung, erneut investiere ich eine beträchtliche Summe für einen großen Verteiler in der naiven Annahme, dass wenigstens der eine oder andere Journalist innehalten, prüfen und einen Gegenbericht verfassen würde. Anscheinend hatte ich die sozialpsychologischen Defekte der Spezies Mensch übersehen, die eine selbstkritische Analyse offenkundig nur in ganz seltenen Ausnahmefällen zuließen. Fakt ist: Nichts passierte! Keine Berichterstattung über die Wahrheit. Und wieder ein paar Hunderter versenkt!

Zunächst bin ich fassungslos. Zu jenem Zeitpunkt ahne ich auch nicht, dass diese üble, verleumderische Geschichte noch längst nicht beendet sein sollte. Sie gefiel den Verantwortlichen einfach zu gut!

Ich muss weitere Beweise sammeln und sie wissenschaftlich absichern lassen! Denn so viel ist mir inzwischen klar geworden: Auf dieser Ebene komme ich mit der Meute da draußen nicht mehr weiter. Wenn jedoch ein anerkannter Experte sein gebildetes Haupt darüberbeugen und eine Expertise vorlegen würde, dann hätte ich eine Chance.

Einer meiner Rechtsanwälte stellt den Kontakt zu einem renommierten Sprachwissenschaftler her. Dieser erhält eilig das Text- sowie das MP3-Dokument, und nach wenigen Tagen übersendet er uns bereits eine umfangreiche Analyse des von mir Gesagten. Er hat sowohl eine ausführliche schriftliche Untersuchung ausgefertigt als auch eine Powerpoint-Präsentation erstellt über diesen einen, einzigen, langen, angeblichen »Skandalsatz«!

Obwohl bei der besagten Pressekonferenz von 30 Anwesenden 29 kein angebliches Nazilob vernommen und am folgenden Tag sachlich berichteten (was sich erst durch die Veröffentlichung des *Hamburger*

Abendblattes schlagartig änderte), bin ich dennoch sehr gespannt darauf, wie die Untersuchung des Sprachexperten ausfallen wird.

Mehrere Felsbrocken fallen mir von der Seele, als er mir am Telefon erläutert, dass man aus meinen Äußerungen keinerlei Tendenz in die rechte Ecke erkennen könne, sondern vielmehr das genaue Gegenteil der Fall sei. Und er fügt an: »Frau Herman, dieser Satz besitzt einige Einschübe, die nicht unkompliziert sind. Aber bei allem Ärger ist es doch mehr als erstaunlich, dass dieser komplette Satz grammatikalisch zu hundert Prozent richtig, also in Ordnung, ist. Merken Sie sich das, bei allen Angriffen, die noch kommen werden.« Schmunzelnd fügt er hinzu: »Wenn Ihnen noch einmal jemand unterstellen will, dass die Aussage wirr oder krude formuliert sei, dann können Sie davon ausgehen, dass dieser Jemand der deutschen Sprache mit Sicherheit nicht wirklich mächtig ist!«

Wow! Das hatte ich nicht erwartet. Die wahre Meisterleistung einer Blondine! Leider interessiert das niemanden wirklich.

Jetzt weiß ich jedoch, was ich zu tun habe. Ich veröffentliche diese wichtige, wissenschaftliche Arbeit auf meiner Homepage und schicke den Link an zahlreiche Medien. Auch wenn ich nun schon vorher weiß, dass sie darüber sowieso nicht berichten werden, so sollen sie doch zumindest erfahren, wie falsch sie liegen und was sie mit ihrer unfairen und menschenverachtenden Berichterstattung angerichtet haben.

Hier der Wortlaut der Arbeit, erschienen auf meiner Website *Eva-Herman.de*:

> Lieber Hompage-Besucher,
> seit mehr als zwei Wochen wird mir öffentlich vorgeworfen, ich hätte mich über die Familienpolitik im Dritten Reich lobend geäußert. **Dies ist erweislich falsch!**
>
> Download: Kurz-Analyse des Originalzitats und der Fälschung:
> Hier erfahren Sie, was genau an welcher Stelle verfälscht wurde.
> *(MS-PowerPoint-Datei: Bitte klicken Sie sich durch. Vielen Dank.)*

Ausführliche Analyse der Fälschung: Hier erfahren Sie detailliert, was verfälscht wurde und was ich tatsächlich gesagt habe. Daraus erkennen Sie, dass ich vielmehr gesagt habe, dass wir das Bild der Mutter wieder wertschätzen lernen müssen, das ja leider mit dem Nationalsozialismus und der 68er-Bewegung abgeschafft wurde (**Download: Originalzitat als mp3 / Download: Originalzitat als pdf / Analyse der Fälschung**).

Ich habe mich also nie »lobend« über die Familienpolitik des Dritten Reiches geäußert, sondern ganz im Gegenteil, ich verabscheue rechtsradikales Gedankengut und habe das auch bei jeder Gelegenheit deutlich gemacht.

Obwohl mein Verleger und auch ich mehrfach auf die falsche Darstellung (**Analyse der Fälschung**) hingewiesen hatten, wurden diese falschen Aussagen bundesweit und über die Grenzen hinaus veröffentlicht.

In den Tagen nach dem 7. September 2007 erschienen in fast allen deutschen und vielen ausländischen Medien Berichte, ich hätte auf der Pressekonferenz am 6. September in Berlin die Familienpolitik des Nationalsozialismus gelobt. Aus dem Mitschnitt der Pressekonferenz (**Download: Originalzitat als mp3 / Download: Originalzitat als pdf / Analyse der Fälschung**) geht indes das Gegenteil hervor.

Diese falsche Sachverhaltsdarstellung (**Analyse der Fälschung**) erfolgte zum Teil offenbar wider besseres Wissen durch sinnentstellende Beschneidung meiner vollständigen Aussagen, deren Sinn dann im Zusammenhang mit einer tendenziösen Bewertung ins Gegenteil verkehrt wurde. Bedauerlicherweise sind entsprechende Meldungen dann auch von einigen Medien der sogenannten seriösen Tagespresse ungeprüft übernommen und weiterverbreitet worden.

An dieser Stelle ist jedoch auch folgender Hinweis geboten: Es erfüllt mich mit Dankbarkeit, dass sehr viele Zuschriften schon vor der Veröffentlichung der vollständigen Sachlage den tatsächlichen Hintergrund durchschauten. So gehören meine Familie, meine engsten Freunde und mein Verleger dazu, die immer zu mir hielten.

Analyse der Fälschung

Download: Kurz-Analyse des Originalzitats und der Fälschung
(MS-PowerPoint-Datei: Bitte klicken Sie sich durch. Vielen Dank.)

Originalzitat Eva Herman auf der PK vom 6.9.2007
Die Erklärung des Originalzitats – dies war mit den Worten auf der PK vom 6.9.2007 gemeint

Originalzitat Eva Herman:
»Wir müssen den Familien Entlastung und nicht Belastung zumuten und müssen auch 'ne Gerechtigkeit schaffen zwischen kinderlosen und kinderreichen Familien. Und wir müssen vor allem das Bild der Mutter in Deutschland auch wieder wertschätzen lernen, das leider ja mit dem Nationalsozialismus und der darauffolgenden 68er-Bewegung abgeschafft wurde. Mit den 68ern wurde damals praktisch alles das, alles, was wir an Werten hatten – es war 'ne grausame Zeit, das war ein völlig durchgeknallter, hochgefährlicher Politiker, der das deutsche Volk ins Verderben geführt hat, das wissen wir alle –, aber es ist damals eben auch das, was gut war, und das sind Werte, das sind Kinder, das sind Mütter, das sind Familien, das ist Zusammenhalt – das wurde abgeschafft. Es durfte nichts mehr stehen bleiben ...«

Betrachten wir nur den einen Satz:
»Mit den 68ern wurde damals praktisch alles das, alles, was wir an Werten hatten – es war 'ne grausame Zeit, das war ein völlig durchgeknallter, hochgefährlicher Politiker, der das deutsche Volk ins Verderben geführt hat, das wissen wir alle – aber es ist damals eben auch das, was gut war, und das sind Werte, das sind Kinder, das sind Mütter, das sind Familien, das ist Zusammenhalt – das wurde abgeschafft.«

Dann sehen wir: Der Rumpfsatz ohne Einschub lautet:
»Mit den 68ern wurde damals praktisch alles das, alles, was wir an

Werten hatten (abgeschafft), es ist damals eben auch das, was gut war, und das sind Werte, das sind Kinder, das sind Mütter, das sind Familien, das ist Zusammenhalt (abgeschafft worden).«

Ich habe in Klammern die Worte »abgeschafft« und »abgeschafft worden« ergänzt, weil die Teilsätze Anakoluthe, d. h. Satzbrüche, also unvollständige Sätze mit Änderung der Konstruktion sind, wie sie in der gesprochenen Rede oft verwendet werden. Es ist auch klar, dass die zwei Worte »damals« die Zeit der 68er meinen. Die Aussage ist, dass damals alles das, was wir, also die Menschen, an Werten hatten, also das, was gut war, abgeschafft wurde. Wir hatten diese Werte, also das, was gut war, vor den 68ern, d. h. vor dem Dritten Reich, während des Dritten Reiches und nach dem Dritten Reich. Das, was gut war, hat also mit der Politik des Dritten Reiches nicht das Geringste zu tun. Natürlich wurde von den 68ern auch der Nationalsozialismus verurteilt. Deshalb in Parenthese der Einschub:

»— es war 'ne grausame Zeit, das war ein völlig durchgeknallter, hochgefährlicher Politiker, der das deutsche Volk ins Verderben geführt hat, das wissen wir alle —«

Das heißt also: Diese Verurteilung ist richtig, aber es blieben dabei auch Werte auf der Strecke, die die Menschen schon vorher besaßen, völlig unabhängig von den Nationalsozialisten.

In den Medien wurde der obige Satz verstümmelt, indem der Satzanfang: »Mit den 68ern wurde damals praktisch alles das, alles, was wir an Werten hatten« weggelassen wurde. Dadurch wurde die Parenthese zum Hauptsatz und »das, was gut war« und das Wort »damals« bezogen sich plötzlich auf die Zeit des Dritten Reiches. Dies ist eine bewusste Verfälschung und Umkehrung des Sinns, die durch die Verstümmelung des Originalsatzes entstand, die die Medien zu verantworten haben. Bewusst deshalb, weil keinerlei Notwendigkeit bestand, den Satzanfang wegzulassen, außer wenn man die Bedeutung des Originalsatzes verfälschen will.

Dass die Fälschung plump ist, sieht man daran, dass meine vorherige Aussage, dass »das Bild der Mutter ... leider ja mit dem Nationalsozialismus ... abgeschafft wurde«, im Gegensatz zu der Fälschung steht, die mir ein Lob der Familienpolitik des Nationalsozialismus unterschieben will. Aber das ist nicht möglich.

Mein Original zeigt ganz klar, dass ich von den Werten sprach, die wir – also die Menschen – schon vor dem Dritten Reich, während des Dritten Reiches und nach dem Dritten Reich hatten und die mit den 68ern abgeschafft wurden. Ich sprach nicht von den Werten der nationalsozialistischen Politik. Im Gegenteil: Mein Einschub über die Zeit des Dritten Reiches besagt ja, dass es richtig war, dass diese durch die 68er verurteilt wurden. Und auch vorher schon habe ich gesagt, dass das Bild der Mutter mit dem Nationalsozialismus abgeschafft wurde. Man kann also meinen Satz nicht falsch verstehen. Nur die Verstümmelung meines Satzes brachte die falsche Bedeutung, weil man dann »das, was gut war« auf den Nationalsozialismus beziehen musste.

Es wird noch zu untersuchen sein, wie ein solcher Skandal in einer Demokratie möglich war und wie es sein konnte, dass fast alle Medien unisono diese Fälschung veröffentlichten. Die Zeitung »Bild« veröffentlichte das gefälschte Zitat unter dem Titel »Das Skandal-Zitat«. Offensichtlich hatte sie recht.

Um es noch einmal klar zu sagen: Wer behauptet, dass ich mich positiv über die Familienpolitik des Nationalsozialismus geäußert habe, lügt.

Die Erklärung des Originalzitats – dies war mit den Worten auf der PK vom 6.9.2007 gemeint:
Mit den 68ern wurde damals praktisch alles das, was wir an Werten hatten, abgeschafft. Die 68er entrümpelten zu Recht die Werte, die ein völlig durchgeknallter, hochgefährlicher Politiker pervertiert hatte. Aber es ist damals eben auch das abgeschafft worden, was gut war. Und das sind Werte, die im Geist der

> Aufklärung gewachsen sind und die die Basis für ein gutes Miteinander innerhalb einer Gesellschaft bilden. Und zu diesen Werten gehören auch Kinder, das sind Mütter, das sind Familien, das ist Zusammenhalt. Das alles wurde abgeschafft. (72)

Die Gefahr selektiver Wahrnehmung

Es geht mir jetzt entschieden besser, wenngleich diese Veröffentlichung mehr oder weniger im Nichts zu verhallen scheint. Beleidigungen und Häme bleiben in den Medien an der Tagesordnung. Hingegen nimmt die Anteilnahme der Menschen im Lande zu. Viele sind inzwischen verärgert über die Verzerrungen und Diffamierungen, die Ersten haben die Medienanalyse auf meiner Homepage bereits entdeckt und sind blank entsetzt. Sie machen ihrem Ärger im Gästebuch meiner Homepage Luft.

Der Chefredakteur der *BamS*, die an meinem Schicksal übrigens ebenso mitschuldig geworden ist, wird sich angesichts des inzwischen aufgetauchten Originalzitates mit meinem Rechtsanwalt darauf einigen, dass er eine Art Gegenbericht, eine Rehabilitation, in gleicher Größe im Innenteil der Zeitung veröffentlichen wird, wo klargestellt werden soll, dass ich nun doch kein Nazilob von mir gegeben hätte. Er scheint mir einer der wenigen Medienleute zu sein, bei dem sich so etwas wie ein schlechtes Gewissen bemerkbar gemacht hatte. Ich willige in den Handel ein, weil mir dies als ein geeigneter Weg erscheint, das Unrecht so schnell wie möglich publik zu machen.

Dieser »Wiedergutmachungsartikel« erscheint am Sonntag, den 23. September 2007: Auf der Titelseite ist über dem Knick – neben dem Zeitungslogo – die Überschrift zu lesen: »Eva Herman – So kämpft sie um ihren Job«. Darunter wird in etwas kleinerer Schrift gefragt: »Wird die Moderatorin sogar gegen den NDR vor Gericht ziehen?« Im Innenteil liest man auf Seite 22 oben: »Eva Herman: Ich habe nicht das gesagt, was man mir vorwirft«. Etwas kleiner darunter, neben dem Konterfei meines ehemaligen NDR-Programmdirektors:

»Mutterkreuzzug? Die Moderatorin sieht sich verleumdet und will notfalls ihre Rechte vor Gericht verteidigen«.

Das Originalzitat wird zum ersten Mal in voller Länge in einem öffentlichen Medium abgedruckt, mit einer kurzen Stellungnahme von mir. Der Medienexperte Jo Groebel soll schließlich den »Fall Herman« aus Fachsicht deuten: »Die Medien sind dazu da, dass sie wichtige Informationen von unwichtigen trennen und den Leser umfassend informieren, ohne ihn zu überlasten. Dadurch wird nicht alles, was auf einer Pressekonferenz gesagt wird, auch aufgeschrieben oder gesendet. Die Konsequenz für sie, dass ein Satz, den sie für zentral hält, in allen Medien nicht zitiert wird, trifft sie – und das sehen offenbar viele mit ihr so – im Nachhinein sehr hart. Sie hätte als Profi um die Gefahr selektiver Wahrnehmung wissen müssen, der Sender hätte im Zusammenhang mit einer Kündigung auch ›entlastende‹ Argumente ernst nehmen müssen.«

Gut gemeinte Worte, doch kaum jemand schien davon noch Notiz zu nehmen.

Ein anderer *Bild*-Redakteur, dem ich übrigens ebenso das Originalzitat samt Sprachanalyse zugeschickt hatte, sagt mir später am Telefon: »Wir haben jetzt gemeinsam in der Redaktion zum ersten Mal die Originalzitate gehört und gelesen. Und man kann sagen, Ihnen ist schweres Unrecht geschehen.«

Ich glaube, mich verhört zu haben, und bitte ihn, den Satz noch einmal zu wiederholen, weil ich das Telefon lautstellen möchte, damit meine Assistentin mithören kann. Denn anderenfalls könnte ich morgen glauben, dass ich das alles nur geträumt hätte. Er willigt ein, ich stelle laut, und auch meine Assistentin macht große Augen, denn er wiederholt: »Wir haben jetzt gemeinsam in der Redaktion zum ersten Mal die Originalzitate gehört und gelesen. Und man kann sagen, Ihnen ist schweres Unrecht geschehen.«

Kapitel 4

DIE ESKALATION: JOHANNES B. KERNER WIRFT MICH AUS DER SENDUNG

Persona non grata!

Wie sagte Mama immer: Der Mensch kann sich an alles gewöhnen, er braucht nur Zeit! Üblicherweise hat meine Mutter immer recht, in diesem Fall allerdings gibt es zwei Weisheiten. Erstens: Ich habe mich tatsächlich allmählich an den Zustand gewöhnt, eine Geächtete zu sein, jedenfalls, was die Öffentlichkeit angeht. Zweitens: Ich werde mich niemals daran gewöhnen, als Nazi abgestempelt zu sein.

Dieser innere Zwiespalt setzt Kräfte frei, die ich bisher nicht kannte. Ich notiere alle Ereignisse, lege Archive mit den öffentlichen Berichterstattungen der vergangenen Wochen an und verbringe einen beträchtlichen Teil meiner Zeit in diversen Hamburger Anwaltskanzleien. Mein fester Vorsatz lautet: Ich werde Licht ins Dunkel bringen und so lange kämpfen, bis die Wahrheit auch in der Öffentlichkeit bekannt ist. Ich bin zutiefst davon überzeugt, dass mir das auch gelingen wird, denn ich bin es nicht nur mir, sondern auch meiner Familie schuldig: meinem Mann, meinem kleinen Sohn, meinen Eltern und meiner Schwester nebst Familie. Ich bin es meinen wenigen Freunden schuldig, die noch übrig geblieben sind und die mir vertrauen. Vor allem jedoch stehe ich auch in der Pflicht von Tausenden und Abertausenden von Menschen da draußen, die an mich glauben, die mich begleiten, die für mich beten, die mir Mut zusprechen.

Während die Medienkollegen bereits ungehindert neue Säue durchs bundesdeutsche Land jagen und viele den Fall »Eva Herman« vielleicht schon vergessen haben, geht für mich indes ein anderes, ein völlig neues Leben weiter. Nahezu alle Veranstaltungen, für die ich künftig noch gebucht worden war, wurden ersatzlos abgesagt. Lesungen, Vorträge, Firmenmoderationen, TV-Auftritte: »Leider müssen wir Ihnen mitteilen, dass unser Veranstalter sich angesichts der öffentlichen Berichterstattung über Sie nicht mehr in der Lage sieht, den mit Ihnen geschlossenen Vertrag noch zu erfüllen ...«

Von einer Bank kommt ein Schreiben, dass das Konto fristlos und ohne Ansage gekündigt worden ist, weil ich den Kontokorrentkredit, der jahrelang 10 000 Euro betrug, um 250 Euro überzogen hatte. Neben der gesellschaftlichen Ausgrenzung beginnt man, mir die wirtschaftliche Existenzgrundlage unter den Füßen wegzuziehen.

Ausgestoßen! Unerwünscht! Persona non grata! Der mediale Aufschrei, die unsägliche Hetzjagd waren schon schlimm genug, die kollektive, dabei pauschale Ausgrenzung durch die öffentliche Herde tat richtig weh! Gleichwohl bekommen die Verletzungen jetzt eine ganz neue Qualität: Die sehr persönlichen Stellungnahmen Einzelner, die mit mir nun nichts mehr zu tun haben wollen, die mir absagen oder mich irgendwo rauskicken, fallen recht unterschiedlich aus. So sind manche Leute richtig frech und überheblich, machen deutlich, dass ich für sie gestorben bin. Sie beleidigen und demütigen mich, werden zum Teil unflätig, ausfallend. Zumeist handelt es sich bei dieser Spezies übrigens um Leute, die mir vor dem Eklat buchstäblich in den Hintern gekrochen sind.

Anderen ist es unangenehm, überhaupt noch mit mir zu tun haben zu müssen. Möglicherweise grübeln sie auch darüber nach, wie ausgerechnet ihnen eine solch dumme Fehleinschätzung passieren konnte. Zumal viele Medien ja darüber berichten, dass meine »braune Gesinnung« schon länger erkennbar gewesen sei.

Meine Mutter ist zu Besuch gekommen. Sie wird einige Tage bleiben. Sie will mir beistehen, mich stützen, mir Mut zusprechen. Mama ist eine unglaublich starke Frau, die in ihrem Leben eine Menge Probleme bewältigen musste. Von vieren ihrer Kinder leben heute noch zwei. Ihren ersten Mann, unseren Vater, verlor sie, als wir noch klein waren, er starb ganz überraschend. Von ihren eindrücklichen, schwersten Kriegs- und Nachkriegserlebnissen und Traumata berichte ich an dieser Stelle nicht weiter. Nur so viel: In ihren schwierigen Lebenssituationen stand meine Mutter meist alleine da. Das will sie mir jetzt nicht zumuten.

Ich bin dankbar und freue mich über ihre liebe Gesellschaft. Da ich jetzt viel Zeit zu Hause verbringe, was in den Medien höhnisch kommentiert wird mit dem Hinweis, dass ich jetzt ja täglich einen Apfelkuchen backen könnte, versuchen wir uns die Tage so gemütlich wie möglich zu machen. Wir zünden Kerzen an, ich backe Apfelkuchen, wir trinken Tee und sprechen viel über die Ursache des Skandals, über meine Thesen. Ich berichte Mama darüber, dass die wissenschaftliche Disziplin der sogenannten Bindungsforschung bereits seit den 1950er-Jahren existierte, und dass große Forscher wie John Bowlby oder René Spitz schon in dieser Zeit Entdeckungen gemacht hatten, die heutzutage in der Psychologie und in der Psychoanalyse längst zum ABC einer jeden Grundausbildung gehörten:

Die wichtigste Zeit des Menschen zur Erlangung seiner sozialen Kompetenzen, zu denen Liebe, Rücksichtnahme und Verantwortung anderen gegenüber gehören, sind seine ersten drei Lebensjahre. Diese werden als sogenannte »prägende Jahre« bezeichnet, denn alles, was der Mensch hier erfährt, erhält und lernt, wird sein gesamtes Verhalten bis ans Lebensende beeinflussen und prägen. Wenn die natürlichen, normalen Bedürfnisse des kleinen Kindes nach Zuwendung und Liebe durch die Mutter erfüllt werden, wenn dem Baby auf diese Weise das Gefühl vermittelt wird: Mama gibt dir genügend Zeit, Körperkontakt, Streicheln, Tragen, Kuscheln, Liebkosen, sie stillt dich, dann lernt das Kind: Deine Bedürfnisse werden erfüllt, also sind diese auch richtig, also bist du richtig! Auf diese Weise bekommt das Kind alle wichtigen Fundamente mit auf den Lebensweg, um Selbstbewusstsein und Urvertrauen zu erwerben und selber später auch genügend Liebe und Hilfsbereitschaft an andere Menschen abgeben zu können.

Doch wenn dies nicht geschieht, wenn das Kind von der in Wirklichkeit wichtigsten Überlebensbasis mit all seinen ersehnten Komponenten, von seiner Mutter, getrennt wird, wenn es diese Isolierungen häufig, täglich, erleben und beweinen muss, so sind es Trostlosigkeit, Schmerz und vernichtende Hoffnungslosigkeit, die sich in der Kinderseele einnisten und dort dauerhaft manifestieren. Selbst wenn dieses Kind eines Tages verstummen und sich damit abgefunden haben mag, bedeutet dies in Wirklichkeit jedoch allerhöchste Gefahr für seinen Seelenzustand. Denn es sucht sich unbewusst gegen die tief erlebte Ablehnung zu schützen, das Ergebnis ist Resignation! Die Lebensbotschaft dieser Menschen lautet von Beginn an: Deine Bedürfnisse scheinen nicht richtig zu sein, denn niemand erfüllt sie. Also bist du nicht richtig! – Eine verheerende Information, die es dem Menschen schwer macht, Verbindungen zu anderen Menschen aufrechtzuerhalten und Freude und Glück zu empfinden. Die ständig weiter ansteigende Scheidungs- und Trennungsrate im Lande, doch auch die Volksseuche Depression, inzwischen Krankheit Nummer eins, sowie Essstörungen, Alkohol- und Drogensucht, Borderlinesyndrome und die Bereitschaft zu Kriminalität und Gewalt werden als unmittelbare Folgen der Bindungslosigkeit genannt.

Wer ein Land mit 750 000 Krippenplätzen überzieht, trägt somit erheblich dazu bei, dass die Mentalität einer ganzen Gesellschaft damit nachhaltig verändert wird. Denn diejenigen Menschen, die unter einer mehr oder minder ausgeprägten Bindungslosigkeit leiden, werden diese fatalerweise leider ebenso auf ihre eigenen Kinder übertragen und diese ohne größere Bedenken fremdbetreuen lassen. Nur die eigene Bewusstmachung des einst selbst erlebten Unglücks als kleines Kind kann helfen, dieses unheilvolle Generationenband wieder zu sprengen und es bei den eigenen Kindern ganz bewusst und vorsätzlich anders, also besser, zu machen.

Vieles kann meine Mutter jetzt erst richtig verstehen, sie sagt: »Du meine Güte, warum wissen wir Menschen denn so wenig über diese wichtigen Zusammenhänge von früher Kindheit und späten Auswirkungen?« Die Antwort liegt sehr nahe: »Weil die Informationen hierüber weitgehend verschwiegen werden. Und wenn doch einer darüber berichtet, wird ihm der Hals durchgeschnitten.« Dabei mache ich hinter meinem ostfriesischen Teetopf eine entsprechende Handbewegung.

Mama schaut mir lange in die Augen, ihr Gesicht ist ernst, als sie nach einer Weile sagt: »Wenn einer es je schaffen kann, vielen Menschen im Land die Augen über diese wichtige Wahrheit zu öffnen, dann ist es meine Tochter!«

Ja, Mama, genau das habe ich vor. Allen Widerständen zum Trotz!

Da jegliche Verhandlungsgespräche zwischen dem NDR und meinen Anwälten bereits im Vorfeld gescheitert sind, reiche ich Klage beim Arbeitsgericht Hamburg ein. Die Vertreter des Senders sehen sich mit ihrer fristlosen Kündigung nach wie vor im Recht, obwohl der Original-Wortlaut inzwischen längst veröffentlicht ist. Obwohl sie Tausende von Protestbriefen, E-Mails und Anrufen erzürnter Zuschauer erhielten. Und obwohl in zahlreichen bundesweiten Zeitungen, Internetforen und Blogeinrichtungen massenweise Proteste vonseiten wütender Leser eingegangen waren über das unerklärliche und rigorose Verhalten des öffentlich-rechtlichen Senders. Sie tun einfach so, als hätten sie richtig gehandelt. Und fertig! In gewisser Weise kann ich ja verstehen, dass jede Seite versucht, ihre Position beizubehalten und zu ihrem Recht zu kommen. Aber wo konnte man bei diesem Vorgang, der mir wie eine Hinrichtung vorkam, noch von Recht sprechen? Und vor allem: Registrierten die NDR-Macher eigentlich nicht, was ein großer Teil der Menschen da draußen, was ihre zahlenden Zuschauer von ihrer Entscheidung hielten?

Die Chuzpe, mit der die NDR-Entscheider die »Sache Herman« im Angesicht der gesamten bundesdeutschen Öffentlichkeit, ohne den Funken eines Gerechtigkeitsbewusstsein, ohne Gewissensbisse, durchziehen, ist mir unerklärlich.

Ist es die öffentlich-rechtliche Position, die wie eine Art Pressestellen-Status der Bundesregierung empfunden wird, die ihnen den Rücken stärkt? Ist alles, was die öffentlich-rechtlichen Anstalten entscheiden, immer automatisch richtig? Wer wagt denn eigentlich noch, diese Verordnungen zu hinterfragen? ARD und ZDF, die ja durch ihre Staatsverträge gleichermaßen an den Staat gebunden sind? Und dieser Staat hatte sich für den Massenausbau von Kinderkrippen entschieden und trieb diesen in aller Eile voran, wogegen wiederum ich mich öffentlich klar ausspreche. Bin ich dadurch etwa zu einer Art Regimekritikerin geworden? Wollte der Norddeutsche Rundfunk mich deshalb aus dem Programm kippen? Das wäre der Ehre doch wohl zu viel, oder?

Allerdings: Mein Name war inzwischen landauf, landab bekannt. Letzte Umfragen bescheinigten mir einen Bekanntheitsgrad von immerhin 97 Prozent. Würde ich also mit meinen Thesen durchkommen, die durch seriöse Umfragen und durch die Resultate achtbarer, wissenschaftlicher Arbeiten gesichert sind und die der größte Prozentsatz der Bevölkerung übrigens teilt, dann würde wahrscheinlich eine Weiterbeschäftigung meiner Person einen dauerhaften, öffentlichen Störfaktor darstellen, ein Risiko allenthalben. Jedenfalls würde es erklären, warum auf keinen der tausendfachen Proteste der Menschen im Land näher eingegangen wird, sondern lediglich eine vorformulierte Einheitsantwort an alle versendet wird, die nichts anderes auszusagen scheint außer: Euer Protest zählt nicht! Wir sind nämlich die Stärkeren! Es geht bei den arbeitsgerichtlichen Verhandlungen zunächst sowohl um die Frage der Entschädigung als auch um die Frage, ob die fristlose Kündigung zulässig war. In allererster Linie jedoch ist das Gericht mit der Statusfrage beschäftigt: War ich nach fast achtzehn Jahren Mitarbeit als *Tagesschau*-Sprecherin, die ich auf ebenso lange Zeit dem verbindlichen Dienstplan eingeteilt und sozialabgabepflichtig war, freie oder feste Mitarbeiterin? Eine wichtige Angelegenheit, denn hier geht es um richtig viel Geld. Ich bin zuversichtlich, denn dies ist einer der wenigen Punkte, die relativ klar auf der Hand liegen und wohl kaum bestritten werden können. Doch hier sollte ich mich gewaltig täuschen.

Rein in die Kartoffeln, raus aus den Kartoffeln!

Und dann kommt der Tag, an dem noch einmal ordentlich an meiner Schicksalsschraube gedreht werden wird: der 9. Oktober 2007.

Die Redaktion der ZDF-Sendung *Johannes B. Kerner* hat sich dazu entschlossen, mich nun doch wieder einzuladen, nachdem ich einen Monat zuvor ausgeladen worden war. Meine Mutter ist dagegen, dass ich hingehe, meine Anwälte sind nicht gerade begeistert, mein Mann ist äußerst skeptisch. Der einzige Mensch in unserem Kreis, der diese Idee brillant findet, bin ich selbst! Endlich habe ich die Möglichkeit, in aller Öffentlichkeit darzulegen, was ich wirklich gesagt habe. Endlich kann ich den furchtbaren Irrtum aufklären. Ich muss schmunzeln: Wenige Tage zuvor hatte mir eine hellsichtige Frau mitgeteilt, dass ich in einer spektakulären Talkshow zu Wort kommen sollte, die noch große Bedeutung erhalten und über die noch viele Jahre gesprochen werden wird. Vielleicht hatte sie ja recht? Sollte das etwa die Sendung von Bruder Johannes sein? Sie hatte mich aufgefordert, eine etwaige Einladung auf jeden Fall anzunehmen, denn diese könnte noch sehr hilfreich für mich sein.

Sei es drum, mit oder ohne Spökenkiekerei, vor allem jedoch gegen den Widerstand meines nahezu gesamten privaten Umfelds sage ich zu. Meine Mutter macht sich Sorgen darum, dass ich eventuell vorgeführt werden könnte. Mein Mann ist besonders unruhig, denn er kann zum Sendetermin nicht mitkommen, weil er eine feste geschäftliche Verabredung in München hat. Er befürchtet, dass sich etwas Ähnliches ereignen könnte wie ein Jahr zuvor. Damals war ich anlässlich der Veröffentlichung des *Eva-Prinzips* schon einmal bei Kerner zu Gast gewesen, und die Erinnerungen daran waren alles andere als lustig. Der Moderator hatte seinerzeit eine Art Tribunal zusammengestellt, jedenfalls empfand ich es so und Tausende Zuschauer übrigens auch, was sie durch ihre Proteste kundtaten. Zu Gast waren damals die Moderatorin Kim Fisher, Schauspielerin Renan Demirkan, die Unternehmensberaterin Gertrud Höhler und der Autor Michael Jürgs.

Es war nebenbei die erste Talksendung gewesen, der ich nach dem »Auftrittsverbot« meines *Tagesschau*-Chefredakteurs erstmalig persönlich beiwohnen durfte, weil ich meinen *Tagesschau*-Job inzwischen an den öffentlichen Nagel gehängt hatte.

Diese Kerner-Sendung wurde ebenso wie die Böttinger-Runde beim WDR zu einer wichtigen Lektion, die mir klarmachte: »Stell dich künftig auf ein kühleres Lüftchen ein. Die ruhigen Zeiten sind vorbei!« Denn Gastgeber Kerner hatte damals ausschließlich Leute eingeladen, die das, was ich schrieb, mehr oder weniger unmöglich fanden, was vielleicht kein Zufall war. Von allen Seiten hagelte es zum Teil wüste Kritik. Einige der anwesenden Damen neigten plötzlich zu hysterischen Ausbrüchen. Und Renan Demirkan dachte lautstark darüber nach, dass ich durch meine altmodischen Ansichten nachfolgenden Generationen, zu der ihre Tochter gehörte, alle Wege in Richtung beruflicher Selbstverwirklichung verbauen könnte.

Michael Jürgs, der mit seiner miesepetrigen, gräulich-hellblauen Gesichtsfärbung und seiner insgesamt recht trostlosen Erscheinung auf mich wie die perfekte Karikatur des klassischen, vom Leben enttäuschten Altachtundsechzigers wirkte, die Albtraumvorstellung dessen, was man unter souveräner Männlichkeit versteht, saß am linken Außenrand der Talkrunde und pöbelte ständig an meinem blonden Geisteszustand herum. Er machte mir mit selbstgerechter Miene vor laufender Kamera klar, dass ein Mann von einer Frau etwas ganz anderes erwarte als ein gemütliches Zuhause und ein liebevoll zubereitetes Essen, mit dem sie ihn des Abends überraschte. Dieser Gedanke ekelte ihn offensichtlich derartig an, dass er bei seinen deutlich zum Ausdruck gebrachten, ablehnenden Ausführungen beinahe die Fassung verlor und noch bemitleidenswerter und peinlicher auf mich wirkte. Niemand der damals Anwesenden schien mein Buch übrigens gelesen zu haben – was ich inzwischen als eine wirklich ernst zu nehmende Krankheit betrachte, von der noch weitere, zahlreiche Öffentlichkeitsvertreter, die mit mir zu diesem Thema in einen Ring stiegen, im Laufe der Zeit erfasst werden sollten.

Als Herr Kerner schließlich noch zwei Mütter hervorzauberte, die sich bis dahin im Publikum verborgen gehalten hatten und über die Vorteile der »Krippenhaltung« kleiner Kinder sprachen, brach mir der kalte Schweiß aus. Denn eine dieser Frauen war offensichtlich in einem bereits sehr schwangeren Zustand und kündigte fröhlichster Miene an, dass sie dieses kleine Wesen selbstverständlich ebenso früh wie das etwas ältere Geschwisterkind schon nach wenigen Monaten weggeben würde. Als das Publikum darauf in rasenden Applaus ausbrach, hatte ich zum ersten Mal den ganz dringenden Impuls: Nichts wie weg hier! Die sind allesamt irre!

Der Gastgeber selber tat übrigens das Gegenteil von dem, was jeder einigermaßen gut ausgebildete Journalist bereits im ersten Lehrjahr seines Berufslebens auswendig zu lernen hat, nämlich einen Gast, der von anderen übel angegriffen wird, zu schützen, indem er ihm zur Seite springt. Herr Kerner indes hatte diese Regeln wohl gerade vergessen, jedenfalls beugte er sich mit lächelnder Miene ständig zu mir herüber und versetzte mir mit seinen provozierenden Fragen einen Messerstich nach dem anderen.

Mein Mann, der mitgekommen war und mir gegenüber im Publikum saß, war inzwischen kalkweiß geworden. Und ich befürchtete mehrere Male, dass er mit einem Satz auf dem Schreibtisch des Moderators landen und ihm auf eine Art, die mir persönlich zwar fremd und die wohl eher Männersache ist, seinen Unmut deutlich machen könnte.

Als diese Sendung vorbei war und wir im Auto saßen, brach ich in heftiges Weinen aus. Das Verhalten dieser Meute, vor allem jedoch des Moderators, war nach meinem Empfinden ausgesprochen gemein und hinterhältig gewesen. Und ich fühlte mich persönlich sehr betroffen. Doch im Anschluss daran sollte ich noch etliche »Talkshow-Höhepunkte« erleben, in denen nicht selten Vergleichbares geschah.

Mein Mann fuhr damals schnurstracks in mein Lieblingsrestaurant, lud mich zu einem herrlichen Essen ein und trocknete meine Tränen mit den Worten: »Es wird eine Weile dauern, bis die Menschen erkennen, auf welch abschüssigem Holzwege sie sind.« Ein wunderbarer Trost, der seinen Höhepunkt erreichte, als ich gegen Mitternacht zu Hause den PC hochfuhr und mein Server inzwischen abgestürzt war, weil die vielen wütenden Zuschauerproteste, die zu Hunderten innerhalb dieses kurzen Abends eingegangen waren, vom Betriebssystem nicht mehr bewältigt werden konnten. Das Ergebnis hier wie auch nach späteren Sendungen lautete: Etwa 95 Prozent der Zuschauer nahmen mich in Schutz und gingen mit mir konform.

Um einen kleinen Eindruck dieser Kerner-Sendung vom 12. September 2006 zu vermitteln, die ein Jahr vor dem eigentlichen und berühmteren Skandal ausgestrahlt wurde, hier einige Auszüge aus einem Internetblog mit der Überschrift »Eva Herman wird zerpflückt«:

»Eva Herman lässt mich irgendwie nicht los. Heute Nacht habe ich durch Zufall Johannes B. Kerners Wiederholung der Sendung mit Eva Herman gesehen. [...] Kerner ist nicht dafür bekannt, unbequeme Fragen zu stellen. Aber diesmal – nein. Kerners Redaktion hatte ihrem Chef diesmal vier Gäste an die Seite gesetzt, die Lust auf Konfrontation und Freude am offenen Disput hatten. [...] Alle vier hatten ihre Rolle: Kim Fischer als Enddreißigerin ohne Mann und Kind, Renan Demirkan als streitbare berufstätige Mutter, Gertrud Höhler für den gehobenen Sachverstand und die gepflegte Diskussion und Jürgs eben als Quotenmann. [...] Keiner der vier Gäste mochte Hermans Thesen teilen oder verteidigen, Frau Herman stand auf ziemlich verlorenem Posten. Jürgs sprach von einem Buch, mit dem sich Frau Herman offenbar einer Selbsttherapie unterzogen habe, und von missionarischer Ereiferung. [...] Frau Herman geriet ziemlich unter Druck. Ihre Argumente, besonders aber ihre Schlussfolgerungen, ihre Ursachenanalyse bestehender gesellschaftlicher Gegebenheiten und ihre Lösungsansätze dafür, wurden ihr zerpflückt, die Widersprüchlichkeit und Dummheit aufgezeigt.« (73)

Es stellt sich für mich im Nachhinein die Frage, was die Redaktion und Herr Kerner damals eigentlich bezwecken wollten. War es allein political correctness oder lief die Sache ab nach dem wirtschaftlich interessanten Motto: Für die Quote jede Zote?!

Was auch immer die Gründe für eine bereits schon mehrfach kollektiv demonstrierte Anti-Haltung gegen meine Buchthemen sein mochten, es scheint sich mehr und mehr der Verdacht zu verdichten, dass es sich hier nicht etwa um persönliche Neigungen oder Ablehnungen handelte, sondern dass viel mehr dahinterstecken musste.

Die betagte und erfahrene Kinderpsychotherapeutin Christa Meves, die mir immer als leuchtendes Vorbild in Sachen Durchhaltekraft dient, gerade was diese überlebensnotwendigen Themen betrifft, spricht in diesem Zusammenhang übrigens gar von einer Kulturrevolution, in der sich zwei völlig unterschiedliche Gegnerschaften erbittert bekämpfen. Die Frage bleibt, wer den längeren Atem hat!

Und damit geht es jetzt in die nächste Runde ...

Klappe! Kerner, die Zweite!

9. Oktober 2007

Ein Vorgespräch mit einer Redaktionsmitarbeiterin ist nicht mehr nötig, dieses hatte einen Monat zuvor bereits stattgefunden, sodass die wichtigsten Fragen zum Inhalt des Buches *Das Prinzip Arche Noah* geklärt sind. Die Nazivorwürfe, ach, ja, das klären Sie besser mit Herrn Kerner selbst.

Der Sprachwissenschaftler, dem ich von der Einladung berichte und den ich bitte, die doch nicht unkomplizierte Analyse meines inzwischen berühmten Satzes noch einmal etwas kürzer zu formulieren, damit die Fernsehzuschauer den Sinn rascher aufnehmen können, wird am Telefon sehr ernst. Er bittet mich inständig, in keiner Sekunde während der bevorstehenden Sendung zu vergessen, dass sämtliche Vorwürfe, die derzeit durch die Öffentlichkeit geistern, haltlos seien. »Bleiben Sie bei Ihrer Meinung, Frau Herman, Sie haben sich nichts vorzuwerfen!« – »Danke! Das hatte ich ohnehin vor.«

Die Kerner-Redaktion bereitet ihr Publikum auf ihrer Website auf meinen Besuch gründlich vor. Der Journalist Arne Hoffmann, der wenige Wochen später zu meiner freudigen Überraschung ein exzellent recherchiertes Buch veröffentlichen wird mit dem Titel *Der Fall Eva*

Herman. Hexenjagd in den Medien, schildert im dritten Kapitel unter der Überschrift »Hexenprozess bei Johannes B. Kerner« Folgendes:

Vor der Ausstrahlung der Sendung wird Eva Herman auf der Website des ZDF mit folgenden Worten vorgestellt: Eva Herman (48) und ihre Äußerungen über die familiären Werte und das Dritte Reich sind scharf kritisiert worden, ihr Umfeld distanzierte sich, und der Arbeitgeber hat sie fristlos entlassen. Rund vier Wochen sind seit den umstrittenen Aussagen bei der Vorstellung ihres Buches Das Prinzip Arche Noah *vergangen.* »*Der Fall Eva Herman*« *– heute bei Kerner!*

Hoffmann berichtet weiter:

Erwähnt werden hier ausschließlich die kritischen Stimmen gegen Herman, nicht die zahlreiche Zustimmung, die sie für ihre Thesen ebenfalls erhalten hat. Dadurch erzeugt die Sendung eine verzerrte Darstellung »der Öffentlichkeit«. Öffentliche Meinung und veröffentlichte Meinung (also das Denken der Bevölkerung und das Denken vieler Journalisten) werden beiläufig gleichgesetzt. Die Sendung soll sich dieser Ankündigung nach um den »Fall Eva Herman« drehen: nicht um ihre Ansichten, sondern allein um sie als Person, schuldig oder nicht schuldig. Die Bühne für das öffentliche Fernsehgericht ist damit bereitet. Die anderen weiblichen Gäste der Sendung werden als »TV-Legende« (Margarethe Schreinemakers) sowie »TV-Ikone« (Senta Berger) vorgestellt. Der Kontrast könnte kaum größer sein. Bezeichnenderweise gar nicht erst eingeladen wurden sämtliche Fachleute zum Thema, um das es Eva Herman geht (Familientherapeuten, Bindungsforscher etc. wären denkbar). Stattdessen sind ein Komiker und ein NS-Historiker zu Gast. Dass hier anstelle einer sinnvollen Auseinandersetzung nur Krawall entstehen kann, ist absehbar.

Mein Anwalt nimmt Kontakt mit der Kerner-Redaktion auf, ebenso mit dem Moderator selbst. Dieser scheint nicht viel über das inzwischen aufgetauchte Originalzitat zu wissen, oder doch? Schwer einschätzbar. Auf jeden Fall übersenden wir dem nicht überrascht erscheinenden Johannes B. Kerner den richtigen Wortlaut der Pressekonferenz inklusive der Sprachanalyse. Ebenso verweisen wir noch einmal darauf, dass der bisher in der Öffentlichkeit verbreitete Satz falsch ist.

Aus einem plötzlich auftretenden Sicherheitsbedarf heraus frage ich meinen Rechtsanwalt, ob er mich zur Sendung begleiten würde. Das hatte dieser indes selbst längst entschieden. Die Kerner-Redaktion nennt uns im Vorfeld zur Klärung aller Fragen und Formalitäten übrigens eine Mitarbeiterin, die ich ziemlich gut kenne, sie hatte Jahre zuvor als freie Autorin in meiner eigenen Sendung *Herman und Tietjen* gearbeitet. Ich weiß nicht, wie viel von ihrer alten Loyalität noch übrig geblieben ist, und gehe auf den vertrauten Ton lieber nicht ein. Sie setzt uns davon in Kenntnis, dass die Sendung bereits am späten Nachmittag aufgezeichnet wird, um schließlich am späten Abend gegen 23 Uhr ausgestrahlt zu werden.

Die regelmäßige frühe Voraufzeichnung gibt dem Moderator nicht nur Gelegenheit, den Abend gemütlich mit Frau und Kindern daheim zu verbringen. Zudem lässt sich der Inhalt der Sendung so noch besser in den Printmedien des Folgetages unterbringen. Kerners ZDF-Sendungen werden von der Produktionsfirma »Die Fernsehmacher«, an der Kerner fünfzig Prozent und sein Partner Heidemanns die andere Hälfte hält, und von der a + i art and information GmbH & Co KG, die eine *Spiegel-TV*-Tochter ist, produziert. *Spiegel-TV?*, fragt sich mancher zunächst ganz erstaunt. Eine Tochterfirma von jenem *Spiegel*, der als Printausgabe Deutschlands wichtigstes Nachrichtenmagazin darstellt und als Onlinemedium nicht weniger einflussreich arbeitet wie die journalistisch meist gut gemachten Informationsmagazine von *Spiegel-TV?* Und wie sieht denn nun die Berichterstattung in meinem Fall aus?

Die Antwort findet sich recht schnell, und alle können sie finden, wenn sie wollen. Denn jedermann kann heutzutage ein mindestens genauso guter Journalist sein wie viele, die dieser Berufsspezies anzugehören behaupten. Wer ein bisschen Zeit und genügend Interesse aufwendet, um Licht ins Dunkel eines bestimmten Themas zu bringen, der kann es im Netz zu Höchstleistungen bringen, die sich in nichts mehr unterscheiden von dem, was die allermeisten angestellten Redakteure und Autoren alltäglich abliefern. Und wer sich spaßeshalber einmal genauer ansieht, wie der Tenor der *Spiegel-Online*-Berichterstattung über Johannes B. Kerner und über mich lautet, der stellt zumindest fest, dass hier nur einer den Schwarzen Peter hat, und das ist nicht Herr Kerner. »Bruder Johannes« ist jedenfalls – betrachtet man nur die Fakten – recht gut in die brüderliche Medienlandschaft eingebettet.

Was soll ich nur anziehen? Ein buntes Kleid? Ein strenges Kostüm? Einen dunklen Hosenanzug? Ich kann mich nicht entscheiden. Denn eigentlich trage ich nur noch sehr selten Hosen, nachdem ich mit großem Erstaunen zunehmend feststellen musste, dass wir fortschrittlichen, modernen Frauen kaum noch Röcke oder Kleider anziehen. Hosen sind ja viel bequemer, oder? Manchmal schon, wenn sie schön weit sitzen. Aber sie unterscheiden uns noch weniger von den Männern. Außerdem trifft das Argument der Bequemlichkeit nicht zu, denn auch in Röcken kann man sich durchaus wohlfühlen. Also, wer hindert mich daran, welche zu tragen?

Aber heute finde ich einfach nicht das Richtige. Vielleicht hätte ich doch noch einmal loslaufen und mir etwas Neues aussuchen sollen. Aber dann hätte ich wieder unter die Leute gemusst, und das fällt mir leider immer noch ziemlich schwer. Mein Mann meint, ich solle aufpassen, dass es nicht zur Macke wird, schließlich müsse ich eines schönen Tages irgendwann doch wieder das Haus verlassen und hinausgehen können, ohne gleich unter Verfolgungswahn zu leiden.

Er kann sich freuen, denn der Tag ist heute gekommen: Ich gehe zu Kerner. Endlich habe ich auch über meine Garderobe entschieden: In letzter Sekunde schnappe ich mir meine Lieblingsjeans, Rock hin oder her, und ziehe eine cremefarbene Designerjacke vom Bügel, die von Claudia Carpendale, der Ex-Ehefrau des südafrikanischen Herzensbrechers Howard Carpendale, entworfen wurde. Das Teil hat lange Armstulpen, die die Hälfte meiner Hände bedecken, ein hoher Stehkragen reicht mir bis ans Kinn. Als ich die hohen Lederstiefel unter die Jeans stopfe, stutze ich plötzlich. Denn ich registriere, dass es in Wirklichkeit eine Rüstung ist, die ich gerade anlege. Versuche ich mich, unverletzbar zu machen? Die Klamotten jedenfalls sind schon mal ein guter Schutz. Ich bin zufrieden.

Eine befreundete Familie holt mich ab, sie werden zur Sendung mitgehen und sind als Publikumsgäste angemeldet. Wir trinken noch kurz etwas zusammen, meine Mutter küsst mich auf die Stirn, und wir fahren los. Am Telefon spricht mir mein Mann von unterwegs Mut und Kraft zu und meint, ich würde das schon schaffen.

Wir fahren in einem großen, dunklen Mercedes-Bus, denn die Familie hat drei Kinder, die wiederum einige Freunde mitgebracht haben. Die jungen Leute wollen den Comedian Mario Barth live sehen und sind nicht etwa meinetwegen mitgekommen. Ihre Eltern allerdings schon. Ich bin heilfroh darüber.

Es dauert nicht lange, und wir stehen vor dem stattlichen Studiokomplex in der Hamburger Nobelgegend Rothenbaumchaussee, an dessen Fassade riesige Lettern mit dem Namen des Moderators angebracht sind. Wenige Meter von hier entfernt liegt übrigens das Hauptgebäude des Norddeutschen Rundfunks, meines ehemaligen Arbeitgebers. Ein kleiner Stich durchzieht mich, denn noch schmerzt die Erkenntnis, dass diese Türen für mich vermutlich für alle Zeiten geschlossen bleiben werden und ich nicht mehr »dazugehöre«.

Einige Sicherheitskräfte bewachen den Nebeneingang der imposanten Kernerschen Produktionsstätte, den wir benutzen sollen. Aufnahmeleiter und Redaktionsassistentinnen eilen uns entgegen. Die meisten tragen sogenannte Headsets, kleine Kopfhörer, durch die sie kontinuierlich mit der Produktionsleitung oder auch der Redaktion verbunden sind. Viele von ihnen haben dicke Mappen dabei, in denen unter anderem der Ablaufplan der Sendung steht und in die sie unentwegt hineinschauen. Ständig erhalten sie Kommandos, die unter den Kopfhörern vernehmlich herausquellen und die sie für ihr Gegenüber meist seltsam abwesend erscheinen lassen. Die ganze Atmosphäre ist hektisch, der Anstrich der Wichtigkeitsstufe »Hoch« ist unverkennbar.

Meine Freunde werden in Richtung Studio geführt, mich geleitet eine junge, hübsch aussehende Producerin in die Maske. Die Kerner-Redaktion genießt in Fachkreisen den Ruf, vorzugsweise ausgesprochen gut aussehende Mitarbeiterinnen zu beschäftigen. Warum? Auf jeden Fall soll der Moderator ein Ästhet sein, heißt es.

Am Nebentisch wird gerade Senta Berger geschminkt. Ich mag sie sehr, fast bin ich ein Fan von ihr. Sie ist ein gutes Beispiel dafür, dass Frauen auch würdig älter werden und trotzdem schön bleiben können. Und klug. Wir kennen uns persönlich, Senta Berger war zu Gast bei *Herman und Tietjen*. Außerdem hatte ich ihr vor einigen Jahren einen persönlichen Brief geschrieben mit der Bitte um ein Vorwort für mein Buch *Vom Glück des Stillens*. Das war eine ziemlich naive Idee von mir gewesen, hatte ich doch tatsächlich geglaubt, dass sie an dem Gedanken Gefallen finden könnte, sie sprach in der Öffentlichkeit schließlich immer so nett über ihre Söhne. Leider hatte ich nicht einmal eine Absage von ihr erhalten. Diese Erinnerung schießt mir auf einmal durch den Kopf, während ich ihr die Hand reiche und sie begrüße.

Sie ist nicht unfreundlich, als sie den Gruß erwidert, das wäre wirklich falsch ausgedrückt. Aber distanziert wirkt sie auf mich, etwas kühl. Auch gut, schließlich bin ich nicht hierhergekommen, um Freundschaften fürs Leben zu schließen!

Die Maskenbildnerin ist mir bekannt, sie nickt mir freundlich zu, als sie mein Haar aus der Stirn nimmt und es mit einer Klemme befestigt. Ich schließe die Augen und versuche, abzuschalten und Kraftreserven aufzubauen. Dazu bete ich leise und bitte um Beistand von oben für die kommenden zwei, drei Stunden. Merkwürdig, es waren mir viele Szenarien durch den Kopf gegangen in den letzten Stunden, was alles geschehen könnte in dieser Sendung. Ich war aufgeregt, konnte in der vergangenen Nacht kaum schlafen. Doch jetzt werde ich ruhig, fühle die vertrauten Himmelsströme in mir und weiß, dass die Dinge genau so laufen werden, wie sie laufen sollen.

Die Türe öffnet sich, und die Kostüm- und Garderobenfrau erscheint, eine junge, hübsche Person, die mir ebenso bekannt ist. Voriges Jahr, als ich bei *Johannes B. Kerner* zu Gast war, hatte sie meine Jacke aufgebügelt. Damals war sie hochschwanger gewesen, und ich hatte ihr eben genau jenes Stillbuch geschickt, das ohne das Vorwort von Frau Berger auskommen musste. Jetzt kommt die junge Frau auf mich zu, bedankt sich mit freundlichen Worten dafür und berichtet, dass sie das Kleine etliche Monate über gestillt habe. Ich freue mich darüber sehr und schaue zu Frau Berger hinüber. Sie zuckt mit keiner Miene, wahrscheinlich hat sie längst mein ungewöhnliches Anliegen, das schließlich schon einige Jahre zurückliegt, vergessen.

Kurz darauf verlässt die große Schauspielerin die Maske, und der Stuhl wird von einem neuen Gast eingenommen: von der ehemaligen TV-Moderatorin Margarethe Schreinemakers. Sie begrüßt mich auffällig freundlich, wirft sich in den Schminkstuhl und redet los.

Wir kennen uns seit nunmehr fast zwanzig Jahren, denn wer einmal zur großen, wichtigen Fernsehfamilie gehörte, dessen Wege kreuzen sich im Laufe der Zeit auf so mancherlei Festivitäten und anderen Gelegenheiten regelmäßig. Unser Verhältnis ist nie ein besonders herzliches gewesen. Um ehrlich zu sein, war sie mir immer eine Spur zu laut und zu derb. Eine Sache allerdings lässt mich stutzig werden: Merkwürdigerweise war Margarethe Schreinemakers für die Sendung vier Wochen zuvor, aus der ich kurzfristig wieder ausgeladen worden war, ebenso vorgesehen gewesen und stand dann plötzlich gleichfalls nicht mehr auf der Gästeliste. Nun hatte man sich anders entschieden und mich wieder eingeladen, und prompt ist auch Frau Schreinemakers wieder auf dem Tagesplan. Zufälle gibt es …?! Ich weiß zu jenem Zeitpunkt nicht, dass sie die Funktion der »Eva-Herman-Basherin« einnehmen wird, die in der bevorstehenden Sendung als mein Gegenpart auftreten soll, um es gelinde auszudrücken.

Frau Schreinemakers liegt in ihrem Schminkstuhl und plappert und plappert. Ich hätte lieber noch etwas Ruhe und antworte auf ihre Fragen eher einsilbig. Das macht ihr jedoch anscheinend nichts aus, denn es gibt noch einige andere Menschen im Raum, die auf jeden Fall ansprechbar sind, wie ihre Maskenbildnerin oder auch jene, die mich gerade fertig macht. Das ungute Gefühl in mir, das sich seit einigen Minuten als leicht bohrender Druck im oberen Magenbereich bemerkbar macht, wächst. Es liegt etwas in der Luft, was ich nicht beschreiben kann. Zunächst schiebe ich es auf den Umstand, dass viele Leute hier mit Sicherheit jetzt davon ausgehen, dass ich eine »Nazisse« sei. Ein Gefühl, an das ich mich mit Sicherheit niemals gewöhnen werde und will!

»Kommen Sie bitte mit, Frau Herman. Ich bringe Sie in den VIP-Aufenthaltsraum. Ihr Anwalt hat dort schon Platz genommen.« Die junge Frau wartet, bis ich noch einmal über meine Haare gekämmt und meine Tasche genommen habe, dann folge ich ihr. Durch einige schmale Gänge, in denen uns geschäftige Teammitglieder entgegenkommen oder uns eilig überholen, führt sie mich schließlich durch das Treppenhaus nach oben. Hier geht es etwas ruhiger zu, denn dieser Flur ist ein Stück weiter entfernt von den Produktionsräumen und Büros. Hier finden sich erfahrungsgemäß diejenigen Gäste ein, die anschließend vor die Kamera treten. Ich kenne den VIP-Raum ganz gut, denn außer jener Sendung im vergangenen Jahr besuchte ich zuvor schon einmal zwei weitere Kerner-Shows, was allerdings ein bisschen länger zurückliegt. Einmal war ich mehr oder weniger gegen Verona Pooth aufgestellt worden, die in einem öffentlichen Interview gesagt hatte, dass ein kleiner Klaps in der Kindererziehung nicht schade, worin ich allerdings komplett anderer Meinung war. Und viele Jahre zuvor hatte ich mit Johannes B. Kerner über kaputte Ehen und die schwierigen Partnerschaften einer öffentlichen Karrierefrau gesprochen, aus heutiger Sicht ein mehr als überflüssiger Auftritt von mir, denn ich hatte zu viel Persönliches über meinen damaligen Ehemann preisgegeben, was mir heute noch sehr leidtut.

Wir biegen um die Ecke und müssten meines Wissens jetzt nach rechts abbiegen, wo am Ende des Flures die Türe des VIP-Raumes offen steht und Stimmengemurmel zu hören ist. Doch das Mädchen führt mich zu meiner Überraschung in die entgegengesetzte Richtung, um schließlich eine ganz andere Türe zu öffnen. Ich betrete den mit Sofas und Sesseln ausgestatteten Raum und gehe auf meinen Rechtsanwalt zu, der als Einziger hier weilt und auf mich wartet.

»Benötigen Sie noch etwas?«, fragt mich die junge Dame. Ich sehe mich um und entdecke Mineralwasser und Säfte auf dem Tisch. »Nein, danke.« Dann nickt sie mir zu mit der Bemerkung, dass der Redaktionsleiter sowie auch Herr Kerner selbst vor der Aufzeichnung noch einmal hereinschauen würden.

Damit verschwindet sie und schließt leise die Türe hinter sich.

Mein Rechtsanwalt ist ebenso erstaunt wie ich über unseren Extraraum. Auch er war schon einige Male zuvor hier, um Mandanten, die als Gäste bei Kerner auftraten, in kniffligen Rechtsfragen zu beraten und zu unterstützen. Er weiß in diesem Moment ebenso wie ich, dass wir separiert werden. Warum? Weil ich aus deren Sicht ein Nazi bin und man den übrigen Gästen meine Anwesenheit nicht zumuten mag? Wohl kaum. Denn wäre es allein um ethische und moralische Empfindlichkeiten gegangen, so hätten diese Gäste die Einladung in die Kerner-Sendung niemals annehmen, sondern im Gegenteil rundweg ablehnen müssen.

Mir lässt die Sache keine Ruhe. Vielleicht sind die Grundbedingungen hier geändert worden, und jeder Gast hat jetzt ein eigenes Separée? Ich werde nachsehen gehen. Kurz entschlossen begebe ich mich hinaus und gehe in Richtung VIP-Raum. Je näher ich komme, umso deutlicher werden die Stimmen von Margarethe Schreinemakers und Senta Berger. Ich werfe von Weitem einen kurzen Blick hinein: Zwischen Schnittchen und Fingerfood stehen die übrigen Gäste der Show zusammen mit einigen Redaktionsmitgliedern – einige halten gefüllte Champagnergläser in den Händen, kauen auf den Hors d'oeuvres herum und plaudern und lachen in entspannter Atmosphäre.

Ich leide nicht unter Verfolgungswahn und ich bemühe mich wirklich nach allen Kräften, die Nerven zu behalten, versuche einfach, objektiv und sachlich zu bleiben. Dennoch: Hier stinkt etwas ganz gewaltig zum Himmel, was ich allerdings derzeit einfach nicht greifen kann. Plötzlich spüre ich das dringende Bedürfnis für ein Gebet, worin ich um Schutz, Hilfe und genügend Kraft für das Bevorstehende bitten will. Irgendeine Türe ist es, die ich aufdrücke, der Raum ist bis auf ein paar Schreibtischmöbel leer. Schnell schlüpfe ich hinein und schließe die Türe hinter mir, dann versenke ich mich in tiefes Beten.

Herr Kerner und der Redaktionschef lassen sich Zeit. Mein Rechtsanwalt schaut mehrfach auf die Uhr. Er möchte vorher unbedingt noch einmal die Bedingungen abgleichen, unter denen ich hierhergekommen bin. Man hatte im Vorfeld versichert, dass ich eine gerechte Chance erhalten soll, vor laufender Kamera meine Sichtweise der Dinge darzulegen. Ebenso wollte er sich noch einmal davon überzeugen, dass alle Transskripte wie der Originalwortlaut des Zitats und die wissenschaftliche Sprachanalyse angekommen und zur Kenntnis genommen worden waren. Als der Uhrzeiger schon fast den Aufzeichnungsbeginn anzeigt, macht er sich auf den Weg, um Herrn Kerner zu suchen. Denn wir wissen beide: Wenn der Moderator erst einmal das Studio betreten hatte, würde dieses Vorgespräch mit Sicherheit nicht mehr stattfinden.

Kurz darauf kommt mein Anwalt zurück, wenige Sekunden später erscheint Johannes B. Kerner im Türrahmen. Mit klassischem »Air-Berlin-Hier-bist-du-richtig-Lächeln« betritt er unseren Raum und gibt uns nacheinander die Hand. Als er Platz nimmt, bekomme ich den Eindruck, dass er extrem angespannt zu sein scheint. Er wirkt irgendwie hölzern in seinen Bewegungen und macht keinen sehr zugänglichen Eindruck. Natürlich weiß ich selbst, dass ein Moderator vor jeder Sendung einem gewissen Druck ausgesetzt ist, und mir ist auch klar, dass es sich heute sicher nicht um eine ganz normale Routinesendung handelt. Denn schon im Vorfeld war durch die Medien landauf, landab getrommelt worden, dass Eva Herman zum ersten Mal nach ihrem Rauswurf beim NDR jetzt in aller Öffentlichkeit Stellung beziehen wird zu den Vorwürfen.

Mein Rechtsanwalt beginnt, die noch offenen Fragen zu klären. Währenddessen hat auch der Redaktionsleiter den Raum betreten. Auch er wirkt auf mich distanzierter als sonst, sagt kein Wort zu viel. Ich überlasse die Gespräche weitgehend meinem Anwalt, denn bei mir macht sich plötzlich eine gewisse Nervosität bemerkbar.

Glücklicherweise konnte ich mir durch einige zurückliegende, unerfreuliche Lebensthemen einen wichtigen Mechanismus erarbeiten und angewöhnen, den ich inzwischen fast gewohnheitsmäßig bei Bedarf ein- und ausschalten kann: Ich lenke etwaige Gedanken, die mit Unsicherheit und Angst verbunden sind und mich überkommen wollen, einfach weg und ersetze sie durch Visionen, die mich stärken: So sehe ich mich jetzt vor dem geistigen Auge friedlich und fair in der bevorstehenden Sendung sitzen, zwinge mich zu Ruhe und Souveränität, nachdem ich die dunklen Furchtfurien weggeschickt habe.

Welche Ungerechtigkeit mir nun auch immer bevorstehen mag, ich werde mich von niemandem provozieren oder hinreißen lassen, die Nerven zu verlieren. Manche Menschen beschreiben diese selbsterzieherische Beeinflussungsform als Autosuggestion, für mich ist es eher zu einer Art Überlebenstraining für die Sache des Guten geworden.

Wie sagte Mama immer: »Halte den Herd deiner Gedanken rein! Du selbst bestimmst, wer du bist, was du denkst, wie du handelst und wie du auf andere wirkst!« Danke, Mama. Genau das ist es, was ich jetzt auch tun werde.

Wir werden zum Studio geführt. Man kann den »Warm-Upper« hören, jenen Kollegen, der das Publikum in Stimmung bringt und anheizt. Der mit ihm auch einübt, wie man richtig klatscht. Das ist schließlich eine Wissenschaft für sich, oder? Die Gäste lernen auch die Steigerungsformen des Ausdrucks öffentlicher Begeisterung: Johlen, Schreien, Trampeln! Ja, so ist es richtig! Aber es geht doch sicher noch lauter, oder? Ja, klar! Das Studio wackelt, die Menschen sind auf Knopfdruck wie aus dem Häuschen. Und auch wieder still! Der junge

Mann leistet ganze Arbeit. Ich kenne ihn übrigens gut, denn er hat jahrelang die gleiche Arbeit bei *Herman und Tietjen* und bei meiner Quizsendung *Wer hat's gesehen?* verrichtet, ein wirklich sympathischer Typ, dessen Gesicht so manchem Fernsehzuschauer aus der Werbung geläufig sein wird, wo er hin und wieder Aufträge erhält. Der junge Mann soll, wie ich später erfahre, durch einen nach außen kaum sichtbaren Knopf im Ohr mit der Redaktion verbunden sein. Auf diese Weise kann er z. B. Order erhalten, wann und an welchen Stellen geklatscht werden kann.

Diese Maßnahme habe ich trotz meiner inzwischen knapp dreißigjährigen Tätigkeit als Fernsehmoderatorin noch nicht kennengelernt. Sie ist nach meiner Erfahrung eher unüblich für sogenannte Warm-Upper. Hingegen ist man im Laufe der vergangenen Jahre sehr wohl dazu übergegangen, die Moderatoren mit ihrer Redaktion über den berühmten Knopf im Ohr zu verdrahten, um sie auf mögliche inhaltliche Richtungsänderungen, deren Notwendigkeit sie während eines Interviews selbst nicht erkennen, aufmerksam zu machen. Selbst die Sprecher der *Tagesschau*, die keine selbstständigen Interviews führen, tragen seit einiger Zeit einen solchen »Button of control«, um Kenntnis über kurzfristige Ablaufänderungen zu erhalten, ohne dass das gesamte bundesdeutsche Fernsehpublikum davon erfährt. So wie früher, als das Publikum häufig unfreiwillig Zeuge wurde, wenn in der Livesendung urplötzlich die berühmte Stimme aus dem Nichts erschallte: »Hier ist die Regie ...!« All das erscheint mir auch logisch und richtig. Es ist ein Fortschritt – wenngleich ich selbst den Knopf immer eher ungern ins Ohr stopfte.

Aber für den Anklatscher? Wozu war das nötig? Warum sollte man unbefangenen, fremden Publikumsgästen, die eine berühmte Sendung einmal live erleben wollen, vorgeben müssen, wann sie etwas für gut und richtig befinden und wann nicht, wann sie also klatschen sollen? Traute man ihnen eine eigene Haltung nicht zu? Oder hatte man es etwa nötig, Einfluss zu nehmen auf die im Studio herrschende Atmosphäre, ja, meinte man gar, diese steuern zu müssen? Ich werde im Laufe der Sendung noch an so mancher Stelle sehr verwundert sein über die unerklärlichen Kollektivreaktionen eines ganzen Publikums, das an Stellen klatscht, wo jeder normal denkende Mensch eher betreten schweigt oder sich einfach nur an den Kopf fassen mochte.

Nachdem ich verkabelt wurde, warte ich hinter der Studiokulisse darauf, angekündigt zu werden. Johannes B. Kerner steht bereits vor seinem Publikum und richtet noch einige Worte an die vielen Menschen, die an seinen Lippen zu hängen scheinen und ihm interessiert lauschen. Alles ist dunkel, viele Kabel liegen durcheinander, Monitore geben hier hinten einen schmalen Ausschnitt dessen wieder, was mehrere Kameras im gleißenden Studiolicht aufnehmen und nach außen transportieren werden. Nun bewegt sich der berühmte Moderator Johannes Baptist Kerner auf seinen fast ebenso bekannten Schreibtisch zu, die Vorspannmusik läuft. Der fetzige und aufpeitschende Jingle ertönt und kündigt in wenigen kurzen Takten eine ZDF-Fernsehsendung an, die Geschichte schreiben wird.

Der Horror beginnt!

Der Moderator, in dunkelgrauem Anzug, mit geöffnetem obersten Hemdkragenknopf und ohne Krawatte, stützt seinen rechten Arm ausgewinkelt und lang gestreckt auf den Schreibtisch und eröffnet den Reigen mit öffentlich-rechtlich gewichtiger, dabei durchaus informationswillig anmutender Miene, während wir, seine Talkgäste, bereits auf unseren Stühlen Platz genommen haben:

»Guten Abend, meine Damen und Herren, und Ihnen allen ein sehr herzliches Willkommen. Das Thema unserer heutigen Sendung ist im weitesten Sinne die Rollenverteilung von Mann und Frau. Wir sprechen über Familie, über Emanzipation, über politische Ansätze und auch über Äußerungen in der Öffentlichkeit. Ich begrüße sehr herzlich die Fernsehmoderatorin Margarethe Schreinemakers. Herzlich willkommen, Margarethe!«

Tosender Applaus brandet auf, die Kamera schwenkt auf die ehemalige Fernsehmoderatorin, die mit grauem Pulli und magentafarbenem Schal freundlich in die Kamera grüßt. Kerner setzt direkt nach, als handele es sich dabei um eine Riesensensation: »Mutter von zwei Söhnen!« Begeisterung auf allen Rängen.

Kerner fährt fort: »Ein herzliches Willkommen einer Schauspielerin, die seit 41 Jahren verheiratet ist und auch Mutter von zwei Söhnen ist, Senta Berger!«

Wieder eine Sensation: eine weitere Mutter mit zwei Kindern. Wer hätte das gedacht? Hier zeichnete sich bereits eine für das Thema Familie ausgesprochen kompetente Runde ab, ein Lob an die Redaktion.

Senta Berger antwortet leise und höflich: »Danke«. Dabei nickt sie mehrmals mit dem akkurat frisierten Kopf in die Runde. Sie trägt ein dunkles Kostüm und sieht wie immer sehr hübsch aus. Brav wirkt sie, fast artig, das Einzige, was nicht so recht zu dem Gesamtauftritt passen will, ist ein knallrotes Männchen, das überdimensional groß an ihrem Revers baumelt und eine Mischung zu sein scheint aus einem livrierten Mini-Diener, einem Mini-Affenmenschen und einem Mini-Skelett mit knalligem Anzug und schlotterdürren, überlangen Beinchen. Seine riesigen weißen, leuchtenden Augenhöhlen glotzen dabei fast Unheil verströmend in die Kamera. Auf mich wirkt es eher wie ein Voodoofigürchen, das noch einiges zu tun haben wird.

Kerner schaut mit wichtiger Miene von unten nach oben in die Kamera, während er den angeblich lustigsten Mann Deutschlands ankündigt: »Deutschlands Frauenversteher Nummer eins ist Comedy-Star Mario Barth. Guten Abend.«

Dieser hat sich sicher nicht so lange mit der Auswahl seiner Garderobe beschäftigt wie die übrigen anwesenden Gäste, aber dafür ist er ja schließlich ein Mann. In einem fliederfarbenen Schlabber-T-Shirt mit der Aufschrift »Chantal« bekleidet, fleetzt er grinsend im Fauteuil und nickt ebenso mehrfach in die auf ihn gerichtete Kamera.

Johannes B. Kerner nimmt nun endlich den lang ausgestreckten rechten Arm an den Körper zurück, lehnt sich mehrfach leicht vor und zurück und macht deutlich: Jetzt geht's los!

»Und ich begrüße sehr herzlich die Moderatorin Eva Herman, die sich ein wenig verharmlosend über die Familienpolitik im Dritten Reich geäußert hat und vor einem Monat von ihrem Arbeitgeber, dem NDR, entlassen wurde. Herzlich willkommen, Eva Herman!«

Ich traue meinen Ohren nicht! Obwohl wir der Redaktion, explizit auch Herrn Kerner, den Original-Wortlaut zukommen ließen, und obwohl mein Rechtsanwalt mehrmals den richtigen Sachverhalt klarstellte, eröffnet Johannes B. Kerner diese Sendung mit derselben dreisten Lüge, die alle bisher benutzten: »Eva Herman, die sich ein wenig verharmlosend über die Familienpolitik im Dritten Reich geäußert hat …!«

Soll ich gleich wieder gehen? Soll ich ihm sein Konzept sprengen? Ich hätte große Lust dazu. Dies sind exakt die Gedanken, die mir durch den Kopf schießen. Ich bin so entsetzt, dass ich mich nur mühsam beherrsche. Nein, ich kann nicht gehen, denn ich will heute Abend endlich klarstellen, wie die Sache wirklich war. Also schlucke ich meinen Ärger hinunter und schaue auf den Monitor, denn Kerner kündigt einen kurzen Filmbeitrag über mich an: »Und gleich zu Beginn beschäftigen wir uns also mit der Geschichte der Buchautorin Eva Herman!«

Kerner hat damit übrigens gleich klargestellt, wie die Rollen während dieser Sendung verteilt sein werden, was eigentlich auch nicht schlecht für mich ist. Denn ab diesem Zeitpunkt erwarte ich schon keine Unterstützung mehr von irgendeiner Seite. Ich werde mich gehörig anstrengen müssen, denn ich stehe – wieder einmal – alleine da. Kein sehr erbauliches Gefühl.

Einige Bilder aus dem Laufe meiner vergangenen Berufsjahre werden gezeigt, dabei erläutert eine männliche Off-Stimme: »Eva Herman, seit fast 20 Jahren das Nachrichtengesicht. Sie soll bei der *Tagesschau* Nachrichten lesen, aber nicht machen. Vor einem Jahr beginnt sie ihren Feldzug gegen die Frauenbewegung. Im umstrittenen Buch *Das Eva-Prinzip* fordert sie: ›Frauen zurück zur Familie!‹ und vor einem Monat dann ihr missverständlicher Satz zur NS-Familienpolitik.

Eva Herman (O-Ton): ›Es ist damals auch das, was gut war, und das sind Werte, das sind Kinder, das sind Mütter, das sind Familien, das ist Zusammenhalt …‹ Äußerungen, die Eva Herman den Job kosten und Schlagzeilen machen. Ihr Arbeitgeber zieht daraufhin die Notbremse!«

Und da ist die nächste Irreführung: »… und vor einem Monat dann ihr missverständlicher Satz zur NS-Familienpolitik.«

Eben nicht! Es geht bei dem Wort »damals« nicht um die Hitlerzeit, sondern um die gesamte Menschheitsgeschichte, es geht um jene Werte, die die Menschheit zu allen Zeiten zusammengehalten haben und die in unserem letzten Jahrhundert abgeschafft wurden.

Ich drehe gleich durch, denn es wird hier ganz offensichtlich, nun durch die irreführende Anmoderation des Kommentators, erneut ein falscher Eindruck hergestellt. Inzwischen zeigt der Beitrag meinen ehemaligen NDR-Fernsehdirektor Volker Herres, der mit glatt gekämmtem Scheitel und Goldbrille auf der Nasenspitze in dem öffentlich-rechtlichem Direktoren-Brustton der Überzeugung das verbale Fallbeil heruntersausen lässt: »Das Grundgesetz schützt jede Meinung, auch die abwegigste. Diese allerdings war nun wirklich nicht mehr mit ihrer Aufgabe im NDR vereinbar!«

Danach ist die unsichtbare Stimme des Kommentators von spöttischem Mitleid und gespielter Anteilnahme gekennzeichnet, während die Bilder mich und unsere Hunde spielend im Park zeigen: »Das Ende einer Fernsehkarriere, keine *Tagesschau* mehr, kein *Herman und Tietjen*, nur noch Zeit zum Nachdenken und zum Bücherschreiben.«

Puh, das hat gesessen! Mehrere Falschaussagen, ein wenig Hohn und Spott, und die Selbstgerechten haben eine günstige Ausgangsposition für den weiteren Verlauf der Sendung geschaffen. Für sich selbst! Nicht etwa für mich! Nein, das nun wirklich nicht!

Wir sind wieder im Bild, im On, wie man in der Fachsprache dazu sagt. Und ich ärgere mich in diesem Moment über mich selbst, weil ich auf den plumpen Vorschlag Kerners eingegangen war, der vor der Sendung festgelegt hatte, dass wir uns duzen sollten, weil wir uns ja ohnehin kennen würden. Das stimmt schon, und es gab nicht selten Augenblicke, wo wir uns mit unseren Familien in den Ferien am Strand auf Sylt trafen. Die Männer spielten einige Male gemeinsam Strandtennis um die Frage, wer die nächste Runde Bier ausgeben sollte.

Doch lautet die eiserne Faustregel im Fernsehen: Auf dem Bildschirm keine Duz-Kumpaneien! Es erschien mir vorher nicht wichtig genug, doch jetzt weiß ich, dass es nicht nur wichtig, sondern vor allem auch richtig gewesen wäre, diesen Mann fürderhin überhaupt nur noch zu siezen! Mist! Das war ein grober Fehler von mir!

Kerner beugt sich zu mir vor: »Eva, am 6. September war die Pressekonferenz, in der das Buch vorgestellt werden sollte. Was hast du seitdem gelernt?«

Aha! Da sprach ein strenger Lehrer mit seiner verstockten Schülerin. Die nächste Frechheit. Gab es eigentlich auch Fragen, die ohne suggestiven Unterton gestellt werden konnten? Anscheinend nicht. Aber sei es drum, jetzt muss ich zunächst aufklären, was hier gerade alles falsch war. Mir schwant, dass dies kein Auftritt von zehn, fünfzehn Minuten zu werden scheint, sondern dass die Sache durchaus länger dauern konnte. Ich antworte in ruhigem Ton, innerlich allerdings bereits ziemlich angefressen, Folgendes:

»Ich habe gerade gelernt, dass du schon wieder eine – genau wie in der letzten Zeit – falsche Äußerung getan hast. Du hast gesagt, ich hätte mich missverständlich über die Familienpolitik des Dritten Reiches geäußert. Und das habe ich definitiv nicht getan! Ihr habt auch in diesem Fall gerade wieder einen abgeschnittenen Halbsatz gezeigt, der aus dem Zusammenhang gerissen wurde. Das heißt, ich habe gelernt – um jetzt auf die Frage zu antworten –, dass das, was berichtet wird in der Presse, häufig zu überprüfen ist, weil es häufig auch nicht stimmt.«

Herrn Kerner scheint meine Antwort nicht sonderlich zu interessieren, er überhört sie einfach und stellt unbekümmert die nächste Frage, die vielleicht auf seinem Zettel zu stehen scheint: »Haben nur die anderen Fehler gemacht, oder hast du auch Fehler gemacht?«

Er bringt mich damit auf keine schlechte Idee, nämlich auf die plötzlich auftretende Erwägung, dass hier gerade andere Leute extreme Fehler zu machen scheinen. Deswegen sollten wir uns gleich einmal an die Arbeit machen, um endlich Licht ins Dunkel zu bringen.

Ich antworte: »Wir können ja mal das ganze Zitat ansehen.«

Kerner findet die Idee nicht so gut, vielleicht weil sie laut Drehplan noch nicht an der Reihe ist? Schließlich muss er das Redaktionskonzept einhalten, um nicht ständig durch die Stimme des Redakteurs im Ohr abgelenkt zu werden, so könnte man meinen.

Er bremst mich: »Das machen wir gleich. In ganzer Ruhe.«

Auch gut. Ich setze nach: »Und dann würde ich einfach vorschlagen, lass das doch die Zuschauer selbst entscheiden.«

Die Zuschauer sind sowieso meine große Hoffnung, hat sich doch inzwischen mehr als deutlich gezeigt, dass sie längst nicht so dumm sind, wie sie von so manchem Fernsehmacher gedacht und gemacht werden.

Kerner hat sich scheinbar an der Idee mit dem Fehler festgebissen und verlangt nun von mir demütige Selbstreflektion: »Trotzdem, man hat ja auch selbst eine eigene Bewertung. Wir kriegen gleich das Originalzitat, wir kriegen jede verkürzte Darstellung. Trotzdem die Frage: Glaubst du selbst auch, dass du Fehler gemacht hast? Oder ist es wirklich so, dass alle anderen die Fehler gemacht haben?«

Was will dieser Mann eigentlich von mir? Will er hören, dass ich mich jetzt hier entschuldige? Darauf kann er lange warten. So weit kommt es noch, mir reichen die letzten Wochen, in denen mir in nahezu der gesamten Öffentlichkeit und von jedem dahergelaufenen Deppen diese unsäglichen Verdächtigungen unterstellt wurden. Nicht ich, lieber Herr Kerner, sondern die Presse hat einen Riesenfehler gemacht! Den Sie übrigens gerade im Begriff sind zu wiederholen! Meine Antwort fällt zu dem, was mir in Wirklichkeit durch den Kopf geht, noch verhältnismäßig höflich aus:

»Ich habe in diesem Fall keinen Fehler gemacht. Und es tut mir leid für die Presse, und es tut mir leid für die Menschen, die falsch informiert wurden. Für mich, ehrlich gesagt, auch, weil es Konsequenzen hatte, die nicht sehr erfreulich sind!«

Diese ehrlichen Worte scheinen erneut an dem Moderator vorbeizufliegen wie ein Frühlingsvogel an der untergehenden Sonne. Er nimmt sie überhaupt nicht wahr. Geschäftig schiebt er einige Seiten, die vor ihm liegen, hin und her:

»Dann wollen wir uns mit dem Originalzitat beschäftigen. Das ist ja wirklich wichtig. Erstmal das Zitat, das verfälscht dargestellt hat, das stand im *Hamburger Abendblatt* vom 7. September 2007, zwei Tage nach der Pressekonferenz zur Buchvorstellung. ›In diesem Zusammenhang‹ – das ist jetzt das Zitat – ›machte die Autorin einen Schlenker zum Dritten Reich. Da sei vieles sehr schlecht gewesen, z. B. Adolf Hitler, aber einiges eben auch sehr gut, z. B. die Wertschätzung der Mutter. Die hätten die 68er abgeschafft, und deshalb habe man nun den gesellschaftlichen Salat‹. Das war das, was im *Hamburger Abendblatt* gestanden hat, das falsche, wie du sagst.«

Seine joviale, fast kumpelartige Tour geht mir auf die Nerven. Sie ist eine Vorspiegelung falscher Tatsachen, denn das Studio, in dem ich hier sitze, ist inzwischen ausgewiesenes Feindgebiet. Kerner hat soeben vorsätzlich und im Vollbesitz seiner geistigen Kräfte einfach das Falschzitat nochmals vorgelesen, und man fragt sich, warum? Einer der wichtigsten journalistischen Grundsätze lautet: Wenn du etwas richtigstellen willst, dann darfst du auch nur das Richtige zeigen oder sagen, weil sich anderenfalls Falsches beim Zuschauer festsetzt und er dadurch verwirrt werden könnte. Während Frau Schreinemakers sichtlich mit der Fassung ringt, warum auch immer, nehme ich den Originaltext vom Tisch, den ich vorsichtshalber mitgebracht habe. Am liebsten würde ich ihn jetzt einfach vorlesen, denn durch dieses Hin und Her werden die Leute nur unnötig irritiert. Am Ende weiß dann keiner wirklich mehr, was richtig oder falsch war.

Doch Kerner hat noch nicht zu Ende geredet: »Was war daran falsch, oder sollen wir gleich das richtige vorlesen?«
 Nun lies schon den richtigen Wortlaut, und frag nicht so viel!
 »Ja«, sage ich nur.
 »Das gibt es nicht als Bilddokument, sondern nur als Audiodokument«, erklärt er.

Dann wird die MAZ von der Pressekonferenz abgefahren. Man sieht ein Standbild, auf dem ich gezeigt werde, dann hört man meine Stimme und sieht gleichzeitig den gesprochenen Text noch einmal am unteren Bildrand eingeblendet:
 »Wir müssen den Familien Entlastung und nicht Belastung zumuten und müssen auch 'ne Gerechtigkeit schaffen zwischen Kinderlosen und kinderreichen Familien. Und wir müssen vor allem das Bild der Mutter in Deutschland auch wieder wertschätzen lernen, das leider ja mit dem Nationalsozialismus und der darauf folgenden 68er-Bewegung abgeschafft wurde. Mit den 68ern wurde damals praktisch alles das, alles, was wir an Werten hatten – es war 'ne grausame Zeit, das war ein völlig durchgeknallter, hochgefährlicher Politiker, der das deutsche

Volk ins Verderben geführt hat, das wissen wir alle –, aber es ist damals eben auch das, was gut war, und das sind Werte, das sind Kinder, das sind Mütter, das sind Familien, das ist Zusammenhalt, das wurde abgeschafft.«

Während nahezu des gesamten Zitates beobachtet mich die Kamera in einer großen Einstellung. Zitatende! Schnitt! Die Kamera ist jetzt vollends auf mir, während Kerners Stimme unsichtbar nachhakt: »War das wirklich gut, was damals war? Mit Müttern, mit Kindern?«

Welch eine Frage! Er will es nicht verstehen. Während ich davon ausgehe, dass ein Großteil unserer Zuschauer spätestens an dieser Stelle gepeilt hat, was ich sagte und meinte. Nur wer nicht kapieren will, stellt solche Fragen, oder? Aber gut, für Sie versuche ich es noch einmal gaanz langsam, Herr Kerner:

»Also noch mal. Das Original zeigt ja ganz klar, dass ich von den Werten sprach, die wir, also wir Menschen schon vor dem Dritten Reich, während des Dritten Reichs und auch bei den 68ern hatten, die dann abgeschafft wurden. Ich sprach nicht von der Politik des Dritten Reiches, sondern ich sprach von den Werten der Menschen.«

Johannes B. Kerner versucht noch einmal, das zu wiederholen, was jetzt jedoch schon mehrfach wiederholt worden ist. Dabei verheddert er sich etwas: »Das wissen wir alle, aber es ist damals eben auch das, was gut war, das sind die Werte, damals das, was gut war, damals ...«

Ich falle ihm ins Wort. Das ist ja nicht auszuhalten: »Moment, Johannes, ich habe ja vorher gesagt: ›*wir müssen vor allem das Bild der Mutter in Deutschland auch wieder wertschätzen lernen, das ja leider mit dem Nationalsozialismus und den 68ern abgeschafft wurde.*‹ Das heißt, was vorher schon bestanden hat.«

»Ja, ja, ich verstehe«, versichert Johannes. Doch ich bezweifle diese Aussage. Ist er überfordert? Dann wiederholt er noch einmal den Text: »*Es war 'ne grausame Zeit, das war ein völlig durchgeknallter, hochgefährlicher Politiker, der das Volk ins Verderben geführt hat. Das heißt, es geht ganz klar um die Zeit, die von Adolf Hitler traurig bestimmt war, es geht um diese Zeit, und es geht weiter:* ›*Wir wissen alle, es ist damals eben auch das, was gut war* …‹ Und dieses ›damals‹, das bezieht sich ganz klar auf diese Zeit, auch wenn du nicht gewollt hast, und das sind Werte, das sind Kinder, das sind Mütter, das sind Familien, das ist Zusammenhalt, das wurde abgeschafft.«

Er schaut mich an und fährt fort: »Was soll denn das nun eigentlich heißen: dieses ›damals‹? Das bezieht sich ganz klar auf diese Zeit, auch wenn du nicht gewollt hast …«

Ich muss jetzt wirklich bei jeder Silbe aufpassen, denn mir scheint hier das Wort im Munde umgedreht zu werden.

»Nein, nein«, entgegne ich und meine innere Ruhe geht langsam verloren. Dann versuche ich Deutschlands erfolgreichstem Moderator noch einmal auf die Sprünge zu helfen: »Es geht um die Werte, die vorher bestanden haben. Ich sage doch vorher, das Bild der Mutter in Deutschland leider mit dem Nationalsozialismus …, also vorher bestanden hat.«

Jetzt fange ich auch schon an, herumzueiern. Was soll das alles überhaupt? Hatte ich mich auf dieser vermaledeiten Pressekonferenz nicht mindestens ein Dutzend Mal von dieser Horrorzeit distanziert? Warum reden wir nicht darüber? Weil ich es nicht beweisen kann, weil überhaupt nur dieser eine Satz aufgetaucht ist.

Ich versuche es trotzdem: »Übrigens, es gibt ja auch noch Zitate davor, die wie durch ein Wunder alle überhaupt nicht mehr auftauchen, sondern unter Verschluss gehalten werden.«

Damit scheint der Moderator nun vollends überfordert zu sein. Einen neuen Nebenkriegsschauplatz will er wohl nicht mehr aufmachen. Zu meiner großen Überraschung kündigt er plötzlich einen Historiker an, der mir und auch meinem Anwalt im Vorfeld der Sendung vorenthalten worden war. Ich erfahre jetzt hier zum allerersten Mal von dessen Teilnahme. Kurz schaue ich zum Anwalt hinüber, der im Publikum sitzt. Der zuckt die Schultern und scheint auch nicht zu verstehen, was das jetzt soll. Das ist insofern extrem unfair, ich möchte sagen, fast hinterhältig und auch nicht üblich, weil jeder Gast die Gelegenheit erhalten muss, sich adäquat auf seine übrigen Gesprächspartner vorzubereiten. Hätte man mir den Namen dieses Mannes rechtzeitig angekündigt, wüsste ich jetzt bereits, dass Wippermann ein ausgewiesener Hardliner ist und dass seine Arbeiten interessante Nebenaspekte preisgeben, auf die ich später noch eingehen werde. Eine wirklich tolle Idee, mir diesen Typen als Richter vor die Nase zu setzen.

Kerner spricht jetzt schnell, er will keinen Widerspruch, lässt keine Lücken mehr, sondern zaubert seinen Wissenschaftler aus dem Hut wie ein Magier das berühmte weiße Kaninchen: »Eva, machen wir es so, wir werden ja ausführlich darüber sprechen, wir werden Fachleute zu Wort kommen lassen und Menschen, die es einfach hören und empfinden, und natürlich werde ich auch Fragen stellen. Bei uns zu Gast ist der Historiker Prof. Wolfgang Wippermann von der Freien Universität Berlin. Herzlich willkommen.«

Tosender Applaus brandet auf. Die Kamera ist auf den unangemeldeten, graubärtigen und bebrillten Mann mit Halbglatze gerichtet, der mehrmals nickt, als stimme er allem, was der Moderator sagt, zu, ohne es überhaupt hören zu müssen. Und der sagt nichts, sondern er fragt in den nicht abebben wollenden Beifall:

»Was halten Sie von den Äußerungen von Eva Herman? Was ist daran richtig? Was ist daran falsch?«

Rhetorisch war das nicht schlecht, wenn man eine Rivalität zwischen Kerner und mir voraussetzen würde und diese auch gleich auf den Mann für Geschichte ausweiten möchte. Doch eine Gegnerschaft ist nur dann wirklich eine, wenn jeder Gegner ähnliche Chancen hat. Das ist hier offensichtlich jetzt schon nicht mehr der Fall.

Herr Wippermann holt tief Luft, bevor er seine erste, wissenschaftliche Ausführung beginnt: »Es ist falsch, dass sie verwechselt Faschismus und Nationalsozialis…, äh, Konservatismus«, sagt der Mann in nicht ganz einwandfreiem Deutsch.

Dennoch muss ich ernst nehmen, was er sagt. Was hat er gleich geäußert? Dass ich Faschismus und Konservatismus verwechsle? Halt! Er ist scheinbar noch nicht fertig.

»Sie möchte das konservative Frauen- und Mütterideal verteidigen, das ist ihr gutes Recht, das heißt eben, die drei Ks, nämlich Kirche, Küche, Kinder, aber dass der Punkt ist, dass dieses konservative Werteideal, in Anführungszeichen – einige finden es nicht gut, und einiges hat sich auch verändert, sind ja inzwischen Frauen auch nicht nur in der Küche, sondern auch Männer in der Küche und machen das ja auch ganz gut –, aber dieses K, K, K war im Dritten Reich etwas anderes, nämlich es war Rassenzucht! Rassenvernichtung! Im Rassenstaat. Und diesen Unterschied haben Sie verwischt. Und das war problematisch. Ich darf das ausführen vielleicht ...«

Während dieser Mann redet, frage ich mich, was das alles soll? Mal abgesehen davon, dass mir vorgeworfen wurde, ich hätte einen wirren, kruden Satz formuliert, was bitte, war das jetzt gerade? Was will der Mann ausdrücken? Was will er erläutern? Nichts anderes anscheinend als: Eva Herman ist ein ganz schlimmer Nazi. Das Schlimme ist, dass er hier derartig mit Schlagwörtern und unzusammenhängenden Parolen arbeitet, dass man nichts verstehen kann außer: Die ist ganz, ganz schlimm! Der Mann, der als Historiker angekündigt wurde, erweist sich als sprachwissenschaftlicher Absturzkandidat. Jedoch ist er immer noch nicht fertig, er redet und redet:

»Rassenzucht bedeutete, dass Frauen erniedrigt wurden zu Muttertieren, sie wurden ausgezeichnet wie Kühe geradezu für Kinder, vier Mutterkreuze für Bronze, sechs in Silber und acht in Gold. Das wollen Sie doch nicht! Es wurden Frauen ermordet, als Jüdinnen, als Sintezza, als Romney (Roma?), aber auch als Asoziale und Kranke, oder Schwachsinnige. Schwachsinn war bei Frauen, sozialer Schwachsinn oder moralischer Schwachsinn, wenn man mehrere Geschlechtspartner hatte oder wenn man die Wohnung nicht ganz in Ordnung hatte, dann wurde man zwangssterilisiert, da wurde eine Abtreibung durchgeführt. All das ist damit verbunden, sozusagen!«

Das also ist die Analyse des Historikers für Neuere Geschichte, Professor Wolfgang Wippermann. Gute Nacht, möchte man da nur noch sagen. Mal abgesehen davon, dass jeder Unterstufenschüler eines Gymnasiums spätestens an dieser Stelle wegen mangelnder Deutschkenntnisse eine Gemeinschaftsschulempfehlung erhalten hätte. Das Schlimmste ist, dass er sich in Rage geredet hat und anscheinend nie mehr aufhören möchte.

Er ergänzt: »Und auch noch eins dazu: Am Anfang wurden Frauen aus dem Berufsleben verdrängt, einige kamen wieder herein, weil man sie brauchte, aber auch das müssen sie zugestehen, Moderatorinnen gab's im Dritten Reich nun nicht! Das ist ein Punkt! Das heißt, also die Frauen wurden diskriminiert, und das können sie doch nicht gut finden, und das hat auch mit diesen konservativen Idealen, die sie verteidigen möchten – es sind nicht meine Ideale, das können Sie durchaus tun –, nichts zu tun. Und Sie sollten sich davon distanzieren.«

Er ist fertig, indes: Der Applaus bleibt aus. Nanu, war der Warm-Upper etwa eingeschlafen? Oder ging es dem Rest wie mir?
Aber mal im Ernst: Was sollte man da noch machen? Da saß einer, war Geschichtsprofessor, wurde vor laufender Kamera als seriöser Experte vorgestellt und erzählte Dinge, die kein Mensch verstand. Abgesehen davon, dass diese wirre Herunterleierei verschiedener Fakten verantwortungslos war, weil nichts, wirklich nichts damit erklärt wurde, half er auch dem Moderator mit diesem Durcheinander nicht weiter. Noch weniger mir, aber ich hatte die Hoffnung inzwischen eh schon längst aufgegeben, dass dieser Mann Licht ins Dunkel bringen könnte. Das Gegenteil war der Fall.
Und schließlich: Wen interessierte es und wofür sollte es wichtig sein, ob es im Dritten Reich Moderatorinnen gegeben hatte? Doch eines, das war ganz gewiss sicher: Dieser Wissenschaftler, der Historiker Professor Wippermann, mochte alles Mögliche getan haben, um sich auf diese Sendung gewissenhaft vorzubereiten. Doch er hatte es anscheinend versäumt, wenigstens eines meiner Bücher zu lesen. Denn sonst hätte er wissen müssen, dass gerade die verheerende Familienpolitik des Dritten Reiches sehr wohl von mir beleuchtet worden war.
Deswegen antworte ich, und dabei wundere ich mich selber über meine Ruhe: »Vielen Dank für den Geschichtsunterricht! Und es sind keine Neuigkeiten, die sie gerade von sich gegeben haben!«
Ich will weitersprechen, doch das Publikum applaudiert. Danke! Es

scheinen noch ein paar selbst denkende Menschen an Bord zu sein. Indes kommt mir gerade der Gedanke, dass ein Warm-Upper zwar eine Menge *für* den Beifall im Studio tun konnte, aber nichts dagegen. Wenn einer der anwesenden Gäste also meiner Meinung war und deswegen klatschte, wurde er in diesem Moment selbst zum Warm-Upper. Herrlich!

Ich erläutere inzwischen, dass ich in meinen Büchern ausführlich über die verheerenden Mechanismen der Hitlerschen Familienpolitik berichte und dass bei jener verhängnisvollen Pressekonferenz niemand der anwesenden Journalisten ein Lob über diese Zeit von mir gehört haben will. Und dass ich auch von Herrn Prof. Wippermann erwarte, dass er meine Bücher gelesen hat, wenn er in dieser Sendung mit mir darüber sprechen wolle. Ich warne vor dem unheilvollen Mechanismus, dass man kaum noch öffentlich über Werte sprechen könne, ohne dass man mit der braunen Keule angegriffen werde. Ich weise darauf hin, dass Alice Schwarzer die Erste gewesen sei, die in der Öffentlichkeit meine Thesen mit Nazivokabeln in Zusammenhang gebracht habe.

Die anwesende Margarethe Schreinemakers knetet derweil nervös ihre Hände und fällt mir ins Wort, doch ich möchte gerne zu Ende sprechen und sage das auch. »Ich geh jetzt!«, murmelt sie – und bleibt sitzen.

Doch mir erscheint es wichtig, klarzustellen, dass unsere demokratische Freiheit beendet ist, wenn wir über die Ursachen des derzeitigen Werteverfalls nicht mehr offen diskutieren können.

Johannes B. Kerner unterbricht mich und redet so schnell, als hätte er plötzlich einen inneren Zeitraffer aktiviert. Dass doch der Geschichtsprofessor sehr sauber differenziere und dass in Wirklichkeit ich den Stein ins Rollen gebracht hätte. Dabei verhaspelt sich der Moderator pausenlos, sodass es zunächst schwerfällt zu verstehen, was er eigentlich will. Vielleicht war dieser Wippermannsche Faselinfekt ja ansteckend?

Kerner wörtlich: »Du hast doch den Vergleich, auch wenn er falsch dargestellt wird, du hast sozusagen die Begrifflichkeit eingeführt. Würdest du wenigstens sagen, dass es problematisch war, diesen Vergleich heranzuziehen?«

Die Frage, die sich allmählich in meinem Inneren ausbreitet, lautet: Was will dieser Moderator eigentlich von mir hören? Möchte er gern ein Schuldeingeständnis haben? Nochmal: Darauf kann er lange warten. Und deswegen antworte ich ihm:
»Es scheint heutzutage problematisch zu sein, wenn wir uns auf die Suche machen nach der Ursache: Warum sind wir heute da, wo wir sind?!«
Weiter kann ich nicht sprechen, denn Johannes B. Kerner scheint in Fahrt zu kommen. Ist es der kleine Mann im Ohr, oder kam dieser Gedanke selbst über ihn? »Was ist es für ein Gefühl dich«, fragt er und richtet sich dabei auf, »wenn du auf der Homepage der NPD abgefeiert wirst und die DVU für dich demonstrieren gehen will?«

Wieder ein K.-o.-Schlag: Diese Worte klingen, als sei es das Ergebnis meiner persönlichen, vorsätzlichen Arbeit, dass die rechten Parteien sich jetzt auf den Plan gerufen fühlen. Kein Wunder bei der Medienhetze, die mich mit aller Kraft in das ultrarechte Spektrum gedrückt hat. Da wäre inzwischen jeder winterschlafende Braunbär geweckt worden und hätte dankbar hechelnd auf der Matte gestanden.

Ich antworte ihm, dass es natürlich ein übles und elendes Gefühl ist und dass ich juristisch bereits dagegen vorgegangen sei. Dass es außer Frage stehe, dass ich das Dritte Reich ablehne, und dann rechtfertige ich mich mit allen möglichen Beispielen, aus heutiger Sicht eine schon beinahe überflüssige Abwehrreaktion. Ich fühle mich inzwischen wie ein gejagter Hase, der überall, wohin er auch läuft, Jägern und Treibern gegenübersteht, die ihre Flinte im Anschlag haben und auf diesen einen Schuss warten, der das Leben des Tieres endlich beendet.

Nun wird Frau Schreinemakers wieder in den Ring gezogen. Sie solle gleich ihre Frage stellen, meint der Moderator. Vorher insistiert Kerner jedoch noch einmal: »Würdest du nicht sagen, dass es problematisch war, diesen Vergleich zu machen?«
Gleich schreie ich! Spreche ich eigentlich chinesisch? Ich wundere mich selber über meine Geduld, als ich ihm antworte: »Wenn wir uns heute fragen: Warum haben wir Probleme mit den Werten? Warum steht Deutschland bei 78 untersuchten Ländern, was Familienfreundlichkeit angeht, auf Platz 77?«

»Eine hoch umstrittene Studie«, wirft Kerner mit besorgter Miene ein. Und er fügt an: »Von einer hoch umstrittenen schwedischen Autorin!«

Zur Bestätigung brummt Frau Schreinemakers zustimmend dazwischen und nickt dabei nachdrücklich mit dem Pagenkopf, der vorne rechts und links in Zipfel geschnitten ist.

Tja, liebe Leute, da seid ihr komplett auf dem Holzweg! Denn das, was ihr hier beide vor laufender Kamera behauptet, ist schlicht falsch und ausgemachter Unsinn! Herr Kerner und auch Frau Schreinemakers verwechseln gerade die schwedische Autorin Anna Wahlgren, die einen ähnlichen Feldzug in Schweden führt wie ich hier, mit zwei ausgewiesenen Professoren der *Harvard*-Universität, Alberto Alesina und Paola Giuliano, deren weltweit beachtete Studie vom Bonner »Institut zur Zukunft der Arbeit« veröffentlicht worden war (75). Von exakt dieser Untersuchung spreche ich hier, einer Untersuchung, bei der Umfragedaten des *World Value Survey* aus 78 Ländern analysiert wurden.

Dazu heißt es aktuell beim *Informationsdienst Wissenschaft*: »In kaum einem anderen Land der Welt zählt die Familie so wenig wie in Deutschland. Das ist das Ergebnis einer Studie, die am Institut zur Zukunft der Arbeit (IZA) in Bonn erschienen ist. Demnach sind die familiären Bande lediglich in Litauen noch schwächer als im Land der Dichter und Denker. Die Wissenschaftler untersuchten auch, inwieweit die regional unterschiedliche Rolle der Familie wirtschaftliche Folgen hat. Ihr Fazit: Wo die Familie eine zentrale Rolle spielt, nehmen Frauen weit seltener am Erwerbsleben teil. Gleichzeitig geben die Bewohner dort an, mit ihrem Leben zufriedener zu sein.«

Dummerweise bemerke ich diese Verwechslung in der Sendung nicht, weil ich damit beschäftigt bin, mich gegen mehrere Leute gleichzeitig wehren zu müssen.

Margarethe setzt noch einen drauf und stellt fest, dass der Frank Plasberg (ARD-Sendung *Hart aber fair*) das mit der Schwedin ja auch schon herausgefunden hätte. Aha! Schade, dass ich nicht klarstellen kann, dass Herr Plasberg in der Tat die Untersuchungen von Anna Wahlgren meinte, während ich hier über eine völlig andere, weltweit anerkannte wissenschaftliche Untersuchung spreche.

Alle Anwesenden scheinen nicht den Hauch einer Ahnung davon zu haben, dass unsere Gesellschaft sich bereits auf einem sinkenden Schiff befindet. Dass unsere Geburtenrate uns in gar nicht allzu langer Zeit zum Aussterben zwingen wird. Dass wir ebenso sorglos damit umgehen wie früher auch schon andere Hochkulturen wie Ägypten, das antike Griechenland oder das alte Rom, die sich ebenso eine ganze Weile beim Untergang zusahen, ohne dem Geburtenrückgang etwas entgegenzusetzen. Denn auch damals, als diese alten, doch hoch entwickelten Zivilisationen bereits den Zenit überschritten hatten, lauteten die Parolen nur noch: Individualismus, Unsittlichkeit und Schamlosigkeit!

Ich erwähne also, dass wir die niedrigste Geburtenrate Europas hätten, als Senta Berger mir ins Wort fällt mit der Anmerkung, in Italien sei sie noch niedriger. Das stimmt! Ich bestätige ihre Aussage, erwähne als Beispiel der gelebten Kinderfeindlichkeit meine Heimatstadt Hamburg, in der Kindertagesstätten wegen Kinderlärms geschlossen werden mussten, und unterstreiche noch einmal, dass wir nach den Ursachen für unser kinderfeindliches Verhalten suchen müssten. Im Dritten Reich, so füge ich an, seien Familienwerte missbraucht und pervertiert worden, die Achtundsechziger hätten diese schließlich nahezu abgelehnt.

Eigentlich fand ich diese Ausführungen klar genug, als jedoch die elegante Senta Berger, neben mir sitzend, plötzlich einen irrwitzigen Dialog mit mir anfängt: »Wie alt waren Sie, Eva, achtundsechzig?«

»Zehn!«, antworte ich.

»Eben!«

Sie lehnt sich kurz zufrieden zurück, dann fragt sie: »Ja? Und? Weiter?«

Was will sie denn jetzt? Was heißt: Und weiter? Nichts und weiter! Wollen wir jetzt rumzicken? Wirklich, meine Nerven werden auf eine harte Geduldsprobe gestellt. Eigentlich würde ich ihr lieber eine kurze, patzige Antwort hinschmettern, aber das wäre unhöflich einer gestandenen, älteren Dame gegenüber.

Und so lege ich dar: »Aber ich hatte Geschichtsunterricht, und ich habe mich auch ausgiebig mit dieser Zeit auseinandergesetzt.«

»Aber ich habe sie gelebt!«, kommt es etwas schnippisch von links.

Und Frau Berger setzt nach: »Ich habe sie gelebt und erlebt! Und ich muss sagen, dass gerade 68 zum ersten Mal ein Tor aufgestoßen worden ist in die Richtung, dass Frauen die gleichen Möglichkeiten haben sollen und ergreifen sollen wie die Männer. Und daraus ist eigentlich eine Emanzipation des Mannes und der Frau entstanden, also nicht eine Emanzipation der Frau gegen den Mann, das wäre ja auch wirklich zu dumm!«

Oha, Frau Berger, betrachten Sie etwa die Vergangenheit immer noch im verführerischen Licht ihrer jugendlichen, vielleicht durchaus romantischen Vergangenheit? Ich schaue mir ihre Miene etwas genauer an, und fast tut sie mir leid. Sollte sie etwa damals in ihren Ansichten und Sehnsüchten steckengeblieben sein?
Doch Senta Berger ist noch nicht fertig. Es kommt, wie ich es befürchtete.
Sie glorifiziert die Vergangenheit, indem sie nun allen Ernstes sagt: »Sondern es ist ein ganz neues Gefühl zwischen Mann und Frau entstanden«, und mit einem neckischen Blick zu dem mit offenem Mund lauschenden Komiker Mario Barth gerichtet: »was er gleich bestreiten wird – von dem jeder profitiert. Und niemals sind so viele Kinder auf die Welt gekommen wie gerade in den sechziger Jahren, es war einfach zu schön.«

Jetzt wird es mir ehrlich mulmig. Denn wenn ich offen reden könnte, müsste ich natürlich in dieser Sekunde auf die große Abtreibungsaktion des *Stern* vom 6. Juni 1971 zu sprechen kommen, die von Alice Schwarzer initiiert worden war und bei der, neben Romy Schneider, auch die attraktive Senta Berger ihr Gesicht auf dem Titel der Zeitschrift abbilden ließ mit der Überschrift »Ich habe abgetrieben!«. Tja, liebe Frau Berger, Sie haben wirklich alles dafür getan, dass sich die von Ihnen soeben gepriesene stattliche Geburtenrate der Sechziger schnellstens dezimiert!
Es brennt mir auf der Zunge, und unter normalen Umständen würde ich diese Herausforderung nicht scheuen. Aber würde ich hier, vor diesem Tribunal, mit solchen Seitenhieben kommen, wäre die Empörung noch größer, als sie derzeit aufgrund meiner Anwesenheit bereits ist.

Ich versuche es mit einer kleinen Frage in diese Richtung: »Aber warum kommen denn heute keine Kinder mehr auf die Welt, liebe Senta Berger?«

Sie scheint den Unterton nicht zu bemerken und wartet mit einer ungewöhnlichen Antwort auf: »Ich glaube, dass wir eine sehr schlechte Wirtschaft haben, wo natürlich immer wieder dann gerade Frauen das dann immer wieder ausbaden müssen. Weil, wenn Sie sagen, ich möchte gerne, dass die Werte so definiert werden, dass Frauen, die wieder zu Hause sind, quasi die wertvollere Arbeit leisten, dann muss ich Ihnen leider sagen, dass das kaum eine Frau heutzutage das noch als freie Wahlmöglichkeit hat!«

Ja! Jawohl! Jawohl! Wie recht diese Frau doch hat. Das Publikum scheint es ebenfalls so zu sehen und quittiert diese richtige Aussage von Senta Berger mit Applaus.

Ich versuche deutlich zu machen, dass ich immer dafür war, dass Frauen arbeiten und einen Beruf haben sollten, plädiere dann aber nach Astrid Lindgren mit den Worten: Aber wenn dann Kinder kommen, sollten Frauen zumindest in den ersten Jahren bei den Kindern bleiben können und nicht denken: Welch eine Schande, dass ich heute zu Hause bleiben muss.

Kerner fragt, wie es bei mir gewesen sei, als das Kind kam. Und ich drehe den Spieß um und sage, dass es für ihn auch nicht unpraktisch sei, dass seine Frau bei den drei Kindern zu Hause bliebe, während er Geld verdiene. Vor allem sei dies doch sicher auch optimal für die Kinder.

Er spricht von freier Entscheidung und von Sonderstatus und dass er einen schlechten Vergleich abgebe. Stimmt! Er ist im Vergleich zu den Millionen von Fernsehzuschauern in einer absolut privilegierten Lebenssituation. In der Sache bleibt jedoch festzustellen: Er könnte nicht die bundesdeutsche Fernsehlandschaft fast täglich mit seiner omnipotenten Bildschirmpräsenz beglücken, würde Britta Becker, seine aus meiner Sicht hochsympathische Ehefrau, sich nicht derweil um Haus, Hof, Herd und Kinder kümmern.

Nun könnte die Sendung eigentlich beendet sein, nahezu alles wurde gesagt! Nur der Himmel weiß, warum der Moderator nun mit der ganzen Litanei wieder von vorne anfängt und ganz langsam spricht, während er dabei eine eindrückliche Handbewegung macht.
»Eva, du sagst, die Nazis hätten die Werte pervertiert.«
»Ja!«
»Und das hat ja der Historiker auch gesagt«, fügt er an.
Und nun scheint der ganze Journalist aus ihm herausbrechen zu wollen, als er zum x-ten Male fragt: »Warum sagst du nicht, dass es ein Fehler war, überhaupt diesen NS-Vergleich in einer welchen Form auch immer in einer solchen Pressekonferenz, in der es darum geht, ein Buch vorzustellen, zu erwähnen?«

Hallo! Aufwachen, Herr Kerner! Ich habe alles längst mehrfach gesagt! Ich war nicht diejenige, die meine Thesen mit dieser verhängnisvollen Zeit in Zusammenhang brachte. Es waren die, die von sich behaupten, Journalisten zu sein. Doch warum reitest du, Johannes Baptist, eigentlich immer wieder auf diesem angeblichen Fehler herum? Was willst du wirklich von mir?
Schön ruhig bleiben. Länger aus- als einatmen, das ist die Königsdisziplin. Damit schafft man Negatives wie Krankheiten und Ärger aus dem Körper.

Also, noch einmal, für alle diejenigen, die es immer noch nicht verstanden zu haben scheinen: »Ich habe es gerade mehrfach gesagt«.
Und wieder erläutere ich unsere Gesellschaft der Bindungslosigkeit und des Werteverfalls, als Kerner mich unterbricht und noch einmal die Frage wiederholt:
»Und warum muss man einen Vergleich mit der NS-Zeit machen?«

Nun muss auch der Letzte merken, dass man in diesem Land anscheinend nicht einmal mehr über unsere zurückliegende Geschichte sprechen darf. Denn der Moderator insistiert inzwischen in einer Weise, die deutlich macht, dass es jetzt nur noch darum zu gehen scheint, dass ich über den verheerendsten Zeitabschnitt der deutschen Geschichte öffentlich gesprochen habe. Eine Art Kollektivverdrängung wird eingefordert, geltend für ein ganzes Volk, oder was?

Und erneut erkläre ich ihm, dass wir angesichts der deutlichen Auflösung sämtlicher Bindungsstrukturen die Ursachen suchen müssen und dass diese nun einmal unter anderem im Dritten Reich liegen. Und dass eben diese Bindungsstrukturen durch die Achtundsechziger für unbrauchbar erklärt und abgeschafft worden sind.

Die Kamera schwenkt auf die Damen Schreinemakers und Berger, die ihren Kopf auf eine Hand gestützt haben und etwas ratlos dreinschauen. Entweder scheint es ihnen schon alles gleichgültig zu sein, oder es beschäftigt sie innerlich. Egal, ihre Souveränität ist dahin. Während Senta Berger als Vollprofi dennoch die Haltung insofern wahrt, als sie das Kinn ein wenig spitz auf die Finger legt, hat Margarethe die linke Hand ziemlich ungelenk in nahezu die Hälfte ihres Gesichtes hineingedrückt und dabei den ganzen Teint verschoben, sodass die Fingerspitzen fast bis ins Auge hineinstaken. Na, die Maskenbildnerin wird sich freuen, dieser Teil des Gesichtes dürfte nun jedenfalls verwischt und verhunzt sein.

Kerner gibt nicht auf. Wenn er selbst schon nichts mehr zu sagen weiß auf eine nunmehr dreimal gegebene Antwort, dann muss der Fachmann ran. Stimmt, der Geschichtsonkel ist ja auch noch da.
»Herr Wippermann, reicht Ihnen das als Erklärung?«
Ruckartig kommt Leben in die beiden dahingesunkenen Damen. Endlich wird eine Fachkapazität die Karre aus dem Dreck ziehen, denn hier weiß inzwischen keiner mehr weiter.
Wer immer die Entscheidung getroffen hat, Herrn Professor Wippermann zu dieser Sendung einzuladen, dem gehört spätestens jetzt ein Orden verliehen. Denn dieser Mann zeigt allen, was eine Harke ist. Selbstverständlich ist er mit dem von mir Gesagten auf keinen Fall einverstanden.
»Nein! Das reicht mir gar nicht! Absolut nicht!«
Applaus. Und auch Margarethe Schreinemakers, die eigentlich als Gast hier sitzt, klatscht jetzt mehrfach nachdrücklich in die Hände und richtet sich auf! Jawohl! Sie nimmt ihr Wasserglas und trinkt sich noch einen, dann kann es losgehen.
Herr Professor Wippermann verteilt indes Blumen an mich, indem er sagt: »Ich muss Sie auch einmal loben, denn Ihr Ausspruch ist

inzwischen auch Examensprüfungsfach geworden. Ich frage die Studentin: ›Hat Eva Herman recht? Ob dem Nationalsozialismus? Und die Studentin hat eine Eins gemacht!‹«

Nun, wenn sie genau jene Ansichten zu Papier gebracht hat, die dieser Mann von ihr erwartete, mag das durchaus sein, denke ich. Doch jetzt wird es ernst, denn nun möchte dieser Historiker mich in eine Ecke zwingen, aus der ich meinte, allmählich herausgekrochen zu sein: »Aber Sie können nicht jetzt wie die Politiker so tun: Ich habe das nicht gesagt!«

Rumms! Das ist aus meiner Sicht fast schon justiziabel.

»Doch kann ich das sagen!«

Er macht eine unterstützende Bewegung, indem er seinen Kopf fast schlangenartig nach vorne schiebt und nachdrücklich wiederholt: »Doch, Sie haben das gesagt!«

»Sie haben es gesagt!«, beharrt er weiter auf seinem Standpunkt. »Sie haben die Werte gelobt, Werte wie Familie, Kinder und das Mutterdasein, die auch im Dritten Reich gefördert wurden. Das ist Ihr Zitat, und das ist falsch!«

Herr Historiker hatte diese Worte abgelesen, er zitiert ganz offensichtlich die *BamS*-Aussage, die ich nicht autorisiert hatte. Tja, soll ich diese ganze Geschichte jetzt hier auch noch darlegen und erläutern? Es würde nichts bringen. Klar ist doch längst, dass ich sagen kann, was ich will. Einer aus dieser Meute wird immer noch einen draufzusetzen haben. Ich werde langsam das Gefühl nicht los, dass hier eine gut ausgearbeitete Kooperation zu herrschen scheint, oder wie anders ist diese »Gerichtssituation« zu erklären? Bin ich eine Angeklagte? Offensichtlich!

Nun hat Herr Wippermann auch noch den Zeigefinger ausgefahren, den er auf mich richtet, und in gleichmäßigen Abständen hackt er damit unsichtbare Löcher in die Luft. Mamas Spruch fällt mir ein, den sie uns Kindern mit auf den Weg gab, wenn wir Gleiches taten: »Man zeigt nicht mit nacktem Finger auf angezogene Leute!« Hat Ihre Mutter Ihnen so etwas nie beigebracht, Herr Professor?

Noch einmal setzt er nach: »Das ist falsch!« Gleichzeitig versucht er deutlich zu machen, dass er in Wirklichkeit doch als mein Retter auftrete. Den ich jedoch schmählich zu übergehen scheine, indem ich ihn einfach nicht verstehen will.

»Ich wollte Ihnen eine Brücke bauen, zu sagen: Ich wollte doch nur das konservative Ideal verteidigen!«

Tolle Brücke! Danke! Und morgen steht in allen Zeitungen: Eva Herman von Historiker überführt! Sehe ich eigentlich schon Gespenster? Wohl kaum!

»Und Sie sollten sich distanzieren von diesem rassistischen Frauenideal!«

Es reicht! Was erlaubt sich dieser Missversteher vom Dienst eigentlich? Er kennt mich nicht, weiß nichts von mir, hat wohl kaum meine Bücher gelesen und drischt hier irgendwelche hochgefährlichen Phrasen, weil man diese von ihm zu erwarten scheint. Hat er vielleicht gar einen Auftrag? Meine Geduld neigt sich dem Ende zu. Ich weiß in diesem Moment noch nicht, dass Herr Prof. Wippermann wenige Monate zuvor vom Ehemann Senta Bergers, dem Filmproduzenten Michael Verhoeven, für ein aufwendiges Filmprojekt als Fachmann engagiert worden war. Es handelte sich um den Kinofilm *Der unbekannte Soldat*, in dem es um die umstrittene Wehrmachtsausstellung geht. Hatte Senta Berger am Ende für diesen grandiosen Kontakt gesorgt?

Auf jeden Fall will dieser Mann jene Sendung scheinbar nicht verlassen, ohne mir den braunen Stempel tief in die Haut gebrannt zu haben!

Ich entgegne: »Das tue ich doch die ganze Zeit! Ich meine, ich habe mich doch klar ausgedrückt!«

Applaus!

Danke! Es gibt noch andere Leute, die ähnlich zu empfinden scheinen wie ich. Ich weise jetzt darauf hin, dass es weitere, juristisch ausgebildete Sachverständige gebe, die mein Originalzitat anders deuten. Und wenn ich vorher gewusst hätte, dass das ZDF hier einen Historiker präsentiert mit derartigen Unterstellungen …

Doch weiter komme ich nicht. Denn der Moderator springt dem Mann bei und zieht den nächsten, wohl vorbereiteten Trumpf aus dem Ärmel.

Der politisch korrekte und dreimal chemisch gereinigte Johannes wörtlich: »Auf der Homepage der NPD war ich zum ersten, hoffentlich auch zum letzten Mal. Da wird vom ›Ring nationaler Frauen‹ gelobt, Zitat: Den Mut, den Frau Herman aufgebracht hat, um auf die positive Einstellung zu Kindern, Mutterschaft, Familie und Werten, den Zusammenhalt in früheren Zeiten hinzuweisen – und, jetzt kommt es: und dabei bestimmte Jahre aus Ehrlichkeit nicht auszuklammern, ist bewundernswert!«

Heischend nach Beifall schaut er in die Runde. Und tut fast so, als stamme jenes Zitat der NPD-Homepage direkt von mir. Doch genügt es längst, dass ich von jenen Leuten dort gelobt werde. Damit habe ich den nächsten Schwarzen Peter!

»Ja, es ist übel und es ist unerträglich für mich! Natürlich.«

Was soll ich sonst sagen? Schlimmer geht es kaum noch. Oder doch?

Investigativ wird nachgehakt: »Und wie gehst du dagegen vor?«
»Juristisch! Habe ich doch gerade gesagt!«

Ich komme in diesem Moment nicht dazu, zu erläutern, dass meine Anwälte gegen mehrere, stark rechtslastige Parteien wie die NPD und die DVU zu Felde gezogen waren. Inzwischen darf keiner von ihnen mehr mit meinem Namen werben. Leider gelingt es mir augenblicklich auch nicht mehr, den genervten Unterton aus der Stimme zu zaubern.

»Ich habe mich aus meiner Sicht, glaube ich, klar geäußert.« Und dann erläutere ich den Hergang der Pressekonferenz, ich erkläre, dass sowohl mein Verleger als auch ich uns während besagter Konferenz mehrfach ausdrücklich vom Dritten Reich distanziert haben, damit dem neuen Buch nicht ähnliche Vergleiche wie dem vorangegangen *Eva-Prinzip* angehängt werden konnten. Ich berichte darüber, dass RTL das Band mit dem gesamten Verlauf der Veranstaltung nicht herausgibt und dass ich mehr als zwei Wochen lang nicht an den Originalwortlaut herankam, um beweisen zu können, dass der falsch zitierte Satz aus dem Zusammenhang gerissen war.

Kerner lässt mich ausreden, macht zwischendurch einige Male: Hm, hm, und leitet dann zu Margarethe Schreinemakers über, die unruhig geworden zu sein scheint. »Dann mal eine inhaltliche Auseinandersetzung, Margarethe«, nickt er ihr wohlwollend zu.

Inhaltlich? Was war das denn eigentlich anderes als das, was wir hier schon seit mehr als zwanzig Minuten zu klären versuchten? Es geht hier nur um Inhalte, Herr Kerner, die ihr aber nicht versteht! Nicht verstehen wollt, vielleicht?

Margarethe setzt das berühmte Näseln auf, das ihr streng zu untersagen scheint, den Mund beim Sprechen zu öffnen. Die folgenden Sätze, von einem fetten Schmatzer eingeleitet, werden wie an einem ausgeleierten Kaugummiband aus den beiden Nasenlöchern herausgezogen: »Na ja, vielleicht nur ganz kurz, egal, wie oft ich diesen Satz höre, und ich hab ihn ja jetzt nur einmal ...«

Sie zögert. Ja, was denn? Nur einmal gehört? Das ist spannend.

Sie fährt fort: »Einmal als Audiodokument, einmal in vorgelesener Version.«

Kurz hält sie inne, um dann dem ungebildeten Teil der Zuschauer kurz auf die Sprünge zu helfen: »Im Audiodokument heißt: Im Ton!«

Ah ja, prima, dann wäre das auch geklärt! Margarethe weiter: »Ohne Eva dabei zu sehen, ist er durcheinander und kraus. Das ist das Problem!«

Ich muss kurz an den Sprachwissenschaftler denken und das, was er mir im letzten Telefonat mit auf den Weg gab, nämlich, dass dieser Satz grammatikalisch hundertprozentig in Ordnung sei. Dennoch, er ist nicht ganz einfach formuliert, das ist unbestritten. Doch wenn ich mir die verquasten Schachtelsätze des personifizierten guten Gewissens anhöre, das mir in Form eines Geschichtsprofessors gegenübersitzt, dann will ich mit meinen Deutschkenntnissen durchaus zufrieden sein.

Margarethe ist beileibe noch nicht am Ende. Sie scheint sich über den Satz, den sie nicht versteht, wirklich zu ärgern. Deswegen wiederholt sie ihre Aussage: »Er ist durcheinander, er ist kraus, und man versteht es nicht! Das heißt, der Sinnzusammenhang ist so, dass es sich mir so vermittelt, als würde sie diese Werte auf die NS-Zeit beziehen!«

Ja, nun werden endlich die Visiere hochgeschoben, und langsam aber sicher beginnen wir, uns in die Augen zu schauen!

Margarethe Schreinemakers, lange Zeit beliebte Moderatorin Deutschlands, nach einem selbst provozierten TV-Skandal um eigene Steuerangelegenheiten seit einigen Jahren von offiziellen Bildschirmen weitestgehend verbannt und im belgischen Steuerparadies lebend, erhebt in diesem Augenblick ebenso wie Herr Kerner und Herr Wippermann öffentlich Anklage gegen mich. Wirklich, dieses Gefühl muss man nicht unbedingt erlebt haben, bevor man die Erde verlässt. Vor allem: Gab es hier eigentlich noch irgendjemanden, der sich die Mühe machte, einmal genau hinzuhören?

Frau Schreinemakers hat Fahrt aufgenommen. Sie holt jetzt noch etwas weiter aus, um zu einem neuen, öffentlichen Vernichtungsmittel zu greifen, indem sie nämlich meine Belastbarkeit in Frage stellt: »Wenn man sich so viel auf die Schultern packt an großer Familienpolitik, wo irre viel Themen dazugehören, dann kann natürlich mal etwas durcheinandergeraten im Kopf, und das war mein Eindruck, als ich das hörte.«

Kurze Pause. Dann folgt die ernst gemeinte, prozessuale Aufforderung, die Schuld, und sei sie denn eben nicht durch verwerfliche, politische Gesinnung, sondern eher durch meine ausgemachte Blödheit entstanden, nun endlich öffentlich einzugestehen: »Das könntest du jetzt beispielsweise jetzt zugeben!«

Sie scheint ihr eigenes Schicksal, das auch nicht nur rühmliche Zeiten erlebte, übrigens komplett ausgeblendet zu haben, denn zu gut gefällt sie sich offensichtlich derzeit in der Rolle der öffentlich-rechtlichen Richterin. Beide Unterarme aufgestützt, faltet sie die Hände wie zum Gebet und redet.

Ich frage mich gerade, ob sie eigentlich auch so etwas besitzt wie eine Außenwahrnehmung? Ahnt sie nicht, was in diesem Moment zahlreichen Leuten durch den Kopf geht? Glaubt sie wirklich, dass ihre einst heiß diskutierte Steueraffäre, bei der sie fast zehn Jahre zuvor zig Millionen Euro vom Finanzamt zurückforderte und sodann einen der größten, öffentlichen Skandale in der Geschichte auslöste, als ihr bei Sat.1 während laufender Sendung der »Saft« abgedreht wurde, vergessen ist?« Mich persönlich störte das damalige Ansinnen der Moderatorin nicht so sehr wie die Art und Weise, wie ihre Medienkollegen die damals beliebte Moderatorin durch eine ziemlich beleidigende Berichterstattung innerhalb weniger Tage zu einer Verfolgten und Ausgegrenzten machten. Jeder kann bei Interesse selbst im Internet recherchieren, wie die Sache damals gelaufen ist. Diese Frau, die derartige Mechanismen ebenso durchleiden musste wie ich jetzt, sie beteiligte sich selbst gerade ohne Empathie und ohne Menschlichkeit an der Hatz auf mich. À la bonheur, Madame!

Margarethe Schreinemakers hat übrigens soeben beschlossen, über »meinen berühmten Satz« nicht weiter sprechen zu wollen, weil dies die rechte Szene stärken könnte. Applaus! Sie nimmt einen tiefen Schluck aus dem gefüllten Glas und scheint den Beifall zu genießen.

Das soll sie auch ruhig weiter tun. Derweil ergreife ich das Wort und weise darauf hin, dass ich seit einem Jahr heftig angegriffen werde. Ich erinnere Herrn Kerner an die letztjährige Ausstrahlung zum Thema »Eva-Prinzip«, in der es mir ähnlich erging. Und nun komme ich endlich dazu, Klartext zu reden.

Ich mache meinem Herzen nach 24 Minuten Schwitzkasten Luft und sage: »Ich habe auch jetzt wieder den Eindruck, dass keine Freisprechung erfolgen soll. Sondern es soll weiter missverständlich behandelt werden: Sie hat es gesagt! Wir wollen das jetzt so! Und alles andere zählt überhaupt nicht mehr!«

Puh, ich habe allen Mut zusammengenommen, um diesem Gesindel klarzumachen, was hier derzeit abgeht. Ob sie es verstehen werden?

Margarethe näselt wieder los: »Aber warum fühlst du dich denn so als Opfer?«

Nein, sie verstehen es natürlich nicht! Und sie schon gar nicht, oder will sie nicht? Wenn einer die ziemlich bescheidene Situation des plötzlichen Verlustes seines Arbeitsplatzes kennen müsste, dann doch wirklich sie, Margarethe Schreinemakers.

»Ja, also, Moment mal«, gebe ich zu verstehen. »Ich habe meinen Job verloren!«

Das Gretel will wieder etwas einwenden, doch der einsetzende Applaus verbietet ihr jedes weitere Wort.

Sie fängt sich aber: »Nun gehen wir mal davon weg, dass du deinen

Job verloren hast, was sicher sehr tragisch ist!« Ihre Selbstzufriedenheit, mit der sie ihre Finger dabei knetet, spricht Bände.

Ich weise sie mit den Worten in ihre Grenzen: »Das hast du ja auch schon!«

Sie zögert, wechselt blitzschnell die Denkrichtung: »Da kann ich sehr wohl mitreden! Allerdings in einem anderen Sachzusammenhang, wenn du darauf anspielst, bin ich in meinem Ermittlungsverfahren schuldlos freigesprochen worden!«

Ah, ja! Und weiter?

Eine etwas nervösere Frau Schreinemakers setzt einen weiteren Unschuldsbeweis drauf: »Es hat nicht einmal einen Prozess gegeben!« Dies unterstreicht sie nachdrücklich mit heftigem Kopfnicken. Prima, dann wäre diese Sache auch geklärt.

Johannes wird jetzt unruhig und will sie zur Räson bringen. Doch sie hat schon verstanden und sagt: »Aber lassen wir das! Es geht ja jetzt um Eva! Sie wollte es ja so haben!« Dabei betet und knetet sie erneut.

Und nun werden die Rollen im Studio neu verteilt, Margarethe nimmt dem schon seit Längerem schwächelnden Herrn Kerner ruckzuck die Moderationstätigkeit ab. Achtung, Bruder Johannes, pass auf, einen solchen Job ist man schneller los, als man denkt.

Margarethe Schreinemakers hält das Ruder jetzt tatsächlich in beiden Händen. Sie richtet sich in ihrem Stuhl auf. Das Verhör wird nun durch sie fortgesetzt, indem sie mich fragt, für welche Sache ich denn eigentlich kämpfen würde? Theatralisch wirft sie dabei ihre Hände nach oben: »Eine Jeanne d'Arc? Was bist du und wieso brauchen wir dich?«

Sie schmunzelt über ihren despektierlichen Scherz, scheint ihre Frage gar als rhetorische Glanzleistung zu empfinden. Und auch im Publikum lachen einige Leute.

Was sagte Mama immer? Dummheit und Stolz wachsen auf einem Holz! Und sie sagte ebenso, dass man mit jedem Menschen über alles sprechen könne, außer, wenn er nicht in der Lage ist, den Inhalten zu folgen. Tja, Mama, was mache ich nur mit diesem hoffnungslosen Fall hier?

Ich antworte der personifizierten Exekutive, dass ich voraussetze, dass sie als gute Journalistin zur Vorbereitung meine Bücher gelesen habe und damit auch verstehen könne, worum es mir geht.

Sie habe sogar beide gelesen, das könne sie versichern, lautet die Antwort.

»Du hast ja auch schon das Buch vom Stillen geschrieben«, weiß sie jetzt.

Stimmt! Worauf möchte sie hinaus?

»Über das man auch reden könnte. Darüber kann man unterschiedlicher Meinung sein!«

Lieber Himmel, warum schickst du mich durch dieses Fegefeuer? Diese Frau, die selber Mutter zweier Söhne ist, weiß von Bindungsforschung NICHTS!

Sie hört noch lange nicht auf. Schläft Johannes eigentlich inzwischen oder wo ist er abgeblieben?

Tante Grete führt uns nun an eine neue Idee heran, nämlich die des schnöden Mammons, ein Thema, in dem sie selbst sich ja eigentlich ganz gut auskennen müsste: »Die Bücher, die dann folgten, verfolgten sicher auch 'nen kommerziellen Zweck! Dass es eine emotionale Diskussion ist, das liegt in der Natur der Sache. Familie ist etwas zutiefst Emotionales!«

Weiß ich, Margarethe, das weiß jeder normal denkende Mensch auf dieser Erde. Sie schraubt sich in ihrer Empörung über meine Bücher immer weiter nach oben.

»Aber ich sehe dich nicht als Vorkämpferin für irgendeinen Einzigen hier im Raum!«

Aha, da war er wieder, der Kollektivmechanismus, der die Menschen dieses Landes in der Vergangenheit schon häufig ins Unglück stürzte. WIR sehen die Sache anders als Sie, Angeklagte! WIR arbeiten hier allesamt im Namen des Volkes, aber Sie, Frau Herman, stehen natürlich mutterseelenalleine auf weiter Flur. Sie sind mit Ihren merkwürdigen Thesen natürlich im Unrecht, das finden WIR hier alle!

Woher wollte Margarethe Schreinemakers denn eigentlich wissen, dass sie hier wirklich für alle sprach?

Mir reicht es! Zum wiederholten Male. Es gibt da draußen noch genügend Menschen, die anders fühlen als ihr. Medienmeute, gehässige!

»Also, es gibt in diesem Land doch tatsächlich Familien! Und es gibt Frauen, die tatsächlich arbeiten müssen, obwohl sie in den ersten Jahren viel lieber bei ihren Kindern bleiben würden!« Ich bemühe mich um Ruhe.

Margarethe bestätigt die Aussage.

Ich versuche das Gesagte zu verdeutlichen: »Und diesen Frauen wird zum Beispiel von unserem Familienministerium suggeriert, dass es Wahlfreiheit sei, wenn sie einen Kita-Platz bekommen. Wahlfreiheit ist das aber nicht! Wahlfreiheit wäre, wenn diese Frau den Betrag, den ein Kitaplatz kostet – etwas über 1000 Euro im Monat –, zur Verfügung gestellt bekommen würde, um frei zu entscheiden, ob sie bei ihrem Kind bleibt!«

Die wieder etwas nachdenklicher gewordene Frau Schreinemakers gibt mir auch hier recht. Auch die Zuschauer signalisieren Zustimmung durch einen länger anhaltenden Beifall. Nur von Herrn Kerner ist immer noch nichts zu hören, obwohl die Sendung spürbar an Fahrt aufnimmt. Vielleicht holte er sich gerade eine Tasse heißen Kakao für die Nervenkraft? Auch die Kamera fängt ihn kaum noch ein. Oder ist er am Ende wirklich eingeschlafen?

Nun behauptet Margarethe, ich stünde mit diesem Anliegen, diesem Kampf, aber nicht alleine da! Das, liebe Frau Richterin, tue ich jedoch ganz gewiss, jedenfalls was die Öffentlichkeit angeht. Denn derzeit erhalte ich da draußen nur Gegenwind und mitnichten Unterstützung. In dieser gesamten glitzernden Medienwelt gibt derzeit doch kaum jemand seinen warmen Platz am Redaktionsofen auf, um sich in den scharfen Gegenwind zu stellen. Sonst wären wir nämlich auch schon entschieden weiter in diesem schönen Land. Momentan zerre ich jedenfalls immer noch mutterseelenallein an diesem dicken Mutter-Kind-Strick herum! Und dabei werden mir so viele Knüppel zwischen die Füße geworfen, dass ich aus dem Taumeln überhaupt nicht mehr herauskomme. Die mächtigsten Kaliber kommen in diesem Augenblick übrigens von dir, liebe Ex-Kollegin!

Sie redet weiter, und ich frage sie: »Hast du dich denn dafür schon mal eingesetzt?«

»Ja«, quakt sie sofort los. »In meiner Sendung, schon 1994«, antwortet sie und betet wieder. »Damals haben wir der Bundesfamilienministerin den *Goldenen Feigling* verliehen. Die ist nie gekommen, nie, niemals!«

Es geht aus dieser Aussage nicht deutlich hervor, ob Margarethe fassungsloser darüber sein soll, dass die Ministerin nie, niemals erschien, oder darüber, dass sich hier eventuell Meinungsgleichheiten zwischen ihr und mir auftun könnten, was ihr natürlich überhaupt nicht ins Konzept passen würde.

Denn Eva ist braun! Und Margarethe ist unschuldig, und souverän, denn sie hat früher an säumige Ministerinnen gar böse Preise wie den *Goldenen Feigling* verhängt! Momentan befürchte ich, dass sie in ihr berühmtes Weinen ausbrechen könnte, auf das die Nation inzwischen beinahe zehn Jahre verzichten musste. Deswegen versuche ich es ganz ruhig: »Schau mal, Margarethe, über deine Sendung damals redet heute keiner mehr! Aber über diese Bücher redet man, und zwar deswegen,« – heftiger Applaus und Gelächter unterbrechen mich kurz – »weil diese Themen auch wichtig sind. Und wenn du mir einen kommerziellen Zweck in Verbindung unterstellen möchtest, dann kann ich dazu nur sagen: Wenn jemand – und diese Entscheidung habe ich frei getroffen – sagt, ich veröffentliche lieber ein Buch, spreche darüber und führe öffentliche Diskussionen und hänge dafür einen sehr lukrativen *Tagesschau*-Job an den Nagel, der nicht nur a) gut bezahlt wird, sondern b) auch mit sehr vielen anderen Annehmlichkeiten in Zusammenhang gebracht werden kann, dann kann man diesen kommerziellen Zweck nicht unbedingt mehr unterstellen.«

Wieder ist Frau Schreinemakers etwas in sich gekehrt. Sie denkt offensichtlich darüber nach, während sie sich an einer etwas dickeren Haarsträhne festhält und sie dann wegschiebt.

Herr Kerner unterdessen scheint langsam zu erwachen, regelmäßige Grunztöne erschallen plötzlich aus seiner Ecke, ohne dass jedoch wirklich etwas Konkreteres geschieht. Die Kameramänner scheinen ihn immer noch zu ignorieren, jedenfalls ist er momentan kaum im Bild.

Nun gut, dann kann ich ja derweil weiterreden, denn auch die übrigen Partygäste scheinen nichts Wesentliches mehr zur Diskussion beitragen zu können. Mario Barth, der lustige Mann für die Bauchmuskeln, hat noch nicht einmal Piep gesagt und macht einen eher meditativen Eindruck. Die Luft scheint raus zu sein. Immerhin dauert die Aufzeichnung schon fast eine halbe Stunde.

Ich führe also weiter aus, solange niemand eingreift: »Und noch etwas, es gibt in den Medien, in den Medienkreisen oder dem medienpolitischen Establishment viele, die so denken und diskutieren wie du (Margarethe). Das weiß ich. Ich war da lange genug! Bei den Menschen draußen wird anders diskutiert.«

Noch ehe Frau Schreinemakers Paroli bieten kann, regt sich plötzlich der von mir längst als vermisst gemeldete Bruder Johannes an seinem berühmten Schreibpult. Er würde, so meint er jetzt, gerne darüber reden, vor allem über die Reaktionen, »auch bei dir«. Doch darf er nicht weitersprechen, weil auch Senta Berger wieder hellwach ist. Sie will jetzt wissen, wie viele Bücher ich eigentlich verkauft hätte, was auch immer das damit zu tun haben mag. Kerner weiß es: Über hunderttausend! Und er erklärt: »Das Zweite fängt ja erst an.« Womit er nicht das Programm meint, sondern mein nachfolgendes Buch.

Senta Berger, deren Berufsweg sie dereinst nach Hollywood geführt hatte, erinnert uns indirekt an diese glamouröse Zeit, indem sie sehr elegant das Kinn auf die gespreizten Finger stützt. Sie sieht wirklich gut aus, ein klein wenig kokett wirkt sie, aber durchaus liebenswert. Sie hat das, was man Charisma nennt, und zudem ist sie telegen. Und noch einmal: Eigentlich mochte ich sie immer gerne, und selbst jetzt hat dies Gültigkeit. Allerdings mault sie gerade. Sie fühle sich unwohl, sowieso schon etwas unwohl bei dieser Diskussion, doch erst recht, weil sie den Inhalt meiner Bücher nicht kenne und deswegen nicht argumentieren könne.

Machen Sie sich nichts draus, liebe Senta, den meisten anderen geht es auch nicht besser als Ihnen. Lesen scheint nicht mehr modern zu sein.

Wenigstens ist sie ehrlich, auch wenn es ihre Position für einen klitzekleinen Augenblick zu schwächen scheint.

Jetzt hält sie kurz inne, dann spricht sie mich persönlich an: »Lassen Sie uns noch einmal, Eva, entschuldigen Sie, zurückgehen zu dieser sehr pauschalierten Aussage, die ich überhaupt nicht verstehe. Als hätte ich die ganzen letzten dreißig Jahre auf einem anderen Planeten gewohnt.« Sie denkt einen kleinen Moment nach, bevor sie fortfährt: »Die Achtundsechziger haben also diese Werte ausgehebelt, und seitdem liegen sie auch am Boden, ruiniert, und es bedarf einer neuen Ordnung, einer neuen Moralvorstellung. Das kann ich überhaupt nicht nachvollziehen! Es gab einen Satz, den hatten wir Frauen dieser Generation damals (In diesem Moment beginne ich inständig darum zu bitten, dass sie jetzt nicht über die damalige Abtreibungskampagne spricht!) auf – wie soll man sagen – wir hatten ja damals keine Manifeste veröffentlicht, aber es war einfach eine veröffentlichte Meinung, und die hieß: Glück ist, seinen Anlagen gemäß, gebraucht zu werden. Und dieser Satz war dringend notwendig damals, und wenn wir heute sehen, was daraus entstanden ist, wie viele Studentinnen in den Sälen der Universitäten sitzen, wie viele Ärztinnen es mittlerweile gibt, wie viele Juristinnen, wie die Frauen sich eine Welt erobert haben, die ihnen zusteht.«

Oh, du liebe Güte, die arme Frau Berger. Dieser Satz, der von dem im vorletzten Jahrhundert geborenen Schriftsteller Frank Wedekind stammt, der übrigens für seine sexuell ausschweifenden, häufig sadomasochistischen Werke verschrien war, ist doch viel eher eine Zumutung für jede emanzipierte Frau: Glück ist, seinen Anlagen gemäß, gebraucht zu werden.
    Gebraucht zu werden von wem? Vom Kollektiv? Vom Mann? Von den Kindern? Oder von EUCH allen da draußen? Und wer von euch will festlegen, wofür ihr mich braucht? Mich fröstelt.
    Die schöne Senta scheint immer noch in alten Träumen von Befreiung und Selbstbestimmung zu schwelgen, für die Frauen damals kämpfen mussten! Längst war man jedoch über jedes Ziel hinausgeschossen. Kaum jemand möchte zur Kenntnis nehmen, dass wir – eben durch diese kämpferischen Emanzipationsbemühungen, durch die Versuche, die Frau dem Manne in allen Punkten gleichzumachen – heute bereits eine hochgefährliche Leistungskrise bei Jungen und Männern erleben, die schon jetzt dramatische Auswirkungen erreicht hat.

Wie konnte es möglich sein, dass diese Frau derart hinter dem Mond lebt?

Frau Berger findet nicht, dass die zurückliegenden Emanzipationskämpfe ausreichend waren. Sie fährt fort: »Man könnte jetzt darüber reden und sagen: Ja, sie werden immer noch schlechter bezahlt. Da muss man weiter kämpfen und es muss auch durchgesetzt werden. Aber niemals sind Frauen, die die Wahl vorgezogen haben, zu Hause zu bleiben, diskriminiert worden.«

Ei, ei, ei, auch davon scheint sie wirklich keinen blassen Schimmer zu haben. Hat sie schon einmal Ursula von der Leyen zugehört, die zum Beispiel im siebten Familienbericht 2006 jenen Frauen, die zu Hause bleiben, Hedonismus und Untätigkeit unterstellte? Weiß sie nicht, dass Alice Schwarzer den daheim bei ihren Kindern bleibenden Müttern Fantasielosigkeit und Beschränktheit attestierte? Ist es Desinteresse? Oder hat sie keinen Kontakt zur Basis? Es ist wirklich ausgesprochen schade, dass ich eine derartig miese Position zugedacht bekommen habe, denn es wäre hochinteressant, mit Senta Berger einmal das Gestern auszublenden und ihr dafür heutige Bestandsaufnahmen und Umfragen vorzulegen!

Vielleicht ein andermal, wenn es mir wieder besser geht. Bin heute etwas indisponiert. Zudem ist sie anscheinend wirklich der Auffassung, dass das, was sie sagt, auch stimmt. Aber das ist ja auch ihr gutes Recht.

»Meine Mutter musste arbeiten gehen, und sie hat es gerne getan. Denn damit konnte sie auch eine Kleinigkeit beitragen, sie konnte mir die Schauspielschule leisten, zum Beispiel.«

Dies ist unbestritten eine schöne kleine Geschichte, die das Leben schrieb. Es ist auch zulässig, dass Senta Berger dieses Beispiel anführt, um aus ihrer etwas länger zurückliegenden Vergangenheit zu berichten. Unzulässig wird die Sache dann, wenn wir aus unseren individuellen und sehr persönlichen Lebenserfahrungen plötzlich einen Maßstab für alle anderen Menschen im Land entwickeln und diesen auch einfordern wollen. Das machen schon die Feministinnen, und die richten eine Menge Unheil damit an!

Oder so wie vor Kurzem eine führende Politikerin der Grünen, die in einer ähnlichen TV-Diskussion mit übergroßen, rollenden Augen sagte: Meine Freundin in Schweden hat ihre Kinder schon früh in die Krippe gegeben. Krippen sind in Schweden total selbstverständlich, alle geben die Kinder dahin! Und den Kindern hat es nicht geschadet.

Was schlicht falsch ist, denn Krippen werden in Schweden derzeit so selten genutzt wie nie zuvor, und den Müttern daheim werden seit Anfang 2008 – nach jahrelangen zähen, öffentlichen Diskussionen – drei Jahre lang monatlich dreihundert Euro bezahlt. Außerdem kann niemand vorhersagen, in welchem Alter Schäden wie zum Beispiel Depressionen, Alkohol-, Drogen- oder Bindungsprobleme auftreten, die durch frühkindliche Fremdbetreuung hervorgerufen wurden. Es genügt nicht, ein Kind vor sich zu haben, das lacht und spielt, um behaupten zu können, dass es etwa keinen Schaden genommen hätte. Der ganze Mensch zählt, vor allem später, im Alter, wenn die Dinge einmal nicht mehr so rund laufen. Wie stabil ist man? Wie viel hält man aus, wie viel steckt man weg, ohne daran zu zerbrechen? Hier, liebe Leute, wird sich zeigen, zu welchem Menschen euch eure Eltern erzogen haben! Die hoffnungslos überfüllten Psychopraxen im ganzen Land sprechen ihre eigene Sprache, eine ganze, komasaufende Jugendgeneration ebenso.

Aber sei es drum, Senta Berger hat noch ein weiteres Beispiel. Diesmal ist es die Schwiegermutter, die für ihre gesellschaftspolitischen Thesen herhalten muss:»Meine Schwiegermutter, die Schauspielerin war, musste ihren Beruf an den Nagel hängen, weil mein Schwiegervater, ihr Mann, gesagt hat: Die Frau eines Intendanten arbeitet nicht!«

Autsch! Das ist in der Epoche des feministischen Klassenkampfes natürlich eine bittere Pille, die nicht nur einmal, sondern bei jeder neu aufflammenden Diskussion erneut wiedergekäut und geschluckt werden muss.

Jetzt folgt auch noch ein fast wissenschaftlich anmutender Vergleich: »Von den beiden war sicherlich meine Mutter, die aus wirtschaftlichen Gründen arbeiten musste, die Glücklichere. Und meine Schwiegermutter hat ihr Leben lang darunter gelitten und wurde damit nicht fertig. Also, das kann man doch überhaupt nicht pauschalieren!«

Herr Kerner stöhnt, und ich weiß, dass man hierauf besser nicht antwortet, denn sie hat sich eben gerade selbst ins Aus geschossen! Sie pauschalisiert und bastelt sich aus dem Schicksal ihrer Mutter und ihrer Schwiegermutter ein passendes Modell, eine Schablone, die sie allen anderen überstülpen will.

Mensch, wir waren doch bei dieser Diskussion vorhin schon viel weiter. Margarethe und ich sind zwar keine Schwestern geworden, doch sind wir uns einig in jenem Punkt, dass es Wahlfreiheit geben muss, dass also jeder Frau selbst überlassen werden sollte, zu entscheiden.

Nun kommt Frau Berger wieder mit ihrem Femi-Kampf der 1970er-Jahre! Und, als wäre alles nicht schon traurig genug, spricht sie weiter: »Ich erlebe keine Diskriminierung von Frauen, die sich für Kinder entscheiden.« Applaus.
»Aber nein, Frau Berger, Sie doch nicht!«
Fast schreie ich. Wie sollte ausgerechnet auch sie in Kreise geraten, in denen eine junge Mutter sich wochenlang das Hirn darüber zermartert, wie sie es finanziell schaffen könnte, ihren Beruf aufzugeben, um bei den Kindern zu sein? Es ist klar, dass sie hier nicht wirklich mitreden kann. Sie tut es aber und behauptet Dinge, die nicht stimmen.
Ich allerdings kenne diese Frauen massenhaft. Sie schreiben mir, sie besuchen meine Lesungen und Vorträge. Und nicht selten weinen sie vor Erleichterung, dass jemand Verständnis aufbringt, sogar den Kampf für sie aufgenommen hat. Ach, was will man denn mit diesen eitlen Medienleuten hier weiterdiskutieren, die nur auf ihrer Glitzerwolke sitzen und sich nicht einmal bemühen, andere Leute zu verstehen, die sich übrigens im Gegensatz zu ihnen in der überwältigenden Mehrheit befinden!
Am liebsten würde ich jetzt wirklich nach Hause gehen. Mich nervt inzwischen diese Ignoranz, mit der nicht nur über mich, sondern auch über so viele Frauen dieses Landes gerichtet wird.
Ich kann jetzt aber nicht gehen, und deswegen diskutiere ich weiter und versuche nochmals, der Schauspielerin die Realität näherzubringen.
»Es gibt zahlreiche Mütter, durchaus Akademikerinnen, die ihren Beruf an den Nagel hängen und zu Hause bleiben und diskriminiert werden«, sage ich.

»Von wem denn?«, will sie wissen.

»Von der Gesellschaft!«, antworte ich. Eigentlich hätte ich sagen müssen: von den anderen Frauen, vor allem jenen, die in den Medien arbeiten und die in diesem Punkt gegenüber ihren Geschlechtsgenossinnen weitaus grausamer sein können als die meisten Männer. Das verkneife ich mir, denn jetzt schlagen die Wellen schon etwas höher, und dies wäre eine weitere, unnötige Provokation.

Senta Berger dementiert heftig. Johannes will auch etwas sagen, und nachdem alle kurz durcheinanderdiskutiert haben, macht er schließlich das Rennen und darf alleine weiterreden.

Er gibt sogar eine Art Regieanweisung: »Jetzt Margarethe, und dann ich!«

Ja, was will er denn? Mitdiskutieren? Oder endlich wieder Fragen stellen?

Margarethe lehnt sich vor: »Der Deutsche Hausfrauenbund hat schon …«, beginnt sie, während der Spaßvogel Kerner schlagfertig einwirft: »Du hast ja Kontakte!«

Dann muss sie überlegen und rechnet mit zur Studiodecke gerichtetem Blick: »Wenn ich das richtig erinnere, als junge Reporterin habe ich den ersten Bericht gemacht 1978, ein Gehalt für Hausfrauen gefordert!«

Jetzt denkt sie plötzlich über mich und mein Engagement nach, dabei wird sie nachdrücklicher: »Also, die Tätigkeit, die du da machst, die anspruchsvoll ist, die aufreibend ist, die dich den ganzen Tag irgendwie in Beschlag nimmt und die kaum einer so richtig wertschätzt …«

Sie stutzt, denn Herr Kerner wirft unvermittelt die Vokabel »Rentenansprüche« in die Runde, was Margarethe mal einfach bejaht: »Ja, klar, aber dafür musste ja nicht Eva kommen, das hat der Deutsche Hausfrauenbund schon 1978 gesagt!«

Himmel noch eins, ja und? Was hat der deutsche Hausfrauenbund denn bis heute erreicht? Außer, dass er sich dank Gender Mainstreaming umbenannt hat in »Netzwerk für Haushaltsführende«? Nichts! Und dass er nichts erreicht hat, genau das sage ich jetzt.

Margarethe hat wieder Oberwasser. In diesem Moment übt sie harsche Kritik an der Kerner-Redaktion, was die Zusammenstellung der Gäste betrifft: »Die Frage, die man heute stellen müsste, und dazu fehlt ja heute Abend die Besetzung, wäre die Politik. Natürlich muss man fragen: Wer nach Rita Süßmuth hat jemals wieder massiv etwas für die Frauen getan? Rita Süßmuth war so gut, dass man sie gleich von dem Posten weggeschasst hat und zur Bundestagspräsidentin gemacht hat.«

Mal abgesehen davon, dass Rita Süßmuth mir schon zehn Jahre zuvor in einer NDR-Mitternachts-Talksendung vorgeworfen hatte, dass ich die wertvolle Frauenarbeit um hundert Jahre zurückgeworfen hätte, registriere ich seit einiger Zeit, dass sich hier in dieser Sendung wieder genau das Gleiche abspielt. Was übrigens immer geschieht, wenn es um dieses Thema geht: Alle reden über die Selbstverwirklichung der Frau, über ihre Emanzipation und die vermeintliche Unabhängigkeit, doch an die wirklich Leidtragenden, die Kinder, die in dem Zuge meist abgeschoben werden, spricht niemand. Einen öffentlichen Anwalt, der ihre Interessen vertritt, haben die Kleinen schon gleich gar nicht.

Ich möchte das jetzt umdrehen und sage in etwas lauterem Ton, um mir Gehör zu verschaffen: »Ihr redet immer nur von den Frauen. Redet doch mal von den Kindern! Es kann doch nicht sein, dass es immer nur um die Frauen geht!«

»Aber es muss doch politisch durchgesetzt werden«, wirft richtigerweise Margarethe ein, während Mario Barth sich weiterhin nicht dazugehörig zu fühlen scheint und schweigt.

Herr Kerner schlichtet: »Es ist ja nun offensichtlich so, dass nicht alles perfekt ist«, sagt er. Auch richtig! »Und einige Dinge einer Verbesserung bedürfen!«

Seine Verharmlosung dieses gesellschaftspolitisch relevanten und drängenden Problems, von dem das Überleben einer ganzen Gesellschaft abhängt, bringt mich fast auf die Palme.

»›Einige Dinge‹ ist gut.« Er beschwichtigt: »Ich sage das mit aller Zurückhaltung.«

Ein typischer »Kerner«! Er erinnert mich in diesem Augenblick verdächtig an Herrn Müller-Lüdenscheidt.

»Wir sterben aus, denn wir kriegen doch die demografische Kurve gar nicht mehr!«, platzt es aus mir heraus. Nun rege ich mich doch auf, denn er scheint nicht einmal den Ansatz dieses echten Problems verstanden zu haben. Das macht er auch deutlich, als er die aus meiner Sicht sensationell naive Bemerkung fallen lässt:

»Dann gibt's ein paar Chinesen mehr! Insgesamt mache ich mir, was die Weltgemeinschaft angeht, mache ich mir mit dem Aussterben keine so großen Sorgen! Aber es ist offensichtlich hierzulande nicht alles perfekt und einiges muss verändert werden. Mich würde nur interessieren« – er rückt etwas vor –, »ob du glaubst, dass durch eine,« – er stockt – »eine Ausrichtung der weiblichen Bestimmung auf das Kind in erster Linie und in der Anfangszeit und darüber hinausgehend dann die Versorgung der Familie, ob damit die Probleme beseitigt sind?«

Während seiner Ausführungen macht Kerner die ganze Zeit predigende Bewegungen mit den Händen. Durch seine Worte beschreibt er gerade den ganz natürlichen Vorgang, und eigentlich erübrigt sich jede weitere Frage. Aber bitte, dafür bin ich ja hergekommen.

Ich antworte: »Also, es sind auf jeden Fall damit einige Probleme beseitigt. Ich meine: DU wirst kein Kind kriegen können, so ist das nun einmal! Das sind wir Frauen. Und das wird auch weiterhin so bleiben. Und wenn wir in diesem Land weiter fortbestehen wollen, dann müssen wir Kinder kriegen.«

Zustimmendes Gemurmel im Publikum. Mario Barth ist aus der Versenkung aufgetaucht, denn hier geht es um sein Thema: die Rollenaufteilung von Mann und Frau. Er streckt sich einmal vorsichtig, doch dann scheint der kreative Höhenflug auch schon wieder vorbei.

Ich füge hinzu: »Wir müssen Kinder nicht kriegen, damit die Rentenkassen voll werden, versteh' mich bitte nicht falsch. Ich rede von etwas völlig anderem: Ich rede nämlich wirklich von Werten. Und ich rede davon, dass Kinder ersehnt, geliebt sein müssen, wir müssen sie haben wollen! Das ist aber im Moment nicht der Fall, sondern wir reden von der Selbstverwirklichung und nicht mehr von den Kindern. Wir reden auch nicht von den Frauen, die Angst haben, wenn sie zu Hause bleiben, dass sie nicht mehr in den Job reinkommen. Weil politisch, und auch in der Industrie, die Weichen ganz anders gestellt werden.«

Es ist erfreulich, dass ich ausreden durfte, wohl deswegen, weil die meisten Anwesenden wirklich zuhören und die Sache ja auch nicht so schwer zu verstehen ist.

Johannes Kerner macht mit einer anderen Frage weiter: »Einige inhaltliche Auseinandersetzungen möchte ich noch haben, insbesondere mit deinen beiden Büchern, bevor wir noch mit Mario Barth sprechen.«

Das wird allerdings auch Zeit, sonst vertrocknet der Ärmste noch auf seinem Sessel. Allerdings verstehe ich nicht, dass er nun erneut über meine Bücher sprechen will. Zumal wir doch in der letzten halben Stunde praktisch nichts anderes gemacht haben, als uns inhaltlich damit auseinanderzusetzen.

Kerner und Mario Barth plauschen kurz über dessen Kindheit, die keine einschneidenden Vorkommnisse aufzuweisen scheint, soweit man dies aus den wenigen Ausführungen überhaupt entziffern kann. Außer, dass er von seiner Mutter als glücklicher Frau spricht, die ihn und fünf Brüder aufgezogen hat.

Kerner rückt sich an seinem Tisch etwas zurecht, streicht einige Blätter glatt und kündigt zwei Zitate an, die wir miteinander vergleichen wollen.

Er liest langsam und vernehmlich vor:

»Nummer eins: ›Die Forderung der heutigen Frauenemanzipation wurde im Namen eines schrankenlosen Individualismus erhoben.‹

Nummer zwei: ›Das Hohelied des Individualismus hat längst seinen verführerischen Klang verloren, doch mittlerweile haben sich reichlich Gründe erschlossen, warum man sich von dieser gefährlichen Vorstellung befreien sollte.‹«

Falls zutreffen sollte, was ich gerade ahne, dann muss ich den Glauben an die Menschheit spätestens jetzt verlieren. Falls Herr Kerner nun meine Äußerungen mit denen Alfred Rosenbergs, des Chefideologen des Dritten Reiches, mehr oder weniger vergleichen will, ist dies eine knifflige wie auch justiziable Angelegenheit. Auf jeden Fall ist es eine weitere, unzulässige Frechheit!

Ich atme tief durch und schaue Johannes B. Kerner in die Augen.

Eifrig plappert er dahin, ohne sich darüber im Klaren zu sein, welche Ungeheuerlichkeit er hier gerade loslässt.

»Das klingt vergleichsweise ähnlich«, findet er. »Das eine«, führt er fort, »ist aus deinem ersten Buch, und das andere ist von Alfred Rosenberg, aus dem Buch *Mythos des 20. Jahrhunderts* von 1930. Das war der Chefideologe der Nationalsozialisten.«

War es die Idee seines Redakteurs? Oder gar die der ZDF-Chefredaktion? Oder ist dieser Einfall im Labyrinth der Kernerschen Gedankenwindungen entworfen worden? Oder nein, es musste ganz anders gewesen sein: Jemand hatte entdeckt, dass die linke *taz*, in Person der Autorin Thea Dorn, ebenfalls meine Thesen denen von Rosenberg gegenübergestellt hatte. Dabei kam es sogar zu einer falschen Zuordnung eines Zitats von Rosenberg, das dann von mir zu stammen schien. Leider ist zu diesem Zeitpunkt noch nicht klar, dass Frau Dorn später von einem Gericht dazu verurteilt werden wird, dies nie wieder tun zu dürfen.

Ich werde sauer. Jetzt haben wir eine halbe Stunde lang über alles Mögliche diskutiert. Und offensichtlich hatten wir diesen ganzen Nazi-Mist endlich geklärt. Denn in der letzten Viertelstunde ging es allein um die bundesdeutsche Familienpolitik. Und jetzt fängt Herr Kerner wieder von vorne an mit diesen widerlichen Unterstellungen.

»Jetzt geht das schon wieder los!«, schnauze ich ihn an. Man kann mir wohl anmerken, dass es allmählich reicht. »Kann es jetzt nicht einfach mal aufhören?«

»Das ist so!«, beteuert Kerner, was auch immer er damit meint. Dann rückt er mit der Sprache raus, dass nämlich diese Idee von Thea Dorn stamme.

»Ja«, werfe ich genervt ein. »Thea Dorn hat auch mein *Eva-Prinzip* zum ›Eva-Braun-Prinzip‹ gemacht.«

Und dann habe ich zum Ich-weiß-nicht-wievielten-Male das Bedürfnis, Dinge klarzustellen, weil man mich einfach nicht versteht, nicht verstehen will:

»Es ist anscheinend tatsächlich so, dass wir über solche Dinge nicht mehr reden können. Wir können nicht mehr einfordern, uns für Werte stark zu machen.«

Ich beuge mich vor, denn es ist wichtig, was ich ihm sagen will: »Es birgt nur eine große Gefahr: Wenn es in unserer Demokratie nicht mehr möglich ist, über solche Sachen zu reden …«

Kerner unterbricht mich jetzt mit dem Hinweis, so ausführlich hätte ich noch nirgendwo reden dürfen in der letzten Zeit, und allgemeine Unruhe breitet sich aus. Doch ich unterbreche ihn jetzt meinerseits, um zu Ende zu sprechen: »Dann spielen wir wirklich der rechten Szene in die Hände, weil sich dann keiner mehr um die Dinge kümmert!«

Kerner ist mit dieser Meinung nicht einverstanden, doch der Beifall gibt mir recht, und ich schließe ab mit den Worten: »Dann machen sie es zu ihrem Gebiet, wenn sich niemand anderer mehr dafür einsetzt!«

Der Professor wird eingeblendet, er schüttelt mit dem Kopf, und Johannes B. Kerner versucht in diesem Moment, mich mit vorgegaukeltem Verständnis zu beruhigen, denn ich bin wirklich beinahe aus dem Häuschen.

»Es ist gefährlich, was ihr hier macht!«, rufe ich fast beschwörend.

»Eva, Eva«, beschwichtigt er, »ich verstehe deinen Ansatz. Und ich weiß auch um deinen Kampf gegen Rechts in Organisationen, wo du dich wirklich einsetzt. Nur, ich muss eben auch sagen, wenn du schreibst in deinem Buch: Es ist Zeit, die wahre Bestimmung der Weiblichkeit zu erkennen und in unserer Gesellschaft zu installieren, um uns zu retten!«

»Bist du bibelfest?«, frage ich ihn. Ich wiederhole die Frage, denn der als Katholik geltende Johannes B. Kerner hat sich in der Presse bereits häufiger über seinen katholischen Glauben geäußert. Und in der Bibel gibt es nun einmal eine ganze Reihe von Psalmen und Versen, die die naturgegebenen Unterschiede zwischen Mann und Frau sehr deutlich erläutern.

Doch Kerner will jetzt nichts von der Bibel hören. Stattdessen sorgt er nun für einen handfesten Skandal, indem er alle Mütter dieser Welt, die ihre Kinder zu Hause erziehen, auf übelste Weise diskriminiert.

Entrüstet entweicht es ihm: »Die wahre Bestimmung der Weiblichkeit ist doch nicht, zu Hause zu sitzen und die Kinder großzuziehen. Die wahre Bestimmung ist doch, ein voll anerkanntes Mitglied einer Gesellschaft zu sein!«

Mich haut es um! Das musste man erst einmal fertigbringen. Und gleichzeitig eine Ehefrau zu Hause sitzen haben, die eine ehemals anerkannte, international bekannte Sportlerin gewesen ist und die sich nun ausschließlich um die Familie und um seine Kinder kümmert. Ich würde mich nicht wundern, wenn sie heute Abend schon mit dem Hockeyschläger hinter der Haustür auf ihn wartet!

Die übrigen Experten dieser Talkrunde bemerken diese Dreistigkeit anscheinend nicht. Auch nicht Senta Berger, die vor wenigen Minuten selbst noch steif und fest behauptet hatte, daheim bleibende Mütter würden in unserem Lande keiner Diskriminierung ausgesetzt.

Der letzte Kernersche Satz: ›Die wahre Bestimmung ist doch, ein voll anerkanntes Mitglied einer Gesellschaft zu sein‹, schwingt noch nach, als Senta Berger in etwas exaltierter Form anfügt: »Oder ihr Leben zu leben!«

Ja, natürlich, um ihr Leben zu leben. In welch einer Welt leben wir? Was tun denn Mütter, zum Teufel noch einmal, wenn sie sich um ihre Kinder kümmern? Leben die etwa nicht ihr Leben? Es hat ja inzwischen den Anschein, dass man von einer schweren Krankheit befallen ist, wenn man als Frau nicht nur Geld verdienen geht, sondern für ein stabiles Familienleben sorgt. Mensch, Frau Berger, so egozentrisch und gleichzeitig blind kann doch keiner sein!

Kerner wiederholt den Bergerschen Satz noch einmal: »Um ihr Leben zu leben!« Woraufhin Frau Berger meint: »Und um frei bestimmen zu können.«

Beifall brandet auf.

Senta Berger hat noch eine Idee: »Wenn man bedenkt, dass diese Rahmenbedingungen für Frauen, die ein Kind haben wollen, haben müssen, dass man die verbessern kann, ich finde, das ist die Diskussion, die angesagt ist und die auch geführt wird.« Sie schaut sich um, als suche sie jemanden. »Wir haben ja auch eine ganz anständige Familienministerin im Moment, finde ich, oder?«

Margarethe findet das auch.

»Zumindest macht sie einen Vorstoß«, beginnt sie.

Klar, den Vorstoß für 750 000 Kitaplätze, die keiner bezahlen kann und für die jegliches Personal fehlt. Und die von unserer Krippenministerin immer noch als »frühkindliche Bildungsstätten« bezeichnet werden.

Doch Senta Berger scheint sich momentan für die Ausführungen ihrer Nachbarin nicht sonderlich zu interessieren.

Sie redet lieber selbst weiter: »Dazu gehört doch noch so sehr viel mehr! In kleinen Wohnungen zum Beispiel große Familien unterzubringen ist schon mal wahnsinnig schwierig! Da geht es doch immer um die Wirtschaftlichkeit.«

Hm, stimmt irgendwie, doch was meint sie damit genau?

Frau Berger hat die Hände jetzt auch wie zum Gebet gefaltet, während sie aus längst vergessen geglaubten Zeiten berichtet: »Ich finde auch, dass schon in den fünfziger Jahren, wenn man nach Italien gefahren ist als Teenager, da hat man plötzlich gesehen, dass die Kinder im Restaurant laut sein dürfen.«

Warum Senta Berger während dieser Ausführungen kurz ruckartig aus ihrem Sessel in die Höhe springt, einmal in die Hände klatscht und sich wieder hineinfallen lässt, bleibt derzeit noch offen. Zu ihrem bislang dezenten Auftritt passt es jedenfalls überhaupt nicht.

Offensichtlich jedoch scheint ihr Monolog über Italien noch nicht ganz beendet: »Man sieht es auch noch heute: Dort (in Italien) hat man dem Kind gegenüber eine andere Einstellung!«

Hätte Senta Berger uns diesen wichtigen Hinweis nicht gegeben, wäre uns Entscheidendes vorenthalten worden, oder? Ich fasse mich an den Kopf.

Doch sie schildert uns jetzt Deutschland, wie es einstmals gewesen ist: »In Deutschland war das ziemlich zugedeckt, mit: Sitz ordentlich! Und: Schrei nicht so herum, und: Du störst die anderen Gäste! Das, finde ich, hat sich total geändert. Wenn ich damals auf den Mond geschossen wäre …«

Sie zögert. Zu Recht, wie ich finde.

Etwas hilflos schaut sie zur Moderatoren-Koryphäe Kerner hinüber und fragt: »Sagt man so?«

Er versucht, ihr grammatikalisch beizuspringen, doch scheint sie das nicht mehr zu interessieren, denn sie hat ihre Mondgeschichte bereits weiterentwickelt und teilt sie dem interessiert lauschenden Publikum mit: »Und wenn ich dann wieder zurückgekommen wäre nach Deutschland, ich würde gar nicht wissen, was das für ein Land ist.«

Sie hat sich inzwischen in Rage geredet, ihr Gesicht ist leicht gerötet, und sie überprüft mit einem Rundblick, ob ihr auch alle folgen können. Dann beendet sie die gesellschaftspolitische Analyse: »So stark hat sich Deutschland verändert!«

Wenn ich nur wüsste, was sie mit diesem Mond am Laufen hatte.

»Wobei es nach wie vor große Probleme gibt!« Herr Kerner ist nachdenklich.

Die aufgeregte Schauspielerin wiederholt bereitwillig seinen soeben geäußerten Gedanken: »Es gibt große Probleme.«

Sie schaut nach rechts und wieder nach links: »Aber es gibt keine Kinderfeindlichkeit!«

Oha! Aus meiner Sicht bewegte sie sich langsam in den Bereich des Lächerlichen hinein mit ihren »Hinterm-Mond-Ansichten«. Das war wieder ein Schuss in den Ofen. Deutschland war also kein kinderfeindliches Land. Was dann, bitte? Abgesehen davon, dass wir auch diesen Punkt bereits hinlänglich ausdiskutiert hatten.

Doch der Moderator hat gleich ein neckisches Beispiel parat über eine Frau, die bei ihm zu Hause wohnt und die niemals Hilfe bekommt, wenn sie mit ihren Kindern fliegt oder sonstwie unterwegs ist.

Nach diesem subtilen Hinweis auf die große Frau mit dem Hockeyschläger wird er wieder offiziell. Er wendet sich, wie schon etliche Male heute Abend, direkt an die Angeklagte. Er bietet mir an, ich möge über die Reaktionen sprechen, die ich auf mein Buch erhalten hätte.

Er beugt sich über seinen Zettel und sagt: »Am Wochenende warst du zum Beispiel bei einem, oh Gott, war das ein Katholikentreff?«

Na, das war ja eine tolle Formulierung für einen ausgewiesenen Katholiken, dessen Vater Jesuitenlehrer gewesen ist. Er liest weiter: »Du warst auf dem ›Forum deutscher Katholiken‹, und dort bist du, heißt es, bejubelt worden!«

Na und? War das jetzt auch schon verboten? Mit Sicherheit kommt gleich wieder irgendein Haken, denn wenn Kerner so freundlich wird, muss etwas im Busch sein. Ich halte mich zurück.

»Was gab es sonst für Reaktionen?«, fragt er weiter.

Ich kann mir nicht helfen, ich traue dem Ganzen nicht. Doch sage ich trotzdem, was mir dazu einfällt, nämlich die Wahrheit:

»Ich bin, ehrlich gesagt, sehr froh, dass ich völlig andere Reaktionen von den Menschen bekommen habe als das, was ich hier jetzt wieder erlebe, wo wieder etwas schöngeredet wird aus einer medienpolitischen Sicht, die so wenig mit der Realität zu tun hat. Also: Ich habe viele tausend E-Mails und Briefe bekommen von Familien, die sagen: Wir möchten gerne unsere Familie leben, wir möchten gerne eine Anerkennung haben, wir möchten auch gerne Entlastung haben, steuerliche Entlastung zum Beispiel, stattdessen kriegen wir immer weiter Belastung: Die Ökosteuer, die Mehrwertsteuererhöhung, das geht doch alles zulasten der Familien. Wir berichten auf der einen Seite über die wachsende Kinderarmut in Deutschland, über ein riesengroßes Problem. Wir machen dies Problem selbst, indem wir diese Steuererhöhungen, die verfassungsschutzrechtlich eigentlich überhaupt nicht zulässig sind, weil es eindeutige Gerichtsurteile gibt …«

Johannes geht dazwischen: »Aber das Elterngeld wurde doch gerade ausführlich diskutiert. Da gibt's doch schon entsprechende Vorlagen.«

Das ist ein gutes Stichwort, die staatlichen Geldleistungen für Familien. Das greife ich gerne auf, allerdings nicht so, wie er es sich vielleicht wünschen mochte.

»Es wurde auch diskutiert über hundertfünfzig Euro ›Herdprämie‹, eine Lächerlichkeit, die eventuell für daheim bleibende Mütter ab 2013 gezahlt werden könnte. Hundertfünfzig Euro, und man überlegt, damit die Eltern das Geld nicht versaufen, es in Gutscheinen auszugeben, versaufen, sagen die Politiker, ich meine, wo sind wir denn?«

Beifall!

»Also«, beschwichtigt Johannes, »es hat eine Menge positiver Reaktionen gegeben. Du sagst, die Menschen, die dich ansprechen oder die dir schreiben, reden ganz anders als die Menschen, die in der Zeitung schreiben.«

»Ja, zum Glück gibt es davon viele!«

Johannes kann es kaum abwarten, weitere Fragen zu stellen. Er lässt mich nur knapp ausreden.

»Du hast dich darüber beschwert und hast gesagt, also die Formulierung war, also du hast dich beschwert über die gleichgeschaltete Presse.«

Ich nicke.

Und nun beginnt eine Szene, die meiner Ansicht nach auch noch in hundert Jahren als Unterrichtsstoff an bundesdeutschen Schulen genutzt werden könnte. Thema: Wie die Medien ihre Skandale selbst initiieren!

Kerner beugt sich vor. Seine Stimme hat einen ausgesprochen besorgten Unterton angenommen, als er sagt: »Das ist keine glückliche Wortwahl ... in diesem Zusammenhang!«

Ich weiß, was jetzt kommt. Er wird von einem Nazibegriff sprechen. In der Tat hatte ich diesen Begriff in einem Interview gewählt. Und er war von der nach Sensationen lechzenden Journaille als eindeutige Nazivokabel deklariert worden. Ich hatte daraufhin spaßeshalber das Internet nach diesem Begriff durchgesucht, und es war ausgerechnet Deutschlands Leitmedium, *Der Spiegel*, der das Wort »Gleichschaltung« etliche Male in völlig unverdächtigem Zusammenhang gebraucht hatte.

Selbst zum jetzigen Zeitpunkt, im Jahre 2010, wird der Begriff bei *Spiegel Online* (jenes Medienunternehmen übrigens, dessen Tochterunternehmen a+i bis zum heutigen Tage die Kerner-Sendungen gemeinsam mit dem Moderator produziert) mehrmals erwähnt. Der Begriff »Gleichschaltung« wird bei *Spiegel Online* nicht allein in Verbindung mit dem Dritten Reich verwendet, sondern ebenso in völlig anderen Zusammenhängen, zum Beispiel in Bezug auf die CDU und die DDR (76) oder auch bei gewöhnlichen Lifestyle-Themen. So schreibt *Spiegel Online* in einem Artikel über die Feinschmeckerszene: »Sie sind Einzelkämpfer gegen die Gleichschaltung des Geschmacks, kleine Lebensmittelproduzenten, die sich nicht mit der charakterlosen und aromaarmen Massenware zufrieden geben wollen, die uns die Nahrungsmittelindustrie tagtäglich auftischt.« (77)

Wie auch immer, Herr Kerner, der diese Kritik von einem vor ihm liegenden Zettel abgelesen hatte, stellt damit direkt unter Beweis, dass die folgende Auseinandersetzung durchaus nicht völlig außerhalb des Konzeptes stattfand.

Kerner stellt also fest, dieser Begriff sei keine glückliche Wortwahl. »Denn auch dieser Begriff stammt aus dem Dritten Reich!« Und da es sich hierbei jetzt um gefährliches, vermintes Gebiet handelt, gibt er gleich an die lange schon auf den nächsten Auftritt lauernde Fachkapazität, den Historiker Prof. Wolfgang Wippermann, weiter mit den Worten: »Wie uns der Historiker sagen kann.«

Ich falle ihm ins Wort und entgegne, dass zahlreiche Medien diesen Begriff völlig unbekümmert in unterschiedlichsten Kontexten nutzen und sich dabei keinerlei Schuld bewusst seien. Ich weise in diesem Zusammenhang explizit auf die *Spiegel-Online*-Veröffentlichungen hin.

Applaus. Ein Mann, der hinter dem Historiker sitzt und ein Besucher zu sein scheint, schüttelt jetzt heftig den Kopf. Er ist scheinbar über die Kernersche Verhörmethode verärgert.

Herr Wippermann jedoch lässt meine Ausführungen nicht gelten. Mit dem energischen Schütteln seines linken Zeigefingers macht er während des Beifalls auf nonverbale Art bereits darauf aufmerksam, dass spätestens jetzt sein Auftritt bevorstünde und dass ich nichts Gutes von ihm zu erwarten hätte.

»Nein, nein, nein, das stimmt ja nun nicht«, wehrt er entschieden ab, »dass Gleichschaltung kein nationalsozialistischer Begriff ist. Natürlich war Gleichschaltung ein nationalsozialistischer Begriff, die Gleichschaltung der Parteien, der Verbände und der Länder. Und Sie haben hier einen nationalsozialistischen Begriff gebraucht.«

Wippermann spricht schnell, erscheint sehr engagiert, redet mit beiden Händen und wiederholt immer wieder, wie nationalsozialistisch der Begriff sei.

Nun folgt seine persönliche Ansicht und Einschätzung in einem leider wiederholt ausgesprochen schlechten Deutsch: »Ich finde es irgendwie sehr problematisch, dass Sie Zitate – dieses Zitat, dem haben Sie ja auch Ihre Entlassung zu verdanken, das ist in allen Zeitungen. Jetzt sagen Sie, das hat's nicht gegeben. So kann man damit nicht umgehen als Historiker! Das ist doch sozusagen klar.«

Während er gesprochen hat, entstehen in Bruchteilen von Sekunden massenhaft Fragen und Bilder vor meinem geistigen Auge. Warum wurde ich denn entlassen? Und warum stehen diese Verdächtigungen in allen Zeitungen? Doch genau deswegen, weil einer vom anderen abschreibt und nicht selbst recherchiert. Und vielleicht auch deswegen, weil diese Geschichte jetzt gar nicht mehr anders ausgehen soll, als dass der Hase nach über einjähriger Hatz, nach öffentlicher Diskreditierung und Ausgrenzung, nach Zwangspause und Berufsverbot (Oh, pardon, wieder solch ein Ausdruck!) endlich zur Strecke gebracht werden soll. Damit diese Thesen von der Bindung zwischen Mutter und Kind, die in Wirklichkeit das Normalste und Natürlichste auf der Welt sind, die jedoch in die hochmoderne Zeit, die geprägt ist durch das alleinige Ideal feministischer Selbstverwirklichungsziele, nicht passen, jetzt endgültig vom Tisch sind.

Ach, lieber Himmel, kann ich nicht einfach gehen und diesen Typen schwafeln lassen? Die morgigen Schlagzeilen wären damit aber auch schon geschrieben: Eva Herman in die Enge gedrängt! Nach Skandal drückt sie sich vor Aufklärung!

Ich versuche, den Mann zu unterbrechen. Doch Herr Prof. Wippermann wird jetzt richtig anzüglich, stellt meine Aussagen in Frage, stellt mich gar als Gehirnamputierte dar.

Wörtlich: »Und da machen Sie jetzt Verschwörungstheorien. Sie sprechen von verlorenen Bändern, an die man nicht mehr rankommt. Sie sind – das ist 'ne Verschwörungspathologie, die Sie dort haben. Also das ist doch sehr, sehr problematisch!«

Er erklärt mich coram publico für bescheuert! Kein Mensch hat es nötig, sich öffentlich derartig herunterputzen zu lassen, auch ich nicht in dieser verfahrenen Situation zwischen lauter Gutmenschen.

Also weise ich ihn in seine Schranken: »Seien Sie doch ein bisschen vorsichtig mit dem, was Sie hier äußern, mir gegenüber. Und ich möchte, ehrlich gesagt, zu Ihnen hier auch gar nicht mehr Stellung nehmen!«

So! Der Mann ist für mich gestorben. Wenn einer hier pathologisch ist, dann sicherlich nicht ich. Ich verspüre kein ausgeprägtes Verlangen danach, mich weiter von diesem Herrn Professor provozieren zu lassen. Es tröstet mich ungemein, dass Millionen Zuschauer diesen Gerichtshof sehen und sich ein eigenes Urteil bilden werden. Schon in diesem Augenblick ist mir klar, dass sich Herr Kerner und das Zweite Deutsche Fernsehen einen Bärendienst erweisen. Denn, Herrschaften: Die Menschen draußen vor den Bildschirmen sind nicht so, wie ihr sie euch zu wünschen scheint: nämlich dumpf, stupide und unsensibel.

Es ist verrückt, aber genau dieser Gedanke hält mich jetzt aufrecht. Eigentlich ist die Sache doch genial: Es ist genau andersherum! Diesen Fernsehmachern hier fehlt es an jeglicher Sensibilität und an jeglichem Einfühlungsvermögen dafür, wie weit man gehen darf!

Der Historiker schaut jetzt etwas bedröppelt. Und solange dieser Zustand anhält, warne ich ihn und ebenso den Moderator dieser irrwitzigen Vorstellung:

»Und ich möchte auch nicht mehr Stellung nehmen zu weiteren Vorwürfen in diesem Zusammenhang. Denn, nochmal: Sie müssen nur *Google* eingeben, und Sie können jede Zeitung durchgehen, welche Zeitung diesen Begriff bereits benutzt hat.«

Kerner plappert dazwischen: »Auch falsch! Auch falsch!«

Ich räume ein, dass der Begriff »Gleichschaltung« natürlich auch damals benutzt worden ist. Und dann folgt ein Satz von mir, der mir bis heute völlig logisch erscheint, der jedoch die Truppe der anwesenden Tadellosen plötzlich in eine nie geahnte Rage versetzt. Es ist ein Satz, auf den sich die gesamte bundesdeutsche Presse stürzen wird, um mir weiteres braunes Gedankengut unterschieben zu können.

Ich benutze, inzwischen auch beinahe am Ende mit meiner Geduld, eine geläufige Terminologie, die die Überflüssigkeit all dieser Haarspaltereien unterstreichen soll: »Es sind auch Autobahnen gebaut worden damals, und wir fahren heute drauf!«

Autobahn ist natürlich in diesem Zusammenhang ein Reizbegriff, aber gerade das will ich auch erreichen: Es soll endlich klar werden, was hier eigentlich gerade abgeht. Man hatte mich die zurückliegende Zeit nicht dingfest machen können wegen des Originalzitats, man war auch nicht weitergekommen, indem man über meine »umstrittenen« Thesen diskutierte. Im Gegenteil, hierin waren sich alle fast verdächtig einig und darüber sogar merkwürdig still geworden. Und so erhielt der Professor nach nunmehr einer Dreiviertelstunde mit der »Gleichschaltung« Gelegenheit, endlich den Sack mit einem lauten Paukenschlag zuzumachen.

Einige Leute haben geklatscht, die anderen trauen sich nicht.

Der Historiker ätzt: »Das Autobahnargument, ja, das Autobahnargument ist das beste!«

»Nein, nein«, sage ich, nun etwas lauter, und möchte doch nur auf die absurden Ausmaße hinweisen, die diese Schmierenkomödie inzwischen erreicht hat.

Frau Schreinemakers und Frau Berger schauen sich wortlos an. Nachdem Margarethe Empörung zeigt, tut Senta dies auch. Beide haben ihre Unterarme aufgestützt und befinden sich wieder in betender Haltung, allerdings scheinen sich die Finger nun eher ineinander zu verkrallen. Sie sind überhaupt nicht meiner Meinung. In ihren Augen ist mein Hinweis nicht zulässig. Im Gegenteil, diese Vokabel löst ein Chaos aus. Doch dies wäre wohl ebenso geschehen, wenn ich allein den Begriff »Autobahn«, ohne Zusammenhang, genannt hätte, also wenn ich einfach dreimal hintereinander »Autobahn, Autobahn, Autobahn« gesagt hätte.

Na ja, jetzt hatte ich aus Sicht der Anwesenden den entscheidenden Kardinalfehler begangen, und nun konnte die Vernichtungsaktion weitergehen.

Die Ex-Moderatorin Margarethe nimmt sich als Erste des Falles an. Aus der Ecke von Bruder Johannes ist momentan nicht viel zu hören. Entweder er konferiert gerade mit dem Männlein in seinem Ohr, oder es hat ihn erwischt!

Aufgebracht kreischt Grete: »Es kann nicht sein, was du hier sagst! Es tuuut mir leid!« Mit einer kurzen Kopfbewegung dreht sie sich in Richtung Publikum und verdeutlicht schnarrend das Gesagte, indem sie nun das Publikum angreift: »Egal, wer hier auch applaudiert, es tuuut mir leid, das kannst du so nicht sagen!«

Dabei klopft sie nachdrücklich mit den gefalteten Händen auf das übergeschlagene Knie.

Nicht zum ersten Mal wird in dieser Sendung denjenigen Strafe angekündigt, die ausscheren, nach dem Motto: Wer weiterklatscht, gehört nicht mehr zur Gruppe! Die Kollektivaufseherin droht mit Ausgrenzung!

Ich habe nicht vor, mich weiter abwatschen zu lassen, und so versuche ich, darauf hinzuweisen, dass ich hier eigentlich seit 45 Minuten die Hölle erlebe und dass das Maß voll ist. Doch jeder Versuch, zu sprechen, wird von Frau Schreinemakers im Keim erstickt. Auch der Moderator dieser Sendung lässt hin und wieder dumpfe Geräusche ertönen, doch durchsetzen kann er sich leider nicht.

Ich rede einfach weiter: »Wir sitzen hier in einer Sendung und mir wird pausenlos unterstellt, ich sei im Kopf rechts, und ich bin es einfach nicht! Ich lehne es ab …«

Weiter komme ich nicht, denn Kaugummi-Gretel näselt beharrlich dazwischen: »Entschuldigung, aber …«

Weiter kommt jedoch auch sie nicht, denn jetzt ist der komischste Mann Deutschlands plötzlich auf dem Plan: Mario Barth. Er erhebt die Stimme. Und augenblicklich verschließt Margarethe Mund und vor allem Nase und sagt keinen Piep mehr. Denn hier spricht Deutschlands Macho Nummer eins. Und da muss frau schön den Mund halten, Emanzipation hin oder her. Dafür nimmt sie einen kräftigen Schluck aus dem Glas, das wohl mit Wasser gefüllt sein sollte.

Mario Barth berlinert gerade nicht so stark wie gewohnt, wohl weil es ihm wichtig erscheint, was er zu sagen hat: »Es sagt ja keiner, dass du das bist, sondern dass, äh, diese Äußerung den Eindruck erweckt. Und du hast bis jetzt ja nicht gesagt, dass die Äußerung wirklich kacke gewesen ist!« Applaus.

Da sitzt Volkes Stimme, genau! So ist der Bürger, so fühlt er und so spricht er, oder? Dem Einzigen, dem ich es nicht wirklich übel nehme, was er sagt, ist dieser Mario Barth. Denn erstens hat er bisher eh noch so gut wie nichts von sich gegeben, und zweitens: Wie soll man überhaupt ernst nehmen können, was dieser Bursche hier vom Stapel lässt? Einer, der seine Lebensgefährtin für seine »guten Jokes« vor einem Millionenpublikum ständig unmöglich machte und sie regelmäßig durch den öffentlichen Kakao zog, würde in einer solchen Diskussion wohl kaum durch Verantwortungsgefühl und Wahrheitsfindung auffallen. Für eine gesellschaftspolitische Podiumsdiskussion war dieser Mann ungeeignet, außer als Possenreißer. Das allerdings scheint ihm bislang schwerzufallen. Bin mal gespannt, ob in diesem Zusammenhang überhaupt ein Kalauer kommt. Solche Comedians stehen bei jedem öffentlichen Auftritt anscheinend enorm unter Druck. Denn einmal komisch gewesen, müssen sie bis ans Ende aller Zeiten komisch bleiben, egal, um was es geht. Da kennt das Publikum keine Gnade. Eigentlich war es ihm hoch anzurechnen, dass er bisher geschwiegen hatte.

Barth läuft sich warm. Er nimmt jetzt stellvertretend die Rolle des kleinen Mannes ein und betont, dass er nicht versteht, was hier eigentlich die ganze Zeit über geredet wurde und um was es ging. Und dass die Leute zu Hause auch nicht alle studiert hätten und uns folgen könnten.

Johannes B. Kerner versteht ihn gut. »Eine Mediendiskussion, ein bisschen?«, wirft er wohlwollend in den Raum. Der Gedanke, dass man dieses miserable Laienverhör öffentlich als Mediendiskussion bezeichnen könnte, scheint ihm zu schmeicheln.

Es ist nicht ganz einfach zu entziffern, was der TV-Kobold von sich gibt, und zwischendurch muss wieder einmal seine Freundin herhalten. Allein bei der Erwähnung ihrer Person erschallt Gelächter im Saal. Die Frau ist zu einem Selbstgänger geworden!

Doch dann räumt Barth ein, dass draußen durchaus zuweilen ein Bild herrsche, dass Mütter, die Kinder zu Hause hätten, wörtlich: »schlechter sind als andere!«

Mensch, Frau Berger, was jetzt? Hatten Sie nicht gerade noch behauptet, Mütter würden in unserem Land nicht diskriminiert?

Sie hört ihm in der Tat sehr interessiert zu, das Kinn, wie immer, elegant auf die gespreizten Finger gelegt, während Margarethe ihn von der Seite fixiert.

Doch scheint den Luftikus der Mut auch schon wieder zu verlassen, sodass er seine soeben getroffene Aussage schnell relativiert. Denn bei so vielen politisch Korrekten weiß man ja nie.

Er sagt: »Aber ick finde das Pauschalieren immer so doof, dass alle Frauen dadrunter leiden.«

Wodrunter? Unter den Diskriminierungen? Oder unter dem Daheimbleiben? In beiden Punkten hat der Mann recht, was das Publikum mit Beifall quittiert.

Kerner scheint Order vom kleinen Chef im Ohr erhalten zu haben, der ihn vielleicht angeschnauzt haben mochte, er solle gefälligst gerade sitzen und Haltung annehmen. Das jedenfalls tut er jetzt.

Er öffnet dabei weit seine Arme, während der Blick auf einem Redaktionszettel klebt. Und nun führt er aus: »Es gibt so paar Sachen, die sind einfach problematisch! Ich persönlich – was heißt problematisch, die gehen nicht, und Autobahn geht eben auch nicht! Ich versuch's nochmal anders.«

Er will weitersprechen, doch Margarethe und Mario finden Gefallen an der Formulierung und kichern: Autobahn geht gar nicht!

Und so wiederholt der katholisch geprägte Johannes sie noch einmal glucksend: »Autobahn geht halt nicht, finde ich!«

Immer noch rudert er mit Armen und Händen, ebenso kriegt er die Augen einfach nicht vom Papier weg. Daraus schließe ich, dass die Redaktion noch ein paar Trümpfe im Ärmel haben könnte, die er mir sicher gleich wieder wie einen nassen Lappen um die Ohren hauen wird.

Und richtig, es geht weiter: »Wenn deine Kollegin Bettina Tietjen, mit der du jahrelang die Sendung *Herman und Tietjen* moderiert hast, sehr zur Freude vieler Zuschauer und sehr zu eurem großen Spaß ja auch. Wenn die sagt: Was Eva da redet, da kann ich nicht mehr folgen … Ich sag es mal sehr pauschal, und das ist wohl etwas verkürzt sicherlich …, wie nahe geht dir das?«

Er ist in seinen Formulierungen vorsichtiger geworden, wie sich feststellen lässt. Und er hat mir damit jetzt zum allerersten Mal eine Frage gestellt, die zu beantworten mir wirklich schwerfällt. Würde ich die Wahrheit sagen, müsste ich über menschliche Enttäuschungen sprechen und über viele Tränen, über das offensichtliche Unvermögen Bettinas, sich mit meinen Themen zu befassen, ohne sich selbst ständig angegriffen zu fühlen. Dass sie mich in dieser ziemlich schwierigen Zeit nicht ein einziges Mal angerufen hatte! Wenige Tage nach meinem fristlosen Rauswurf moderierte sie unsere ehemalige gemeinsame Sendung zusammen mit Reinhold Beckmann – ohne mit der Wimper zu zucken, ohne ein Zeichen vorher. Und ich müsste darüber sprechen, wie sehr es mich verletzte, dass sie in diesen öffentlichen Vernichtungstenor mit eingefallen war. Das alles geht mir durch den Kopf, doch diesen anwesenden Schmierfinken hier werde ich mit Sicherheit nichts über meinen wahren Seelenzustand mitteilen. So weit kommt es noch, Bande, elende! Euch werde ich was!

Ich zögere etwas, bevor ich antworte: »Das alles ist natürlich eine Enttäuschung. Ich möchte aber darauf hinweisen, dass bei allem, was sie gesagt hat, sie auch dazugesagt hat, dass sie weiß, dass ich kein rechtes Gedankengut habe, dass ich kein Nazi bin. Sondern sie bezieht sich bei der Äußerung natürlich auf *Das Eva-Prinzip*, auf das, über was ich seit über einem Jahr spreche, und das zeigt eigentlich, wo wir heute sind ...!«

Gerade will ich ausführen, was damit gemeint ist, als Herr Kerner mich unterbricht: »Hat sie gesagt: Sei beim nächsten Buch vorsichtiger?«

Nein, möchte ich antworten, sie hat in eine laufende Kamera gegrinst und Dinge gesagt, die mir bis heute nicht aus dem Kopf gehen.

Stattdessen sage ich: »... das zeigt eigentlich, wo wir heute sind. Dass ich gewarnt werden musste, dass ich meine Meinung über dieses Thema nicht frei äußern sollte.«

Stimmengemurmel. Margarethe ist angeödet: »Och nee!«

Die schöne Senta nörgelt ebenso: »Von wem?«

Der Geschichtsonkel schüttelt den Kopf und knipst nervös mit den Augen.

Mario Barth gammelt grinsend im Stuhl.

Kerner erläutert aufgeregt, dass es Bettina Tietjen gewesen war, die vor der Presse bekannt gegeben hatte, sie hätte mich mehrfach gewarnt.

Senta Berger scheint der Fall wirklich zu interessieren. Sie hakt nach: »Was hat sie gesagt? Äußere diese Meinung nicht?«

»Ja!«, antwortete ich kurz und knapp.

Unter dem Motto: Kerner klärt auf!, wirft sich der Moderator in die Brust und konstatiert: »Wenn ich meine unbescheidene Meinung sagen darf: Es geht nicht um die Äußerung, äh, um die Sache! Also nicht um die Beschreibung von Werten und das, was du da einforderst!«

Ich unterbreche ihn, denn der Mann ist komplett auf dem Holzweg. »Natürlich geht es darum!«, sage ich.

Er wirkt etwas verunsichert, versucht es jedoch tapfer noch einmal: »Ich glaube, es geht um die Vergleiche, die da genommen worden sind und um Begriffe, die in dem Zusammenhang fallen!«

Wieder unterbreche ich ihn, bevor er sich gänzlich in die falsche Richtung vergaloppiert.

Der Ärmste, er hat, wahrscheinlich ebenso wenig wie Senta Berger oder die anderen Anwesenden, erkannt, was hier im Land seit vielen Jahren in Wirklichkeit gespielt wird. Dass ein inzwischen rücksichtsloser Feminismus herrscht, der alles gnadenlos an die Wand ballert, was sich seinen Ideologien entgegenstellt. Und hierbei handelt es sich mitnichten um eine Verschwörungspathologie.

Auch die jüdische Schriftstellerin Esther Vilar musste wegen eines ähnlichen familienpolitischen Engagements in den 1970er-Jahren wie eine Gehetzte und Verfolgte schließlich das Land verlassen, weil man ihre Veröffentlichungen wie das Buch *Der dressierte Mann* mit allen Mitteln zu unterbinden versuchte. Es war Alice Schwarzer, die als Vertreterin der Frauenbewegung gerade zu dieser Zeit bekannt geworden war und sich im Jahre 1975 ein Fernsehduell mit Frau Vilar lieferte. In der Sendung fiel insbesondere die hohe Aggressivität auf, mit der Schwarzer gegen Esther Vilar vorging, heißt es noch heute in nahezu allen Berichten über die Sendung. Frau Vilar musste sich dabei exakt die gleichen Vokabeln anhören wie ich dreißig Jahre später: »Sie sind nicht nur Sexistin, sondern auch Faschistin.«

Außerdem verglich Schwarzer das Buch der jüdischen Autorin mit der antisemitischen Zeitung *Der Stürmer*.

Esther Vilar hatte schon damals den gefährlichen Mechanismus erkannt, mit dem ein zum Teil militanter Feminismus arbeitete. Und sie sah darin eine große Gefahr für die Zukunft unseres Landes. Und so richtete sie sich in ihrem Buch *Das Ende der Dressur* ausführlich gegen die angebliche Meinungsführerschaft von Lesben, denen sie vorwarf, heterosexuelle Frauen zu verführen, die »normalerweise für ihre ausgefallenen Wünsche absolut unzugänglich wären«. Um dies zu erreichen, würden sie die feministische Bewegung nutzen, die quasi nur aus Lesben und »männlichen Feministinnen« bestünde, um alle ihre Forderungen nach Gleichmachung von Mann und Frau durchzusetzen.

Esther Vilar wurde damals ebenso wie ich durch das Land gehetzt. Doch Esther Vilar erhielt sogar Morddrohungen und wurde von Feministinnen zusammengeschlagen. Fluchtartig verließ sie Deutschland, denn sie bekam kein Bein mehr auf die Erde. Auch in jener Zeit saßen in den Medien bereits einflussreiche Feministinnen, die Freudentänze aufführten.

Esther Vilar ist wahrlich nicht das einzige Beispiel für diese Brutalität, die immer wieder angewandt wird. Diese schonungslose Vorgehensweise feministischer Randgruppen wird seit dem Gender-Mainstreaming-Gesetz politisch geduldet und akzeptiert.

Von all diesen Hintergründen scheint die erlauchte Runde hier nichts, aber auch rein gar nichts zu ahnen. Ihnen geht es vielmehr um die Aburteilung einer prominenten Fernsehkollegin, die sich verrannt zu haben scheint und die in diesem Augenblick durch ein selbst ernanntes Medienkartell ihrer gerechten Bestrafung entgegengeführt wird.

Ich helfe dem einseitig vorbereiteten, öffentlich-rechtlichen Moderator, der behauptet, die Probleme seien nicht durch meine feminismuskritischen Thesen entstanden, nochmals auf die Sprünge, indem ich erwidere: »Du sagst aber zu Recht, du glaubst, aber du weißt es nicht!«
Weiter komme ich nicht, weil wieder alle durcheinanderreden.
Senta Berger will es jetzt genauer wissen. Sie schüttelt ihre hübsche Frisur, die immer noch perfekt sitzt, und fragt: »Wie will man Werte definieren? Ich versteh' das nicht!«
Klar, wir können jetzt auch bei Adam und Eva anfangen und fragen: Wie war das damals eigentlich mit der Menschwerdung?
Sie bekräftigt: »Hier geht es um verlorene Werte. Ich meine, die Welt hat sich verändert in den letzten fünfzig Jahren! Und es kommt wirklich darauf an, wie man Werte definiert!«
Hoffentlich verschont sie uns jetzt mit ihrer Mondgeschichte, hoffentlich lobhudelt sie nicht die Errungenschaften der Abtreibung oder der angeblichen Befreiung der Frau.
Doch, sie tut es! Mit leicht wienerischem Säuselsang führt sie aus: »Also ich finde es ein ganz großes Gut, dass Männer und Frauen miteinander sich emanzipiert haben, dass sie miteinander leben und dass sie auch miteinander ihren Alltag teilen. Und diese Kinder haben auch Väter. Wenn man in Berlin wohnt, so wie ich, dann sieht man diese Väter. Die haben vorne ein Kind hängen wie im Känguruhbeutel und das andere an der Hüfte und gehen in den Kindergarten mit ihnen. Ich finde, das hat uns doch sehr nahegebracht: den Männern uns Frauen und umgekehrt. Ich verstehe das jetzt nicht und muss immer sagen: Schade, ich kenne jetzt diese Bücher nicht …«

In der Tat, liebe Senta Berger, wäre es nicht ein Gebot der Höflichkeit gewesen, wenn sie eines meiner Bücher vor der Sendung auch nur quergelesen hätten? Außerdem hätten sie hier dann ein wesentlich überzeugenderes Bild abgegeben. Ihre Ausführungen sind einfach rührend, eine verklärte Betrachtung aus dem Küchenfenster ihrer Berliner Wohnung vielleicht? Man könnte eine Menge zu den Gedanken einer gut gealterten Achtundsechzigerin sagen, aber man müsste vom Hölzchen übers Stöckchen kommen. Ein andermal vielleicht, wenn mehr Zeit ist.

Der Moderator hat einen kleinen Stapel roter Moderationskarten in den Händen und blättert sie mit gerunzelter Stirn durch.
　Er erscheint etwas ratlos und sagt: »Wir könnten jetzt über eine Menge Begriffe, über einzelne Thesen und Zitate aus diesem Buch sprechen, ich vermute nur, dass wir sozusagen in der Sache nicht weiterkommen. Also, die Weichei-Diskussion zum Beispiel ...«
　Weiter kommt Johannes nicht, denn Näsel-Grete findet, dass sie auch etwas sagen sollte, und fällt ihm ins Wort.
　»Aber die wirst du nicht klären können«, unterbindet sie jetzt weitere Versuche des Master of Desaster, tiefer in die Thematik vorzudringen. Irgendwie scheint es, als wolle sie das Thema »Eva Herman« endlich vom Tisch haben, oder sehe ich schon Gespenster?
　Im Gegensatz zu ihr finde ich jedoch sehr wohl, dass wir das tun sollten. Denn da gäbe es noch eine ganze Menge von Inhalten, über die man dringend sprechen müsste angesichts des Umstands, dass in den Hauptmedien nur allzu selten Informationen darüber erscheinen. Mir erscheint die Situation günstig, über den militanten Feminismus zu sprechen, durch den das männliche Geschlecht nachweislich zunehmend auf der Strecke bleibt.
　Also hake ich ein: »Fakt ist doch, dass wir eine Leistungskrise bei den Jungs haben!«
　Scheinbar erstaunt hakt Kerner nach: »Ist das so?«
　»Ja!«, antworte ich knapp.
　»Wat ham wir?« Mario Barth sitzt plötzlich kerzengerade im Stuhl.
　Gerne, lieber Mario. Gerne erläutere ich dieses so wichtige Problem, dessen Folgen bereits überall spürbar sind.
　Ich nenne die Zahlen, während er ein überraschtes Clownsgesicht aufsetzt: »Vierzehn Prozent weniger Abiturabschlüsse, achtzig Prozent, was einen fehlenden Schulabschluss betrifft, sind Jungs, was Gewaltaktionen betrifft, sind es fast hundert Prozent, alle Umfragen ...«

Wieder komme ich nicht weiter, denn Frau Schreinemakers stöhnt genervt dazwischen. Während meiner Ausführungen hat sie mehrfach theatralisch die Arme in die Luft geworfen. Jetzt fällt sie plötzlich wie erschossen in sich zusammen und brütet mit gefalteten Händen bittersauer, fast dumpf vor sich hin, was mir die Gelegenheit gibt, einfach weiterzumachen.

Ich fahre fort: »Es liegt zum Beispiel unter anderem daran, dass die Jungs fehlende Vaterbilder haben, ihnen fehlen vielfach die Männer als Vorbilder, viele alleinerziehende Mütter, das ist der Zustand unserer Gesellschaft.«

Ich verkürze die Ausführungen, denn man weiß ja nie, wann der Nächste dazwischenfunkt.

Unruhe und allgemeines Gemurmel. Johannes möchte etwas sagen, aber was? Keine Ahnung, ich bin noch nicht fertig:

»Wir müssen doch einfach sehen: Es gibt die Feminisierung in der Erziehung, wo Kinder in der Kita, im Kindergarten, in der Grundschule fast ausschließlich von Frauen erzogen werden. Das ist wunderbar auf der einen Seite, aber auf der anderen Seite? Wenn ein Kind, zum Beispiel ein Junge, bei einer alleinerziehenden Mutter, die arbeiten gehen muss, weil sie keine Erleichterungen vom Staat bekommt, groß wird, dann kann es sein, dass er achtzehn ist und keine verlässliche, männliche Bezugsperson kennengelernt hat. Und natürlich verändert das Kinder.«

Zustimmung vom Moderator der Sendung, der versucht, mir zu helfen, indem er mir Begriffe wie »Bezugsperson« leise vorsagt, bevor ich sie zum Ausdruck bringen kann. Vielleicht will er damit auch unter Beweis stellen, dass er Kenntnis von dieser gesellschaftspolitischen Problematik hat.

Die schöne Senta schaltet sich interessiert ein. Mit entzückender Entenschnute wirft sie dazwischen: »Entschuldige, die männliche Bezugsperson kann das Kind unter Umständen gar nicht bekommen, wenn die Mutter zu Hause bleibt.«

Ein Applaus ertönt, der die Sprechende zu überraschen scheint. Sie stutzt kurz.

Was meint sie nur damit? Ich ahne Schlimmes. Sie wird doch jetzt nicht, bitte, schon wieder ihr eigenes prominentes Vorzeigeleben mit den Leben anderer Frauen vergleichen wollen. Aber leider, leider, Senta

Berger kann es nicht lassen! Es scheint ihr unmöglich zu sein, eine solche Diskussion sachlich zu führen, ohne sich selbst als Paradebeispiel für ein gelungenes und vor allem »normales« Familienleben in Deutschland darzustellen.

So gibt sie dem erwartungsvoll lauschenden Publikum einen tiefen Einblick in ihre private Vergangenheit: »Ich finde all die Eindrücke, die man als bewusst tätige Mutter …«

Hier stockt sie, weil Johannes Baptist etwas einwerfen möchte, ihr dann jedoch aus gebotener Höflichkeit wieder das Wort erteilt.

Senta Berger weiter: »Nein, nein, also bei mir war es ganz bestimmt so, dass mein Beruf …« Wieder unterbricht sie sich selbst, vielleicht, weil ihr auffällt, dass ihr eigener Job gar nicht vergleichbar ist mit den Berufen Millionen anderer Frauen.

Sie lächelt mich mit einem kleinen Kopfnicken an und korrigiert sich: »Natürlich ist das leichter zu organisieren als für eine Frau, die jeden Tag um sieben Uhr in der Fabrik steht oder um neun Uhr im Büro. Das kann man als Schauspielerin besser organisieren.«

Diese Aussage kann ich nur bekräftigen, was ich auch tue:

»Das glaube ich auch!«

Sie spricht weiter über sich und ihr bewegtes Leben: »Und ich habe mich sehr stark auf die Kinder konzentrieren können, solange sie mich gebraucht haben oder ich das Gefühl gehabt habe, ich sollte mich ganz verstärkt um nur sie kümmern. Aber das war wichtiger für mich als für meine Kinder.«

Den letzten Satz hat sie etwas schneller gesprochen, denn der Moderator trieb sie ein wenig zur Eile an, indem er ihre Ausführungen mit mehreren ungeduldigen »Hms« unterlegte.

Nun ist sie fertig, und er hakt schnell ein, bevor ihm eine andere Wortmeldung dazwischenkommt. Er fragt mich direkt: »Eva, hat sich deine Meinung in dieser Angelegenheit eigentlich geändert so in den letzten Jahren? Ähm, seitdem du selbst Mutter bist?«

»Ja, natürlich hat sich das geändert!«

Ich werde durch Senta Berger unterbrochen, die im Gegensatz zu mir als Mutter zweier erwachsener Söhne weitaus mehr zu diesem Thema zu sagen hat. Journalistisch raffiniert fragt sie dazwischen: »Aber die Pubertät kommt noch bei Ihrem Kind, oder?«

Welch eine Frage. Mein Sohn ist zehn, und der natürliche biologische Verlauf sieht eine solche Pubertät meines Wissens nach durchaus vor. Oder hatten die Feministinnen dieser Entwicklung auch schon einen ideologischen Riegel vorgeschoben?

Vorsichtig antworte ich: »Ja, ich hoffe! Das ist ja eine ganz normale Entwicklung ...«

Senta scheint aufgeregt zu sein. Vielleicht plant sie einen Scherz, der soeben vorbereitet wird? Sie wirkt auf einmal so selbstbewusst und bemerkt vorsätzlich trocken, während sie sich wie nebenbei burschikos am Ohr kratzt:

»Ich meine nur, wegen der Schule und wegen Leistungsabfall und so, ne Mario?«

Dabei schaut sie gewollt belustigt zu dem schweigenden Komiker hinüber, der sich indes blitzschnell gerade aufsetzt und den Ball durchaus willig aufnehmen möchte. Es reicht anscheinend schon, ihn einfach nur anzusprechen, um einige Leute der hier anwesenden, modernen Spaßgesellschaft bereits zu erwartungsvollen Heiterkeitsausbrüchen zu treiben. Barth aber eiert herum. Vielleicht, weil er gar nicht weiß, was er antworten soll? Ich tippe eher, dass er überhaupt nicht zugehört hat, denn nach einigen Ähs und Ähms sagt er schließlich mit weit gerundeten Kulleraugen und Spitzmaul den völlig zusammenhanglosen Satz:

»Ick war in der Schule 'n Chaot. Und jetzt sitz ick hier inner Fernsehsendung! Ist doch toll!«

Am glücklichsten scheint Senta Berger über diese meisterhafte, subtile Antwort zu sein. Denn sie lacht am lautesten und bedenkt den Mann, der freiwillig und gerne den Hanswurst gibt und dem sie die Vorlage für einen Mega-Joke geboten hatte, mit wohlwollenden, charmanten Blicken. Derweil gerät das Studiopublikum nun nahezu aus dem Häuschen. Die anfangs mit dem Warm-Upper einstudierte Steigerung, die da lautet: Johlen, Schreien, Trampeln, kommt nun endlich zum Einsatz. Die anwesenden Menschen können ihrer Bedrängnis, die sich durch die dicke Luft im Studio allmählich aufgestaut hatte, nun endlich einmal freien Lauf lassen und hemmungslos lachen. Mann, was für ein gelungener Spaß!

Ich kann es ihnen nicht verdenken.

»Du hast Klage eingereicht gegen den NDR beim Arbeitsgericht Hamburg!«

Kerners Frage durchschneidet den fröhlichen Applaus, als wolle er sich jetzt nicht mit Kinkerlitzchen beschäftigen. »Was willst du erreichen?«

Na, was wird man wohl erreichen wollen, wenn man gegen eine fristlose Kündigung vorgeht, Herr Kerner? Ich würde Ihnen darauf sogar antworten wollen, doch geht es hier um ein schwebendes Verfahren, und deswegen werde ich den Teufel tun, öffentlich darüber zu sprechen!

Eine Pause von mehreren Sekunden entsteht, es herrscht atemlose Stille. Ein interessanter Punkt anscheinend, jedenfalls aus Sicht der anderen. Umso weniger gibt es eine Auskunft, meine Lieben!

»Ich kann darüber detailliert hier nicht sprechen, weil dies natürlich ein schwebendes Verfahren ist!«

Der investigative Journalist Kerner bleibt beharrlich: »Worauf klagst du, meine ich?«

»Sag ich dir auch nicht!«

In Gedanken sehe ich seine Mitarbeiter in den Redaktionsräumen, den gespitzten Griffel in der Hand, damit sie diese Info so schnell wie möglich nach außen tröten können. Nix da, Leute!

Ich muss insgeheim lachen, weil sie es sich alles vielleicht so schön ausgedacht hatten. Und nun schweig die bockige Angeklagte dazu.

»Möchtest du wieder eingestellt werden? Oder möchtest du, dass die irgendwas zurücknehmen von dem, was sie gesagt haben?«

Der blonde Moderator lässt nicht locker.

»Ich möchte, dass der Fall jetzt zunächst erst richtig untersucht wird. Es ist eine unzulässige Kündigung gewesen.«

Hm. Er merkt, dass er hier nicht weiterkommt, und hakt die nächste Frage von seinem Zettel ab: »Okay. Kannst du deinen Sohn davor schützen, dass er das mitbekommt, was grad' mit seiner Mutter ist?«

Hierauf würde ich am liebsten antworten, dass seine Mutter seit über einem Jahr von einer Horde Wildgewordener durch das Land gejagt wird und man mit Kindern eher über die möglichen Ursachen kollektiven Mobbings diskutieren sollte, um sie für eventuelle künftige Gefahren im Umgang mit anderen zu sensibilisieren.

Aber ich bleibe in der erwarteten Umgangsform. »Nein, nein, wir sprechen darüber!«, bestätige ich.

Das tun wir auch wirklich, aber nur am Rande. Der Kleine interessiert sich zum Glück nämlich nicht die Bohne dafür, er stellt kaum Fragen, und die Zeitungen mit den hässlichen Überschriften landen ohnehin gleich morgens im Archivschrank, auf dem Extrastapel für den Rechtsanwalt.

»Aber er hat doch alles mitbekommen!«, bemerkt Senta plötzlich. Aha? Was sie nicht alles weiß. Hat er eben nicht!

Kerner springt für mich ein und erklärt ihr: »Er ist doch keine fünfzehn!«

Die elegante Schauspielerin ist überrascht: »Wie alt ist er denn?«

»Er ist zehn!«

Um ehrlich zu sein, verspüre ich keine Sehnsucht, mein Kind hier weiter der Öffentlichkeit preiszugeben, schon gar nicht, der hier anwesenden Mischpoche auch noch Auskunft über ihn zu erteilen. Und so möchte ich die Sache mit einem abschließenden Satz beenden, als Senta sich herüberbeugt und in fast vertraulichem Ton, der jedoch keinen Widerspruch duldet, sagt:

»Aber ihr redet darüber!«

»Wir reden darüber! Aber wir reden natürlich nicht ausführlich darüber, es interessiert ihn, ehrlich gesagt, auch nicht so besonders!« Schluss jetzt damit!

Herr Kerner scheint verstanden zu haben, dass hier nichts mehr zu holen ist, und fängt ein neues Thema an. Er bittet mich um eine Art wahrsagerischer Prognose:

»Wo glaubst du, bist du in fünf Jahren oder in zehn Jahren, in den Momenten, wo man so ein bisschen perspektivisch denkt. Wo siehst du dich da?«

Welch eine Frage. Gern würde ich den Spieß umdrehen und selbiges von ihm wissen. Wo sieht er sich nach solchen öffentlichen Gnadenstößen wie dieser Sendung oder dem »berühmten« Erfurt-Interview, in dem er anlässlich des grauenvollen Amoklaufes an einer Schule noch am selben Abend einen elfjährigen Jungen als Augenzeugen für ein Fernsehinterview vor die Kamera zerrte, oder weiteren Ausfällen wie dem öffentlichen Interview mit einem 14-jährigen Entführungs- und Missbrauchsopfer, vor dem alle Psychologen eindringlich gewarnt hatten? Man konnte sicherlich davon ausgehen, dass auch seine Tage als ernst zu nehmender Journalist gezählt sein könnten.

Wie richtig ich mit diesen Überlegungen liege, weiß ich in diesem Moment noch nicht. Doch wird sich wenige Wochen später – nach wütenden Protesten Hunderttausender Zuschauer – der ZDF-Fernsehrat unter Vorsitz des CDU-Politikers Ruprecht Polenz mit genau unserer Sendung hier beschäftigen. Dabei wird unter anderem »ein missglückter Gesprächsverlauf« festgestellt werden, zu dem, wie es heißt, »der Moderator maßgeblich beigetragen hat«. Gleichzeitig wird der Fernsehrat beschließen, ein besonderes Augenmerk auf künftige Kerner-Sendungen zu werfen. Jedenfalls sollte er wenigstens die Mindestgrenzen des Anstandes einhalten, um sich nicht auch noch den Zorn des zahlenden Fernsehpublikums zuzuziehen. Mit anderen Worten, lieber Kollege, wäre ein Blick in Ihre Zukunft auch nicht ganz uninteressant!

Aber gut, noch sitze *ich* auf der öffentlichen Anklagebank, und so antworte ich artig und wie man es von mir erwartet:

»Weiß ich nicht!«

Ich suche nach Worten, weil ich in Gedanken noch mit ihm beschäftigt bin, während Senta Berger das mahagonifarbene Haar stürmisch in den Nacken wirft. Doch schnell bin ich wieder bei mir:

»Kann ich jetzt, nachdem sich mein Schicksal relativ schnell geändert hat, nicht sagen. Aber nochmal: Es ist nicht so, dass ich mich jetzt unglücklich verkrieche, sondern ich sehe in solchen Änderungen auch immer eine Chance, und möglicherweise kann ich mich für das Thema jetzt noch viel intensiver einsetzen, als ich das vorher konnte.«

Wunderbar! Die Frau, die Eva Herman heißt, hatte gerade eine Antwort gegeben, die mit Sicherheit *nicht* erwartet worden war. Ich bin selber ganz überrascht über meine klare Aussage: Liebe Feministinnen, auch wenn ihr euch noch so viele Hindernisse und Schwierigkeiten für mich ausdenken mögt, ich werde diesen wichtigen Weg dennoch weitergehen. Nun, auch Frau Berger wird darüber wenig erfreut sein, wenn man einmal voraussetzt, dass die alte Gemeinsamkeit zwischen ihr und der kämpferischen Alice aus den Zeiten der *Stern*-Abtreibungskampagne noch besteht. Doch in ihrer Miene ist nichts abzulesen.

Herr Kerner kann wohl auch nichts damit anfangen, dass ich dieses unliebsame Thema jetzt noch intensiver verfolgen will. Während es mittlerweile mucksmäuschenstill und friedlich im Studio ist und man von allgemein beruhigten Gemütern sprechen könnte, kehrt der TV-Talk-Star zum Beginn seiner Sendung zurück:

»Glaubst du, dass nur die anderen Fehler gemacht haben und du keinen?«

Spätestens hier muss jetzt auch dem letzten Zuschauer klar werden, dass der Mann am Ende mit seinem Latein ist. Aber gut, ich werde ihm darauf zum wiederholten Male antworten:

»Nein, natürlich, man macht immer, jeder macht Fehler, und mein Fehler ist es vielleicht gewesen, dass ich nicht von Anfang an, sofort, auf die Herausgabe des Materials nicht noch deutlicher zu dringen versucht habe, wenngleich es ja gar nicht möglich wäre, weil es bis heute nicht erschienen ist!«

Das ist es nicht gerade, was er als Antwort hören wollte, deswegen versucht der Moderator es gleich noch einmal anders herum.

»Aber die Formulierung war nicht fehlerhaft? Die würdest du wieder so benutzen, weil, da hast du nichts falsch gemacht!«, versucht er, mir zu suggerieren.

Ich ahne, dass er eine deftige Schlagzeile provozieren möchte, weil er derzeit noch nicht übersehen kann, ob das bis hierhin Geschehene ausreichend Material bietet für die morgige Presse.

Ich will ihm antworten. Schon beim ersten Wort merkt er, dass jetzt wieder nicht die Aussage kommt, die er sich wünscht. Also unterbricht er mich und verdeutlicht sein Ansinnen, indem er katzenfreundlich bemerkt, er wolle mich doch ganz fair behandeln und mir alle Möglichkeiten geben, es ganz klar darzustellen.

In Wahrheit, das ist meine Empfindung, will er mich viel lieber »hängen« sehen. Ich muss aufpassen. Dennoch werde ich genau das sagen, was ich für richtig halte.

Ich weiß, dass meine Antwort dieser Bande hier gleich nicht gefallen wird, aber gerade das ist es doch, was es unserem Land immer noch unmöglich macht, nach all den verhängnisvollen Zeiten wieder auf die Beine zu kommen.

Und so formuliere ich: „Ich könnte jetzt sagen, ich würde es wieder so machen. Aber natürlich wird man durch solche Dinge, durch solche

Vorfälle vorsichtiger. Ich muss einfach lernen, dass man über den Verlauf unserer Geschichte nicht sprechen kann, ohne in Gefahr zu geraten.«

Applaus auf der einen Seite, Empörung auf der anderen.

Die Schöffin Schreinemakers ist mit meiner Aussage überhaupt nicht zufrieden. Wie aus der Urtiefe einer rostigen Blechtonne schraubt sie sich empor mit dem langgezogenen Ausruf: »Hä? Das stimmt ja wohl gaaar nicht!«

Die Achtundsechzigerin Berger wiederholt fassungslos: »Ohne in Gefahr zu geraten?«

Und Spaßvogel Mario Barth schüttelt ungläubig, jedoch durchgehend grinsend, den unfrisierten Strubbelkopf: »Det stimmt ja wohl janich!«

Margarethe, die Aufrechte, hyperventiliert: »Das geht doch hier jetzt alles nicht, entschuldige mal.« Entrüstet wirft sie die Hände hoch und verdeutlicht noch einmal: »Es geht nicht!« Dann verfällt sie in betende Haltung.

Kerner stützt das Kinn in die Hände und schaut interessiert zu. Endlich! Der ersehnte Eklat! Das wird ihm vielleicht ein anerkennendes Schulterklopfen des Redaktionspartners einbringen.

Senta Berger ist erzürnt und beschließt jetzt: »Ja, wir können das hier auch gar nicht diskutieren!«

Warum denn nicht?

Frau Schreinemakers indes scheint erkannt zu haben, wie viel weiteres Aufregerpotenzial meine Aussage enthält, und lässt keine Chance ungenutzt, um sich noch einmal zu inszenieren.

Mit wackelndem Kopf und fliegenden Händen unterstreicht sie laut ihren Unwillen: »Das ist 'ne Ebene, die geht nicht, da muss ich mich fast schon davon distanzieren, hier zu sitzen. Entschuldige bitte!« Beschwörend reißt sie dabei die gefalteten Hände in die Höhe und ringt pathetisch nach Fassung.

Leider hat ihre Stimme, die ohnehin selten die für öffentliche Personen wichtige, sogenannte »sympathische Ebene« erreicht, derweil den schrillen Klang einer gellenden Polizeipfeife angenommen, was das Zuhören zu einer mittelschweren Belastungsprobe werden lässt.

Inzwischen wächst der Tumult weiter. Kerner will sie unterbrechen, aber das Gretel ist noch längst nicht fertig. Unerklärlicherweise allerdings entschuldigt sie sich bei ihren Ausführungen andauernd, obwohl sie sich doch selbst am allerletzten im Unrecht wähnt, oder? Jedenfalls würde sie in einem Schauspiel-Casting für *Die Zornige* gute Chancen auf die Hauptrolle haben.

Nachdem sie sich also »fast schon distanzieren muss, hier zu sitzen«, zieht sie den überraschten Komiker gleich mit an Bord, indem sie ihn am nackten Unterarm packt und schreit: »Und Mario auch!« Der allerdings wusste bis eben noch nichts davon und wendet sich der anderen Seite zu. Doch da sitzt niemand.

Kerner versucht währenddessen auf fast hilflose Weise, fortgesetzt zu beschwichtigen.

»Margarethe, ist ja gut. Ist ja in Ordnung!«, stammelt er immer wieder zwischen ihr volltönendes Gezeter. Und dann, auf rührende Weise, fraternisiert er: »Es ist für mich auch nicht leicht zu ertragen ...«

Aber die in Rage Geratene muss jetzt unbedingt klarmachen, welch riesenhafte und unüberwindbare Kluft zwischen ihr und mir, der ausgemachten Bösewichtin, besteht. Sie möchte verdeutlichen, was für ein Abgrund sich auftut zwischen all den übrigen Menschen auf der ganzen Welt und mir, der Angeklagten, der Verworfenen, der doch schon längst Verurteilten.

Auch Senta Berger wird jetzt, ruckzuck, noch schnell ins Rettungsboot der übrigen Genossen gezerrt. Denn der nun fast weinerlich klingenden, mitfühlenden Margarethe scheint das Schicksal der schönen Frau zu ihrer Rechten nicht gleichgültig zu sein.

»Das ist unerträglich, auch für Senta!«, empört sie sich. Dabei legt sie nun ebenso diesem Talkgast kurz, aber vertraulich, die Hand auf den Arm. Eigentlich hat sie jetzt fast alle Anwesenden eingeordnet, dass sie nämlich nichts, aber auch gar nichts mehr mit mir zu tun haben dürften, außer? Ja, außer dem Moderator selbst! Er will das hier doch wohl nicht etwa durchgehen lassen?

So leicht kommt ihr der Gesprächsleiter der Sendung nicht davon. Die wie wild Gewordene greift ihn jetzt frontal an, um ihm ein eigenes Statement der klaren Distanz öffentlich abzunötigen:

»Das ist unerträglich! Sorry, wir mögen dich, aber ...«

Aber was, Frau Schreinemakers? Wenn Herr Kerner jetzt nicht tut, was Sie als ausgewiesene »Herman-Basherin« fordern, dann könnte dies durchaus Nachteile haben, oder was? Was läuft hier eigentlich? Wer entscheidet inzwischen, was passieren soll? Du etwa, Frau Schreinemakers?

Kerner indes beschwichtigt nervös weiter und versucht, ihren Wünschen irgendwie nachzukommen: »Es ist für mich auch nicht leicht zu ertragen, aber ich habe ja noch den Tisch!«

Prima! Danke, Herr Kerner. Damit will er deutlich machen, dass er sich zumindest räumlich deutlich von mir abgrenzt! Und damit hätten wir neben der »Zornigen« bereits die zweite Hauptrolle besetzt: die des Heuchlers!

Während er fieberhaft versucht, irgendwie Ordnung und Ruhe in die endgültig entglittene Studiosituation zu bringen, hört das schlecht erzogene Gretel immer noch nicht auf zu lamentieren.

»Sorry, aber ich krieg' erhöhten Puls! Sorry, aber …«, pumpt sie atemlos wie ein kollabierender Maikäfer.

Ihre komische Bemerkung, die im Laufe der anschließenden, landesweit geführten Diskussion über die kurioseste Sendung des Jahres noch häufiger zur Sprache kommen wird, als es Frau Schreinemakers recht sein kann, erfüllt zwar das Publikum gegenwärtig mit Heiterkeit, mich übrigens auch, doch den Moderator lässt sie eher kalt. Im Gegenteil, er scheint irgendetwas im Schilde zu führen. Denn plötzlich prescht er nach vorne. Offensichtlich will er sich Gehör verschaffen, was ihm nach mehreren Anläufen sogar zu gelingen scheint.

»Ich wollte …«, beginnt er. Dann verwirft er den Gedanken und startet neu:

»An dem Punkt, wo ich merke, dass wir inhaltlich nicht weiterkommen, lassen wir es natürlich. Ich wollte nur zum Ende des Gesprächs, weil ich mich der Fairness verpflichtet fühle, nochmal Gelegenheit geben, dir (er meint jetzt mich) die Möglichkeit zu bieten, zu sagen, dass du vielleicht auch nach der Diskussion irgendetwas irgendwie anders siehst! Du hast gesagt, dass du das nicht anders siehst, das ist dein gutes Recht! Und dann beenden wir das Gespräch an dieser Stelle.«

Beifall.

»Danke!«, sage ich. Um ehrlich zu sein, reicht es mir auch bis oben hin!

Er wendet sich nun Margarethe zu, indem er ihren Namen nennt.

Uff! Ist das Verhör jetzt, nach über 50 Minuten, tatsächlich beendet? Das wäre ja zu schön, um wahr zu sein.

Doch aus Gretes Ecke gärt und dampft es weiterhin unheilvoll. Für sie scheint die Sache noch längst nicht erledigt zu sein. Und während sie sich aufplustert, um sich erneut ins Zeug zu legen, um dem Land zu zeigen, wie rein ihr Herz und ihr Charakter seien im Gegensatz zu mir, nimmt der geflissentliche Johannes erst einmal einen tiefen Schluck Wasser.

Mit nach vorne gebeugtem Oberkörper stützt die Frau mit der etwas missglückten Victoria-Beckham-Frisur ihr Kinn in die gefalteten Hände und konstatiert: »Jetzt sitzen wir hier und haben ein Problem! Jetzt sitzen wir hier. Und ich habe anfangs noch gedacht, Eva hat gar nicht gewusst, was sie sagt, ja? Also nicht so richtig …«

Alle lauschen ergriffen. Der Einzige, der sich wieder von der Runde abwendet, ist Mario Barth, dem das Grinsen inzwischen allerdings auch vergangen ist.

Der große, vielleicht lang ersehnte Auftritt der ehemaligen »Heulsuse der Nation« nähert sich seinem Höhepunkt.

Sie sagt: »Da waren so viele Informationen, und sie wollte ihr Buch verkaufen und war so eifrig, und da geht was daneben …«

Sie fährt drohend den Zeigefinger aus, was mich innerlich immer zusammenzucken lässt, weil ich dann stets an Mamas Worte von wegen dem nackten Finger und den angezogenen Leuten denken muss.

Au Backe, Margarethe sprüht jetzt Gift und Galle.

Sie fährt fort: »Und da geht was an einer Stelle daneben, wo leider überhaupt nichts danebengehen darf!«

Spätestens an dieser Stelle würde jeder einigermaßen normale Mensch, der hier seit fast einer geschlagenen Stunde auf der ungemütlichen, öffentlichen Anklagebank ausgehalten hat, wohl schon selbst daran glauben, dass er etwas Gefährliches, Falsches, Verbotenes gesagt hat, was ihm konsequenterweise zum Verhängnis werden muss. Auch ich muss mir ständig einhämmern, mir von dieser Bagage nichts überstülpen zu lassen. Es grenzt beinahe an eine Art Gehirnwäsche, die für mich mehr als anstrengend ist. Mein Herz droht in diesem Moment zu zerspringen, es macht sich plötzlich ein ungeheurer Druck im Brustraum breit. Es ist einfach widerlich, was diese künstlich aufgebrachte Fuchtel alles noch auffahren will.

Sie wendet sich Johannes Kerner zu: »Du gibst ihr jetzt jede Chance der Welt, mit einer Engelsgeduld, aber es kommen Dinge, die kann man nicht vertreten, die kann man nicht sagen, und dazu kann man auch nicht ruhig hier sitzen!«
　Dann geh doch, denke ich. Keiner hält dich!
　Komisch, immer will eine der beiden Frauen gehen. Und bleibt dann doch. Ich verstehe das nicht wirklich.
　Mario Barth betrachtet indes eingehend die Beleuchtungskörper, die unter der Studiodecke befestigt sind, und massiert sich mit zwei Fingern die Unterlippe. Er scheint nachzudenken.
　Der Moderator reagiert direkt und öffentlich-rechtlich, so, als müsse er dem Gretel Rede und Antwort stehen. Artig macht er bei den folgenden Aussagen einen kleinen Diener.
　»Ich würde schon sagen, dass ich Eva Herman Gelegenheit gegeben habe, das darzustellen«, versucht er sich der ehemaligen Moderatorin gegenüber zu rechtfertigen.
　Die scheint zufrieden zu sein mit diesem Eingeständnis, nickt nachdrücklich und sagt: »Ja, das hast du!«
　Kerner unterstreicht weiter seinen vorgeblich lange währenden, guten Willen mir gegenüber, indem er fortführt:
　»Ich habe versucht, uns das erklären zu lassen, die historischen Zusammenhänge«, dabei macht er eine ausladende Bewegung in Richtung des Naziexperten, den ich bereits buchstäblich wieder vergessen hatte, »von einem ausgewiesenen Fachmann dafür, der sehr viel dazu veröffentlicht hat über das NS-Regime, über die Nazizeit. Und wir haben, wie ich finde, nicht uninteressant miteinander gesprochen. Irgendwann ist dann der Punkt, wo ich sage, dass ich an Eva keine weiteren Fragen habe. Aber das heißt ja nicht, dass unsere Zeit nun zu Ende ist. Wir haben ja noch ein paar Seiten Zeit hintendran.«

»Das ist jetzt schwierig«, kräht Margarethe.
　»Das ist jetzt wirklich schwierig«, kräht Senta hinterher.
　»Das ist jetzt sehr, sehr schwierig«, superlativiert Margarethe.
　Johannes Kerner möchte etwas sagen, aber er kommt nicht zu

Wort. Schnell wirft er die Hand vor den Mund, denn Margarethe duldet keinen Widerspruch.

»Ich finde auch schade«, schiebt sie schnell dazwischen, bevor er die Hand wieder vom Mund nehmen könnte, »dass wir hier in einer so weitläufigen Distanz sitzen.« Damit zeigt sie auf den schweigenden Geschichtsprofessor, der etwa fünf Meter Luftlinie von ihr entfernt sitzt. Sie scheint unter einer plötzlichen Sehnsucht nach seiner Körpernähe zu leiden.

Jetzt nimmt sie ihn ganz mütterlich in Schutz, ihn, der so lange, so allein, so still ausharren musste, ohne sein allumfassendes Wissen einbringen zu dürfen.

Wieder winkt sie zu ihm hinüber, als sie weiternäselt:

»Ich finde es auch sehr schade, wenn Eva sagt, sie lehnt es ab, mit einem ausgewiesenen Fachmann, der sich mehr als drei Gedanken zu diesem Thema gemacht hat. Und der weit davon entfernt ist, nur zu polemisieren. Ich find' es schade, dass sie ablehnt, überhaupt auch noch sagt: Mit Ihnen red' ich gar nicht erst. Also, das ist 'ne Basis, wo ich sage, geht auch nicht!«

Stänkeralarm im Kerner-Studio. Somit hat die Genossin Schreinemakers jetzt auch noch den letzten Teilnehmer der Gesprächsrunde ganz offiziell auf die Kollektivscholle geholt. Sie trommelt anscheinend die ganze Armee gegen mich zusammen. Aber warum? Wovor hat sie Angst? Doch nicht etwa vor mir?

Johannes, aufwachen! Hier werden jetzt Ergebnisse verlangt! Wie war das mit der Gewaltenteilung? Legislative, Judikative, Exekutive! Erst habt ihr eure eigenen Gesetze gemacht, dann habt ihr Gericht gehalten, und nun muss endlich vollzogen werden. Hat schon lange genug gedauert! Jetzt mal ran, Mann! Lass das Fallbeilchen sausen!

Aber Johannes bleibt beharrlich. Er wühlt wieder in seinen Redaktionskarten, während er geschäftig erklärt, was jetzt kommt: »Also, dann holen wir uns die Thesen aus dem Buch einfach mal raus, die sind ja deutlich genug.«

Er will mich offensichtlich nicht hinauswerfen, das wird deutlich. Hingegen möchte er mit mir weiterdiskutieren, wenn die anderen schon nicht wollen. Von mir aus! Ich hätte noch eine Menge zu sagen.

Er strafft das Tempo, plötzlich ist Leben in ihm, als er vorliest:
»These: Es hat nachhaltige, negative Folgen für Kinder, wenn sie nicht entsprechend an ihre Mutter gebunden werden, sondern an fremdes Erziehungspersonal. Wie lange bist du bei Bischof Mixa in der Lehre gewesen?«

Mama, du hast recht gehabt, ich hätte hier nicht hingehen sollen. Ebenso du, mein lieber Ehemann. Du liebe Güte, jetzt muss ich noch mal wiederholen, was ich ihm im letzten Jahr über eine Stunde lang über Bindungsforschung erklärt habe. Und erneut tut er so, als sei diese Aussage das Ungewöhnlichste und Verrückteste, was er je gehört hat. Soll er doch mal seine Frau fragen, warum die nicht weiter Hockey spielt, sondern seit Jahren bei den Kindern ist. Weil sie das weiß! Und du, lieber Johannes, weißt es natürlich auch! So wie es viele wissen, die es sich nicht mehr offen zu sagen trauen! Was für ein jämmerliches Kasperletheater.

Sensationslüstern glitzern Margarethes Augen, ja, das war eine tolle Fangfrage, was? Bischof Mixa, das ist doch mal eine Hausnummer!

Es muss die Erziehung meiner Mutter sein, dass ich nicht anders als höflich bleiben kann. Und so antworte ich ihm, als würde ich seine polemische Frage ernst nehmen:
»Ich bin nicht bei Bischof Mixa in der Lehre gewesen, sondern ich habe mich einhellig damit auseinandergesetzt: Bindungsforschung, Säuglingsforschung, Hirnforschung! Die Bindungsforschung ist etwa fünfzig Jahre alt, es gibt weltweit, aber auch in Deutschland, herausragende Leute, die darüber Auskunft geben können. Über diese ersten drei bzw. vier wichtigen Jahre, in denen ein Kind ein Bindungsverhalten herstellt.«
Während meiner Ausführungen fährt die Kamera über die Gesichter der anderen Talkgäste. Senta Berger pustet sich exaltiert eine Haarsträhne aus der Stirn, während Margarethe, ganz Fernsehprofi, peilt, dass sie gerade gezeigt wird. Sie bläst die Backen auf und macht ein langes Puh! Dann verdreht sie die Augen und zieht eine Grimasse wie ein ungezogenes Kind, frei nach dem Motto: Interessiert hier keinen alten Hund!

Mich aber schon. Bei all dem Ärger, den ich hier habe, ist es das Mindeste, dass ich wenigstens für ein paar interessierte Fernsehzuschauer die lebensnotwendigen Grundlagen von Urvertrauen und Selbstbewusstsein darlegen kann.

Also mache ich unverdrossen weiter: »Ich sage nicht grundsätzlich, dass ich gegen eine Krippe bin. Denn es gibt immer Fälle, in denen es wichtig ist, dass Kinder auch aus sozialen Verhältnissen rauskommen und in geordnete Verhältnisse kommen, auch die Sprache lernen, wenn sie in ausländischen Familien sind, in denen man die Sprache nicht spricht. Das ist ganz klar. Aber wir sollten doch daraus nicht die Norm machen und das zum Maßstab aller Dinge.«

»Wir machen das doch nicht zur Norm«, quengelt die Schauspielerin ungeduldig.

Margarethe indes nimmt keine Rücksicht mehr auf Etikette und Anstand. Sie ist zum öffentlichen General-Mobbing übergegangen, wirft sich hektisch in ihrem Stuhl hin und her, wohlwissend, von der Kamera beobachtet zu werden, und stachelt ihre Nachbarin an, was bereits die ersten Früchte trägt.

»Es gibt diese oder jene Möglichkeit«, versucht Kerner zu glätten. »Man kann so oder so leben!«

Schlaft weiter, möchte ich rufen. Schlaft den Schlaf der Unwissenden! Nichts kapiert ihr! Ihr begreift nicht, dass wir uns mit Siebenmeilenstiefeln an sowjetische Verhältnisse annähern, wo man diesen Irrtum allerdings längst erkannt hat und die Krippen inzwischen nahezu abschaffte. Und ihr versteht nicht, dass eine weitere Dreiviertelmillion Krippenplätze die Mentalität einer ganzen Gesellschaft verändern wird. Aber ihr tut so, als sei alles in Butter.

Ich führe aus: »Siebenhundertfünfzigtausend neue Krippenplätze in Deutschland heißt nicht ...«

Weiter kann ich nicht sprechen, denn Senta Berger fährt mit plötzlich schneidender Stimme dazwischen: »Das ist dringend notwendig für die Frauen, die arbeiten müssen! So ist es gedacht!«

An dieser Reaktion kann man sehen, dass die öffentliche Manipulation durch Politik und Medien in den vergangenen vierzig Jahren mehr als erfolgreich funktioniert hat.

Befreiung, Emanzipation heißt heutzutage eben mitnichten, frei zu sein. Sondern es bedeutet, dringend angewiesen zu sein auf Hunderttausende Krippenplätze, ohne die man keine Luft zum Atmen hat, aber mit denen man das Band zwischen sich selbst und dem eigenen Kind durchtrennt.

Meine Güte, Senta Berger, wenn Sie nur für einen Moment innehalten und Ihren hübschen Kopf aktivieren könnten. Hätte ich die Gelegenheit, einzeln und allein mit solchen Leuten zu diskutieren, so würden sie vielleicht schneller als gedacht den Riesenirrtum einsehen. Aber hier? Hier geht es eigentlich nur noch darum, endlich als Sieger den Sack zuzumachen.

Ich versuche es andersherum: »Sie haben ja recht, liebe Senta Berger, Sie haben ja recht. Insofern, als dass diese Frauen arbeiten müssen, weil sie ihren Lebensunterhalt verdienen müssen.«

Sie nickt und unterstreicht zufrieden: »So ist es! Weil die Wohnungsmiete sehr hoch ist, weil das Benzin teuer ist, aber glauben Sie mir: Es wird nicht ein Kind mehr gezeugt, weil die Mehrwertsteuer heruntergeht. Das wäre mir wirklich zu simpel.« Sie zieht sich den dunklen Rock energisch über die Knie, während einige Zuschauer lachen.

Ich lasse nicht locker. So einfach ist es nun auch nicht. Einen Kalauer präsentieren und meinen, der Fall sei damit erledigt.

Ich entgegne: »Wir wissen aber auch, dass auch kein Kind mehr gezeugt wird, wenn es mehr Krippen gibt.«

Diese Aussage ist übrigens wissenschaftlich bewiesen, und ich könnte sie ja einmal anhand eines bundesdeutschen Beispiels belegen, was ich dann auch tue:

»Zum Beispiel in Sachsen-Anhalt gibt es ein Krippenangebot von über vierzig Prozent. Da haben wir eine der niedrigsten Geburtenraten. Während in Baden-Württemberg oder in Bayern das niedrigste Krippenangebot herrscht ...«

Senta blökt dazwischen, weil sie jetzt eine ganz andere Erklärung parat hat, die zwar überhaupt nichts mit diesem Thema zu tun hat, aber einfach mit in den großen Kübel geworfen werden soll. Einmal umrühren, und die Brühe ist fertig.

Sie sagt: »Es herrscht große Arbeitslosigkeit in Sachsen-Anhalt! Die jungen Leute haben überhaupt keine Jobs, man muss ihnen Arbeit beschaffen. Das ist ihr gutes Recht. Und dann können sie auch Familien gründen. Und dann haben sie gerne Kinder!«

Grete kreischt zur Bestätigung: »Die wandern doch alle ab. Die kriegen keinen Job!«

Bei solch einer wissenschaftlich-fundierten Analyse, die mit dem eigentlichen Sachverhalt ungefähr so viel zu tun hat wie ein Jaguar mit dem Tennisspielen, fällt mir jetzt auch nichts mehr ein.

Senta Berger ist nun übrigens richtig wütend, warum auch immer. Sie schüttelt sich heftig, blitzt den sprachlosen Moderator an, reißt die Arme auseinander und verkündet nachdrücklich: »Also, ich muss jetzt gehen!«

Margarethes Echo folgt direkt: »Ich muss jetzt auch gehen!«

Beide bleiben jedoch sitzen. Zum wiederholten Male. Welch ein merkwürdiges Spiel. Wollen sie etwa sagen: Johannes! Aufwachen! Frau Berger schaut in die Runde: »Es tut mir wirklich leid, aber ich kann diese Diskussion nur wirklich ernsthaft führen, dann muss ich mich vorbereiten, muss ihre Bücher kennen, oder aber« – sie nimmt den immer noch sprachlosen Moderator fest ins Visier – »wir machen, was wir eigentlich auch mal vorgesehen hatten!«

Peng! Hatte ich ins Schwarze getroffen? Das klang ja hochinteressant. Was hatten Sie denn eigentlich alles vorgesehen, Herr Kerner? Frau Berger kündigte doch schon einmal im Verlauf dieser Sendung an, gehen zu wollen. Das Gretel auch. Vielleicht wollten sie ihn damit daran erinnern, »was wir eigentlich vorgesehen hatten«?

Eine kurze Pause entsteht, während Applaus aufbrandet, warum auch immer. Noch einmal schaut Senta Berger auffordernd hinüber zu Johannes B. Kerner, hält seinen Blick fest. Ihre Augen werden jetzt ganz schmal, und sie sagt ein drittes Mal mit langsamen Worten: »Ich gehe jetzt. Gern! Okay?!«

Eigenartig, fast ist es, als glotze das kleine, rote Mini-Männchen an ihrem Revers, dieser widerliche Plastikzwerg, der die letzte Stunde an die Herznähe der Schauspielerin geheftet gewesen war, den Moderator ebenso drohend und herausfordernd an.

Was soll er denn jetzt machen, der Herr Kerner?

Mario Barth, der Mann fürs Lustige, ist inzwischen übrigens fast eingesteift. Mit lang gestreckten Beinen, die wie starr erfroren wirken, und gerecktem Rücken, in dem ein Besenstiel zu stecken scheint, sitzt er reglos da und beobachtet das Theaterstück, das mit seinem Spaßgenre nur noch wenig zu tun hat und wahrlich keine Komödie ist, sondern längst einem Drama gleicht. Das Gretel, das mich ständig hänselt, schaut fast erschrocken drein.

Senta Bergers Antlitz verändert sich innerhalb des zehnsekündigen Applauses. Die edle Haltung ist plötzlich dahin, sie wirkt auf einmal gestresst, erschöpft und müde. Was mag ihr wohl gerade durch den Kopf gehen? Eigentlich möchte sie das Kinn wieder elegant auf die Fingerspitzen legen, verwirft diese Idee jedoch in letzter Sekunde und massiert sich stattdessen Handinnenflächen und Kuppen.

Das Leben kann manchmal hart sein, sehr hart!

Kamera-Totale: Alle sind im Bild.

Kerner ergreift das Wort, und in die starre Haltung des Mario Barth kommt wieder Leben. Er streckt die Beine einmal, um sie dann anzuwinkeln und sich wie ein normaler Talkgast in seinen Stuhl zu setzen. Der Besenstiel ist auch weg.

Kerner beginnt so, als wolle er eine Sonntagsrede halten. Betont ruhig und gleichermaßen theatralisch sagt er:

»Es sind ja doch die besonders spannenden Momente, wo man sich selbst so ein bisschen Gedanken macht und überlegt, wie man weitermacht, und die hab ich mir jetzt gemacht und hab mich entschieden, dass ich mit meinen drei Gästen jetzt weiterrede und dich, Eva, verabschiede!«

Puh! Endlich raus hier. Es handelt sich hier meines Wissens nach um das allererste Mal in der Geschichte des deutschen Fernsehens, dass ein Gast aus einer laufenden Sendung hinausgejagt wird. Eigentlich wollten die anderen die ganze Zeit über gehen. Doch gewöhne ich mich langsam an alle Unhöflichkeiten, die die Welt zu bieten hat, und auch daran, derzeit überall rausfliegen zu können.

In meinem Kopf schießen viele Gedanken hin und her, und mir ist durchaus klar, dass hier ein Eklat ganz besonderer Qualität stattfindet. Doch danke ich dem Himmel, dass diese unwürdige Inszenierung für mich zunächst beendet ist.

Ich nehme meine Papiere, sage Danke, stehe auf und verlasse das Studio.

Im Hinausgehen bekomme ich noch mit, dass Mario Barth blitzschnell auf meinen Stuhl herübergebeten wird. Er ist unsicher und fragt, ob er sich auch wirklich dorthin setzen solle.

»Ja, bitte!«, ruft Senta Berger mit lauter, verzweifelter Stimme. »Ich brauche 'nen anderen Nachbarn!«

Zieh dich warm an, Barth. Der Platz ist nicht ungefährlich!

Die Show geht weiter. Die Medienlawine rollt.

Die Show nach der Show

Als ich das Studio verlasse, ist das befreundete Ehepaar, das im Publikum die ganze Zeit über alles mitverfolgt hat, gleichfalls aufgestanden und gegangen. Ihre Kinder bleiben sitzen, sie wollen noch Mario Barth sehen. Doch etwa ein Dutzend anderer Gäste folgen ihnen aus Protest, und so sind in Windeseile erhebliche Lücken im Publikum entstanden, die durch anwesendes Studiopersonal so schnell wie möglich wieder gefüllt werden müssen. Für kurze Zeit wirkt das Studio ein wenig wie eine Fernsehinszenierung der Reise nach Jerusalem, doch nur wenige Momente später sieht alles wieder so aus, als sei nichts gewesen.

Mein Anwalt, der ebenso gegangen war, wartet am Studioausgang auf mich. Er schiebt mich durch die schwere Eisentüre, die von einem Mitarbeiter aufgehalten wird. Dieser bringt uns in »unseren« VIP-Raum, dann lässt er uns alleine.

Nachdem wir uns kurz über das Geschehene ausgetauscht haben, beschließen wir, nicht gleich nach Hause zu gehen, wie vom Aufnahmeleiter vorgeschlagen, sondern wir teilen diesem mit, dass wir nach Beendigung der Sendung sowohl Herrn Kerner als auch den Redaktionsleiter Heidemanns zu sprechen wünschen. Man verspricht uns, die Herren darüber zu informieren.

Mir geht es inzwischen miserabel. Solange ich vor den laufenden Kameras saß, waren Körper und Geist ständig auf höchstem Leistungsniveau. Jetzt, wo wir in dem stillen, hermetischen Einzelraum sitzen, habe ich das Gefühl, innerlich zusammenzuklappen. Mein Herz schlägt schneller, ich spüre jeden Schlag in der oberen Halsgegend. In meinem linken Ohr pfeift es leise.

Wir schauen abwechselnd auf die Uhr. Irgendwann stellt der Rechtsanwalt fest, dass die Sendung längst vorbei sein müsste. Vielleicht kommen die beiden gar nicht? Trauen sie sich nicht? Ich stehe auf und schlage vor, dass wir sie suchen gehen. Das befreundete Ehepaar, das sich inzwischen zu uns durchgefragt hatte, schließt sich an.

Auf dem langen Flur kommt uns jemand vom Personal entgegen und führt uns ins inzwischen leere Studio zurück. Bis auf einige wenige Leute, die zum Kerner-Stab gehören, sind alle verschwunden. An seinem berühmten Schreibtisch sitzt, mit gesenktem Haupt, der Moderator, auf einem der Gästestühle sein Redaktionsleiter. Beide wirken, als stünden sie unter Schock. Die geschäftige, selbstbewusste Haltung, mit der sie etwa zwei Stunden zuvor mit uns gesprochen haben, ist verflogen.

Wir mögen doch Platz nehmen. Heidemanns weist uns einen Platz an. Ich sitze jetzt auf Margarethe Schreinemakers Stuhl, was schlimm genug ist, der Rechtsanwalt auf jenem ganz außen, auf dem Mario Barth den ersten Teil der Sendung zugebracht hatte. Das geht ja noch.

Kerner schüttelt den Kopf und murmelt, dass ihm etwas Derartiges noch nicht passiert sei. Das glaube ich auch. Mein Anwalt klärt noch einige Dinge mit dem Redaktionsleiter, dann möchte ich gehen, um nicht ein weiteres Mal hinausgeworfen zu werden. Man weiß ja nie! Die Stimmung ist mies, als wir das Studio verlassen. Entschuldigt hat sich niemand.

Die Aufnahmeleiterin bringt uns zum Ausgang. Inzwischen sind auch die Kinder meiner Freunde bei uns eingetroffen, und wir bilden eine kleine Reisegruppe. In dem Augenblick jedoch, in dem die Kerner-Mitarbeiterin die schwere Eisentüre öffnet, um uns hinauszulassen, fällt plötzlich eine laut schreiende Horde von Fotografen und Kameraleuten über uns her, sodass sie sie schnell erschrocken wieder zustößt. Es gebe noch weitere Ausgänge, beruhigt sie uns schnell, indem sie vorangeht und uns in einen anderen langen Gang lenkt. Ich bin aber nicht beruhigt, denn ich frage mich, wo die auf einmal alle herkommen? Was hatte das zu bedeuten? Die Aufzeichnung war gerade mal seit wenigen Minuten beendet.

Als wir an der zweiten Tür angekommen sind, bedeutet die junge

Frau uns, an der Ecke zu warten. Vorsichtig macht sie sie nur einen Spaltbreit auf, und schon geht das Gewitter draußen wieder los. Es erinnert an das Gesumme und Gebrumme in einem Bienenstock. Ratlos kommt sie zurück. Doch, ja, jetzt falle ihr ein, dass es etwas weiter entfernt noch eine ziemlich unbekannte Tür gäbe. Sie erklärt meiner Freundin, nennen wir sie Andrea, an welcher Stelle sie mit dem großen Bus vorfahren könne. Und wir beschließen, dass alle anderen mit ihr zum Bus gehen, ich ausgenommen. Andrea will mit dem Handy Bescheid geben, wenn sie vor der Tür angekommen sind, sodass ich mit einem Satz in den Bus springen kann. Derweil würden die Kinder einige Decken, die hinten verstaut waren, bereithalten und diese sofort über mich werfen, wenn ich eingestiegen wäre.

Meine Güte, welch eine unwürdige Jagd. Dass mir das auf meine alten Tage noch passieren musste, erfüllt mich nicht gerade mit Heiterkeit. Abgesehen von dem Schock, der mir spürbar in den Gliedern sitzt.

Zum Glück funktioniert der Handyempfang in diesen katakombenähnlichen Räumlichkeiten, und es dauert etwa zwanzig Minuten, bis der private Limousinen-Express vorfährt.

»Achtung«, sagt Andrea am Telefon. »Ich lenke den Wagen so, dass die Schiebetüre direkt vor euch geöffnet wird. Es sind etwa zwanzig Kameraleute vor der Tür.« Und gerade will sie auflegen, da höre ich sie schreien: »Du meine Güte, die anderen haben uns auch entdeckt. Jetzt kommen alle hierher.«

Die Aufnahmeleiterin hat die Klinke in der Hand und gibt mir ein Zeichen. Dann öffnet sie blitzschnell, und ich renne raus in das Blitzlichtgewitter. Vorsichtshalber habe ich eine Jacke über den Kopf geworfen und springe mit einem flinken Satz in den Bus, der auch schon mit quietschenden Reifen abfährt. Einer der großen Jungs schiebt die Türe zu und muss dabei aufpassen, dass er nicht aus dem abfahrenden Auto fällt. Flach wie eine Briefmarke und schwer atmend liege ich auf dem Grund des Fahrzeugs. Die Mädchen verteilen die Decken über mir, während ein irrsinniges Blitzlichtgewitter den Bus in gleißendes Licht versetzt.

»Ihr Stiefel, da! Ihr Stiefel ist zu sehen«, schreit eines der Mädchen entsetzt und wirft ihre Jacke auf meinen rechten Fuß.

Es ist ein grässliches Gefühl, und die Vorstellung, morgen in irgendeiner Zeitung ein Foto mit meinem am Boden eines Familienbusses liegenden Stiefel inklusive des dazugehörigen Beins zu sehen, ist alles andere als verlockend.

»Bleib bloß unten!«, befiehlt mir Andrea. »Die verfolgen uns.«

Die Kinder drehen sich nach hinten und kommentieren die hilflosen Verrenkungen des schreienden Medienvolkes, das sich an den Bus geheftet hat und hinter uns herrennt.

»Mist!«, schreit Andrea, die eigentlich für ihre guten Nerven bekannt ist. »Die Ampel! Sie schaltet auf Rot!«

»Fahr einfach drüber, los!«, feuern die jungen Leute sie an.

Doch der Vater auf dem Beifahrersitz hat einen Streifenwagen ausgemacht.

»Nichts da! Stehen bleiben! Das fehlte uns noch!«

Zwar liege ich, der einstmals beliebteste TV-Star Deutschlands, Eva Herman, derzeit die meistverfolgte Frau Deutschlands, auf dem etwas schmuddeligen Teppichboden eines nicht ganz aktuellen Busmodells, zwar habe ich eine grauenhafte Albtraum-Sendung hinter mir, habe vor Kurzem meinen Job verloren und traue mich seit ungefähr vier Wochen nicht mehr unter die Leute, außerdem werden wir gerade umringt von gefühlten tausend Fotografen, und die Kinder schneiden ihnen Grimassen in die Kameras. Und doch: Unglücklich bin ich nicht. Denn ich erlebe hier nämlich gerade die Bestätigung dessen, wofür ich da draußen seit Jahren kämpfe, genau das, was ich so vehement verteidige: Ich erlebe den Zusammenhalt einer Familie, in der jeder nach allen Kräften mithilft, um einen seiner Sippe aus einer mehr als bescheidenen Situation zu retten. Auch wenn ich dieser Familie nicht direkt angehöre, so sind dies meine Freunde, die ihre Kinder immer in dem Gedanken des Zusammenhalts und der Verantwortung erzogen haben. Ich muss die Tränen zurückdrängen. Es sind nicht etwa Tränen der Angst, sondern ich bin dankbar dafür, wie perfekt ein solches »Familiensystem« auch in Krisenzeiten funktioniert. Hatten viele dieser Medienjäger überhaupt den Hauch einer Ahnung davon, worum es in unserem Menschsein in Wahrheit geht? Ich habe erhebliche Zweifel!

Als die Ampel auf Grün springt und wir mit Vollgas losfahren, bleiben die Paparazzi langsam hinter uns zurück. Zwei Fahrzeuge verfolgen uns noch eine Weile, und die Kinder dirigieren den Kurs, der uns im Zickzack durch alle möglichen Nebenstraßen führt. Fast sind sie enttäuscht, als wir beide schließlich abgehängt haben.

Meine Mutter hat auf uns gewartet. Sie möchte die Sendung am späten Abend gemeinsam mit mir anschauen. Ich allerdings bin gar nicht sicher, ob ich mir dieses unwürdige Spektakel noch einmal antun soll. Wir trinken alle zusammen eine Kleinigkeit und berichten meiner immer entsetzteren Mutter von den zurückliegenden Geschehnissen. Dann fährt Andreas Familie nach Hause.

Es ist unerträglich. Die Kerner-Sendung läuft inzwischen. Mama schaut sie sich an. Ich weiß in diesem Augenblick nicht, dass es ihr letzter Besuch bei mir ist. Dass sie über diese Sendung noch viele Male bitterlich weint und sich nur wenige Monate später von dieser Welt verabschiedet. Meine eigentlich so starke Mutter! Es war ihr kaum möglich, dieses Unglück und seine hässlichen Folgen zu verarbeiten.

Nun sitze ich ihr gegenüber am PC und sehe mit Entsetzen, was in den letzten Stunden im Internet losgebrochen ist. Es ist nicht zu fassen. Die meisten Medien berichten schon wieder alles verdreht. Sie schreiben über eine Sendung, die sie nicht gesehen haben, weil sie noch gar nicht ausgestrahlt worden ist. Und genau das kann man auf den ersten Blick erkennen: Sie schreiben wie die Blinden von der Farbe!

Eine ganz bestimmte Falschmeldung wird an diesem Abend lanciert. Wer der Urheber ist, wer mir als Erster diese entstellende Formulierung, die mir öffentlich den Rest gibt, unterjubelt, kann ich zunächst nicht erkennen. Und es wird noch Wochen dauern, bis ich dahinterkomme. Denn ich bin derzeit bereits mit etwa einem halben Dutzend weiterer Klagen beschäftigt, die ich schon in den zurückliegenden vier Wochen angestrengt hatte. In den darauffolgenden Tagen werden sich die Ereignisse noch einmal bis ins Uferlose überstürzen, sodass mir die Begebenheiten allmählich über den Kopf wachsen. In den kommenden Wochen schwindet mir zeitweilig die Kraft, ich leide unter Weinkrämpfen, Fieberanfällen und Schüttelfrostattacken. So lässt für eine ganze Weile mein Ehrgeiz nach, weiterzukämpfen gegen dieses Unrecht. Ich will nur irgendwie überleben.

Wie ich einige Wochen später herausfinde, ist die Urheberin dieser Falschmeldung die größte Nachrichtenagentur Deutschlands dpa. Hunderte Medien schreiben sie an jenem Abend der Talksendung mit Multistar Kerner ab. Durch diese offensichtliche Verdrehung der Tatsachen wird mir ein erneutes Nazilob untergeschoben.

Es geht um Folgendes: In der Kerner-Sendung hatte Professor Wippermann behauptet, das man den Begriff »Gleichschaltung«, den ich gebraucht hatte im Zusammenhang mit den deutschen Medien, heute nicht mehr verwenden dürfe, weil es sich um ein angebliches Naziwort handele. Daraufhin hatte ich erläutert, dass neben anderen Medien selbst *Der Spiegel* diesen Begriff benutze, und zwar in völlig anderen Zusammenhängen. Als Wippermann und die übrigen Gäste ständig weiter auf dem Begriff herumritten, sagte ich, es seien »damals auch Autobahnen gebaut worden, und wir fahren heute drauf«. Dpa machte daraus: »Wenn man nicht über Familienwerte der Nazis reden dürfe, könne man auch nicht über die Autobahnen sprechen, die damals gebaut wurden.«

Eine Pressemeldung, die ich am 8. Februar 2008, also knapp fünf Monate nach der Kerner-Sendung und der falschen Meldung auf meiner Homepage, veröffentliche, berichtet über das Gerichtsverfahren beim Landgericht Köln in dieser Sache. Dort heißt es unter anderem:

Eva Herman obsiegt gegenüber dpa in Streit um Äußerungen.

Die führende deutsche Nachrichtenagentur dpa hat am Mittwoch, den 6.2.2008, vor dem Landgericht Köln einen von der ehemaligen *Tagesschau*-Sprecherin Eva Herman gestellten Antrag auf Erlass einer einstweiligen Verfügung anerkannt.

Dpa hat vor dem Landgericht Köln ausdrücklich anerkannt, nicht mehr behaupten zu dürfen, Herman habe in der Talkshow *Johannes B. Kerner* am 9.10.2007 gesagt, »wenn man nicht über Familienwerte der Nazis reden dürfe, könne man auch nicht über die Autobahnen sprechen, die damals gebaut wurden«.

Das LG Köln vertrat in der mündlichen Verhandlung vom 6.2.2008 die Ansicht, Herman müsse es nicht akzeptieren, dass die dpa deren Äußerungen in der Talkshow von Herrn Kerner in dieser Form entstelle und verkürze.

Dpa hatte schon vor der Ausstrahlung der Kerner-Sendung, die am späten Abend des 9.10.2007 gesendet wurde, das entstellte und verkürzte Zitat veröffentlicht, woraufhin hunderte deutschsprachige und ausländische Medien, darunter *Welt, FAZ, Süddeutsche Zeitung, Tagesspiegel, Financial Times Deutschland, Spiegel,* NZZ, ORF.at u. v. a. den falschen Wortlaut übernahmen und ebenfalls veröffentlichen.

Wer sich näher ansieht, welche Medien alle auf diesen Zug aufgesprungen waren, und hier sind nur einige der schreibenden Zunft genannt, muss sich nicht wundern, dass der Nazistempel, der mir somit erneut aufgedrückt wurde, weiterhin so nachhaltig wirken musste. Doch die oben Genannten sind mitnichten die Einzigen, die mich erneut mit wachsender Freude durch den Kakao ziehen: Nahezu alle Tageszeitungen, kurz darauf die Wochenblätter, TV- und Radiostationen schütten kübelweise Häme und Spott aus. Ihre Kommentare triefen nur so vor Selbstgerechtigkeit und Überheblichkeit. Mein nach wie vor tüchtigster Widersacher, Deutschlands Leitmedium *Der Spiegel*, das ja um eine Ecke mit der Kerner-TV-Produktion verwandt ist, schreibt dazu unter anderem:

> *TV-Eklat: Kerner wirft Eva Herman aus seiner Sendung*
> *[...] Johannes B. Kerner hat während der Aufzeichnung seiner Talkshow die umstrittene Ex-Moderatorin Eva Herman kaltgestellt. Sie hatte sich für seinen Geschmack nicht ausreichend von ihren umstrittenen Äußerungen zu den familiären Werten der Nazis distanziert. Kerner schloss Eva Herman nach 50 Minuten aus der Gesprächsrunde aus. Zuvor hatte der Moderator die 48-Jährige immer wieder gefragt, ob sie ihre Äußerungen zu den familiären Werten im Nationalsozialismus heute so wiederholen würde. Doch Herman wich mehrfach aus und ergänzte: »Wenn man nicht über Familienwerte der Nazis reden dürfe, könne man auch nicht über die Autobahnen sprechen, die damals gebaut wurden.« Zudem sagte sie, dass man nicht mehr über deutsche Geschichte sprechen könne, ohne sich zu gefährden. Daraufhin sagte Kerner: »Ich entscheide mich für die anderen drei Gäste und verabschiede mich von Eva Herman.«* (78)

Der eifrige Star-Moderator Johannes B. Kerner hatte zu dem Zeitpunkt übrigens ausschließlich der *Bild-Zeitung* ein Interview gegeben.

Und so muss selbst *Der Spiegel*, wie alle übrigen Medien im Land auch, das einzige Interview, das Johannes Kerner zu diesem »neuen Eklat« überhaupt gibt, von der *Bild* abschreiben. Und erst einen Tag darauf druckt *Bild* den kompletten Wortlaut offenbar exklusiv. Millionen Menschen lesen seine Stellungnahme jedoch bereits am Abend in zahlreichen Onlinemedien, wo er außerdem sagt: »Ich wollte wissen, was Eva Herman wirklich denkt. Als ich gemerkt habe, dass sie ihre missverständlichen Äußerungen nicht aufklären kann, habe ich sie freundlich verabschiedet.«

Damit erhalten auch die übrigen achtzig Millionen Menschen im Land, die die Kerner-Sendung nicht geschaut haben, allesamt die Information: Jeder hat es gut gemeint mit Eva Herman, man hat sich die größte Mühe mit ihr gegeben, aber sie, die Unverbesserliche, Unbelehrbare, ist stur geblieben und hat mit »Autobahn« noch einen draufgesetzt.

Bild hat übrigens nicht nur mit Kerner gleich wenige Minuten nach dem eigentlichen Skandal ein Interview parat. Auch Margarethe Schreinemakers stellt sich dankbar, übrigens erneut als Kollektiv-Chefin, die wieder von allen spricht, zur Verfügung. *Der Spiegel*:

Auch die drei weiteren Gesprächspartner von Kerner – Schauspielerin Senta Berger, Ex-Talkmasterin Margarethe Schreinemakers und der Komiker Mario Barth – waren mit dem Verhalten Hermans nicht einverstanden. »Über den Auftritt von Eva Herman waren Senta Berger, Mario Barth und ich fassungslos. Bisher dachte ich immer, sie habe sich nur missverständlich geäußert«, sagte Schreinemakers der Bild. *Das dürfe zwar in diesem geschichtlichen Zusammenhang nicht passieren. Aber sie hätte sich heute mit einem Satz entschuldigen können. Stattdessen habe sie noch mit weiteren Argumenten ihre Position bewahrt, »die ich in keiner Weise nachvollziehen kann«, meinte Schreinemakers.* (79)

Nun hätte es dem *Spiegel* genug sein können mit der Dresche. Aber für die Redakteure, die unter der Rubrik »Social network« arbeiten, ist der Fall noch längst nicht erledigt. Wenn einer schon unten liegt, dann sollte man für die Quote und das gute Gewissen ruhig noch einmal kräftig nachtreten. Es liegen nämlich inzwischen Aussagen des Zentralrates der Juden vor, die meinen Auftritt beim »Forum Deutscher

Katholiken« kritisieren. Besser kann es gar nicht kommen, denn anhand dieser Ausführungen soll meine gesellschaftliche Ausgrenzung schließlich ein für allemal besiegelt werden! *Spiegel Online* schreibt:

Auch der Zentralrat der Juden in Deutschland hat sich heute über Herman empört. Auslöser war ihre Rede auf dem Fuldaer Katholikenkongress, wo sie Zuspruch geerntet hatte. Das breite Lob für die wegen ihrer Äußerungen zur NS-Familienpolitik umstrittene Ex-Moderatorin bedeute »nicht nur ein Armutszeugnis für die Teilnehmer, sondern auch eine Ohrfeige für all diejenigen, die sich über 60 Jahre in der Aufarbeitung der Nazi-Diktatur engagiert haben«, sagte Dieter Graumann, der Vizepräsident des Zentralrats der Juden.

Einem Bericht der Bild-Zeitung *zufolge wurde die 48-Jährige für eine Gastrede auf dem Katholikenkongress in Fulda gefeiert. Rund 700 Besucher des »Forums Deutscher Katholiken« hätten die ehemalige* Tagesschau-*Sprecherin mit tosendem Applaus bedacht, nachdem diese rund 40 Minuten lang betont hatte, wie wichtig heute Werte wie Liebe, Familie und Kinder seien.* (80)

Wahrscheinlich ist dieser letzte Satz im wahrsten Sinne des Wortes des Guten zu viel. Zumal der Kongressleiter und Vorsitzende des »Forums Deutscher Katholiken«, Hubert Gindert, sich hinter mich gestellt hat mit den Worten: »Wir haben Eva Herman eingeladen, weil sie aus unserer Sicht zum Thema Erziehung der Familie das Richtige sagt, und es ist nur natürlich, dass dies die Mutter ist. [...] Frau Herman hat sich ganz klar vom Nationalsozialismus distanziert. Wir würden sie deswegen zum Thema Familie und Erziehung jederzeit wieder einladen.« (81)

Dieser Mann, der Vorsitzender des Forums Deutscher Katholiken ist, Hubert Gindert, den ich bis zu jener Veranstaltung in Fulda so gut wie überhaupt nicht persönlich kannte, ist übrigens einer der ganz wenigen Menschen, der mir unerschütterlich die ganze Zeit über beisteht, ohne einzuknicken. Er hatte sich mit meinen Aussagen eingehend beschäftigt und auseinandergesetzt, stellte mir zahlreiche Fragen darüber und las meine Bücher. An dieser Stelle drücke ich ihm gegenüber meinen tiefen Dank aus!

Doch zurück zu *Spiegel Online*. Auch Gindert wird jetzt vom Zentralrat der Juden angegriffen, und nun wird die Sache ganz oben aufgehängt: Der Fall Eva Herman soll jetzt vor den Vorsitzenden der Deutschen Bischofskonferenz, Kardinal Lehmann, gebracht werden. So heißt es weiter bei *Spiegel Online*:

Wenn der Kongressleiter Herman nun zur »Märtyrerin im Kampf für Ehe, Familie und Kinder« mache, zeige dies, »welch seltsamer Geist in der Leitungsspitze des ›Forums Deutscher Katholiken‹ zu herrschen scheint«, so der Zentralrat. Die Grundwerte von Ehe, Familie und Kindern seien von den Nazis nicht erfunden, sondern missbraucht worden.

»Angesichts der hässlichen Häufung von kritikwürdigen Vorfällen« erwartet der Zentralrat jetzt ein »klärendes Wort« vom Vorsitzenden der Deutschen Bischofskonferenz, Kardinal Karl Lehmann. Als kritikwürdige Vorfälle bezeichnete er unter anderem die »wirren Vergleiche des Kölner Kardinals Joachim Meisner mit entarteter Kunst, die Ausfälle während der Israel-Reise der Bischofskonferenz im Sommer sowie den jetzigen Vorfall beim Forum Deutscher Katholiken«. (82)

Zum Schluss tritt *Spiegel Online* noch einmal nach und stellt fest, wie richtig es doch war, dass der NDR mich fristlos feuerte! Und auch dafür holt man sich noch einmal den Segen des Zentralrats der Juden:

Einen Monat ist es her, da hatte der NDR entschieden: Eva Herman, 48, ist für uns nicht länger tragbar. Der Sender beendete die Zusammenarbeit mit der Moderatorin, weil diese sich bei der Vorstellung ihres neuen Buches im Ton vergriffen haben soll. Sie soll sich lobend über familiäre Werte und die Familienpolitik im Nationalsozialismus geäußert haben, wurde berichtet. Herman bestreitet dies, sie fühlt sich falsch zitiert und missverstanden.

Zentralrats-Vizepräsident Graumann erklärte, der NDR habe sich »völlig zu Recht« von Herman getrennt, nicht etwa weil sie die Grundwerte von Ehe, Familie und Kindern propagierte, sondern weil sie den Ursprung dieser Werte in direkten Zusammenhang mit nationalsozialistischer Familienideologie brachte und diese damit teilweise verherrlichte. (83)

Tja, so schnell kann es gehen. Ich bin jetzt ausgestoßen und erledigt für immer. Man hatte eine Falschmeldung von der größten deutschen

Nachrichtenagentur abgeschrieben, und man hatte einen völlig überforderten Moderator und einen seiner befangenen »Henker« befragt. All das wurde zu einer Riesenmeldung verrührt und im größten deutschen Nachrichtenmagazin veröffentlicht, dessen »Tochterunternehmen« eine Produktionspartnerin von Johannes B. Kerner ist.

Und so berichten Hunderte Medien nicht nur in den folgenden Tagen nahezu das Gleiche über diese Sendung und sind sich jetzt nahezu endgültig einig, dass man mit einer Unperson wie mir nichts, aber auch gar nichts mehr zu tun haben dürfe. Diese Botschaft wird schon Stunden vor der eigentlichen Sendung landauf und landab getrommelt, sodass Johannes B. Kerner an diesem Abend die höchste Einschaltquote aller Zeiten einfährt.

An dieser Stelle könnte ich ein dickes Extrabuch verfassen über die weiteren maßlosen Verletzungen, die ich durch unzählige »Medienkollegen« in dieser Zeit erleben musste. Ich könnte über riesige Schlagzeilen lamentieren, die bundesweit fragten: »Ist Eva Herman braun oder nur doof?« Von persönlichen Beleidigungen wie »Eva Herman ist eine dumme Kuh«, von altbekannten, in diesem Falle scheinbar zulässigen Empfehlungen wie: »Ihre Thesen sind so dumm, dass man an ihre Bücher sofort mit dem Feuerzeug dran möchte. So ein bisschen anbrennen will.« (84)

Ich könnte laut über die *Süddeutsche Zeitung* nachdenken, die sich mit ihrem Chef Hans Leyendecker gerne als Erste zu Wort meldet, wenn es um Moral, Anstand und objektiven Journalismus geht. Sie bedenkt mich am nächsten Tag nicht mit einem, sondern mit gleich fünf Artikeln. Und in keinem davon wird auch nur eine Gelegenheit ausgelassen, um mich mit verbalem Katzendreck zu bewerfen. Leyendecker selbst meldet sich mit dem Artikel »Eklat um Eva Herman« zu Wort, was viele Journalisten vielleicht als persönliche Ehre ansehen würde.

Da mir allerdings vor einiger Zeit über ernst zu nehmende persönliche Kontakte einige private Dinge über ihn offenbart wurden, die ich selbstverständlich nicht öffentlich breittreten werde, die sein öffentliches Bild als »Vorzeigejournalist Nummer eins« für mich aber gefährlich ins Wanken bringen, kann ich wenigstens in diesem Fall die persönliche Betroffenheit ausklammern.

Leyendecker stellt unter anderem fest: »Bei Kerner saß also nicht Eva Braun, sondern Eva H., die beim Denken leicht oszilliert, weil sie mit der Sprache und mit den Gedanken nicht ganz im Reinen ist. Sie rutscht dann aus und sieht dabei seltsam traurig, selbstgerecht aus.«

An anderer Stelle schreibt er: »Aber in dem Versuch, die Selbstachtung zu bewahren, verrannte sie sich, wurde mit Zitaten des Nazi-Ideologen Alfred Rosenberg konfrontiert, geriet aus der Fassung. Sie verwies auf die Menschen da draußen, die sie verstünden – ganz anders jedenfalls als das ›Medien-Establishment‹. Sie sprach von der ›gleichgeschalteten Presse‹ und sah sehr angegriffen und auch müde aus. Kerner baute ihr Brücken, die sie ignorierte.« (85)

Auch der ihm untergeordnete Redakteur Christian Kortmann bleibt auf der gnadenlosen Linie seines SZ-Chefs. In einem Artikel mit der Überschrift »Eva und die Autobahnen« (86) stellt er fest, mein Rauswurf sei »eine Sternstunde des Fernsehens« gewesen: »Mit hartem Blick saß sie da, wissend lächelnd, als genieße sie ihre Provokation, verliebt in ihren Flirt mit der nationalsozialistischen Familienideologie, der ihr maximale Aufmerksamkeit in den Medien gebracht hat: Eva Herman als Angeklagte bei Kerner. Der spielt ja – wie damals beim Fußballschiedsrichter Robert Hoyzer – gerne mal Laiengericht.«

Und genau an dieser Stelle unterläuft Herrn Kortmann zunächst ein fataler Fehler, den auch sein Chef Hans Leyendecker, der übrigens beim bundesweiten Journalisten-»Netzwerk Recherche«-Pool als zweiter Vorsitzender eine nicht unwesentliche Position einnimmt, auch nicht zu bemerken scheint. Ein Fehler, der kurz darauf, nach umfassenden Leserprotesten, mit einer Entschuldigung rückgängig gemacht wurde. Denn statt »Laiengericht« hatte der Redakteur zuerst »Volksgerichtshof« geschrieben und damit einen Begriff benutzt, der aus der NS-Zeit stammt. Auf mich wirkt dies alles mehr als befremdlich, zumal dieser Mann ja ausgerechnet einer derjenigen ist, die mir einen naiven Umgang mit jenen wirklich gefährlichen Vokabeln vorwerfen.

Der Journalist Arne Hoffmann beschreibt in seinem Buch *Der Fall Eva Herman* Kortmanns Vorgehensweise so:

Mit einer neuen Unterstellung (Kortmanns) geht es weiter: (Zitatbeginn Kortmanns): »Als niemand, auch nicht der Historiker Wolfgang Wippermann, verstehen wollte, dass die Nazis hier und da einen guten Job gemacht haben, verblüffte sie mit der Stammtisch-Wahrheit: ›Damals wurden auch Autobahnen gebaut und wir fahren darauf.‹ Spätestens da war klar, dass die Runde nicht mehr zum gemeinsamen Gespräch finden konnte: Eine wollte auf der Nazi-Ideologie fahren – keiner wollte mit. Auch Kerner nicht, weshalb es nur konsequent war, dass er Herman einen vorzeitigen Abgang nahelegte.« Mit solchen Sätzen über Herman dürfte sich Kortmann hart an der Grenze zum Rufmord bewegen. Zuletzt äußerte er seine Befriedigung über das Fernsehen an diesem Abend (»weil es eine Grenze aufzeigte, die im öffentlichen Gespräch nicht überschritten werden darf«) und gibt Eva Herman abschließend noch einen Tritt mit, indem er bei ihr ein »Abdriften [...] in ein mit wirren Extremismen gespicktes Wahngebäude« beklagt: »Seit Dienstagabend ahnt man schaudernd, mit wem man es wirklich zu tun hat.« Bei kaum einem Journalisten war die Agitation von Thea Dorn & Co. so gut aufgegangen wie bei Christian Kortmann. (87)

Wie ich schon bemerkte, die unflätigen, dreisten und demütigenden Beschimpfungen finden sich zu Tausenden in den Medien. Und es würde jede Grenze sprengen, ginge ich hier weiter darauf ein. Der Journalist Arne Hoffmann versieht sein Buch, das er kurze Zeit nach diesem Skandal veröffentlichte, mit dem Untertitel *Hexenjagd in den Medien* und trifft damit mitten ins Schwarze.

Freiheit und Gerechtigkeit

Ich möchte meine eigene Berichterstattung über die öffentlichen und zum Teil sehr persönlich werdenden Medienbeiträge, die nach der berühmten Kerner-Sendung erschienen sind, an dieser Stelle beenden, denn es fällt mir selbst nach über zwei Jahren immer noch ausgesprochen schwer, mit den entwürdigenden Schmähungen konfrontiert zu werden, die mein inzwischen wiederhergestelltes Selbstbewusstsein nicht weiter unnötig strapazieren sollen.

Jedem, den die unzähligen öffentlichen Schmähbeiträge und ebenso jene wenigen entlastenden Artikel interessieren, empfehle ich einen ausgiebigen Blick ins Internet, wo sich massenhaft Beiträge, Blogs und Foren zum Thema finden, besonders jedoch Arne Hoffmanns Buch, in dem der wahrheitsliebende Journalist akribisch genau aufarbeitet, wie »sauber« unsere bundesdeutschen Medien zum großen Teil arbeiten.

Ich bedanke mich an dieser Stelle ausdrücklich bei Arne Hoffmann, nicht nur, weil er mich mit diesem öffentlichen »Beistand« in der schlimmsten Zeit meines Lebens angenehm und wohltuend überraschte und mir damit tatsächlich die eine oder andere Träne trocknete, sondern weil er sich schon seit Jahren für die Durchsetzung der wahren Meinungsfreiheit in unserem Land stark macht.

Auch andere Menschen übrigens, die zu den sogenannten öffentlichen Personen gehörten, wie zum Beispiel die Schriftstellerin Esther Vilar, die Politiker Martin Hohmann (CDU), Jürgen Möllemann (FDP) und der frühere Bundestagspräsident Philipp Jenninger (CDU) oder auch der WDR-Journalist Gerhard Wisnewski – um nur einige zu nennen –, sie alle sind, ebenso wie ich, wegen einiger Zitate, Reden oder Berichte, die angeblich »politisch nicht korrekt« gewesen seien, bisweilen auf mörderische Weise wie armes Vieh durch das Land gejagt und durch Falschbehauptungen in aller Öffentlichkeit menschlich und teilweise wirtschaftlich erledigt worden. Die Art und Weise, mit der hier gegen Andersdenkende vorgegangen wurde, sollte uns mahnen und unsere Wahrnehmung schärfen. Denn wir Deutsche sind nun einmal eine Gesellschaft mit einer extrem belasteten, schwierigen Vergangenheit, in der mit mörderischen Verhaltensweisen, mit Zynismus und tief verletzender Überheblichkeit über Leben und Tod gerichtet wurde.

Auch wenn es dem einen oder anderen nicht gefallen mag: Wir dürfen niemals vergessen, dass wir und auch unsere Eltern nun einmal die Nachfolgegenerationen der Nazizeit sind. Wir tragen nicht nur die schwere Schuld mit, wir stehen auch in der Verantwortung, künftige Sachverhalte genauestens zu prüfen, bevor wir sogenannte Andersdenkende gemeinschaftlich richten und erledigen. Und wir dürfen niemals aufhören, uns weiterhin konsequent einzusetzen für jene wahren Werte, die die Menschen nun einmal zusammenhalten: für die Liebe, die Gerechtigkeit und für die Freiheit, wobei ich hier über die Freiheit des Geistes spreche.

Angesichts meiner zurückliegenden tiefen Enttäuschungen sehe ich dennoch keinen Grund, den Kopf in den Sand zu stecken. Es gibt echte Chancen für unsere Zukunft, was die überlebenswichtigen, demokratischen Themen wie die Meinungsfreiheit betrifft. Durch die zunehmende Macht des Internets wächst auch die Macht des einzelnen

Bürgers. Jeder kann heute selber recherchieren und sich ein Bild machen über die Themen, die ihn interessieren. Er braucht dafür nur Interesse, Zeit und Fleiß sowie einen klaren Blick, der nicht ideologisch verstellt ist. Und er muss die Freiheit lieben, die wahre Freiheit des unabhängigen Geistes. Jeder Mensch, der in unserer Gesellschaft lebt, kann und muss seine Meinung äußern, solange er niemanden damit verletzt, verleumdet oder ihm schadet, er kann sich an vielen Stellen zu Wort melden und sich engagieren, um die Dinge zum Besseren zu wenden. Dazu benötigt er Zivilcourage und Mut, ein Wert, für den es sich lohnt zu kämpfen. Es ist wichtig, dass wir lernen, die Scheuklappen abzulegen und aufrichtig und ehrlich durch das Leben zu gehen. Dann haben unheilvolle Monopole und Machtallianzen künftig immer seltener Gelegenheit, die gängigen Spielregeln allein zu entwerfen, vorzugeben und von allen einzufordern.

Auch in »meinem Fall« waren und sind es übrigens inzwischen Millionen Menschen, die mir, vorwiegend im Internet und durch E-Mails, Mut zusprachen, die mir halfen und mich unterstützten. Wer sich mein Gästebuch ansehen möchte, wird Zeuge eines existierenden, durchaus ausgeprägten Gerechtigkeitssinns unserer Gesellschaft. (88)

Ebenso wurden via Internet Interessengemeinschaften für die Wahrung der Meinungsfreiheit gegründet, aus denen im weiteren Verlauf eingetragene Vereine wurden, zum Beispiel »Medien – Quo Vadis – Bürger gegen Medienmanipulation e. V.« Hier ein Auszug der Homepage des Vereins über Gründungszweck und -ziel sowie über die Maßnahmen, die zum »Fall Eva Herman« ergriffen wurden:

Auslöser war der »Kerner-Herman-Eklat« vom 9.10.2007 im ZDF, als Eva Herman in einem geradezu inquisitorischen Verfahren innerhalb der Johannes-B.-Kerner-Show in die Nähe nationalsozialistischen Gedankenguts gebracht und allen Gegendarstellungen zum Trotz von Johannes B. Kerner aus der Sendung verabschiedet worden ist.

Die Gründungsmitglieder dieses Vereins sprachen sich daraufhin innerhalb des Kerner-Forums des ZDF vehement gegen die Vorgehensweisen Johannes B. Kerners sowie seiner Gäste innerhalb der besagten Show ebenso aus wie gegen die Verhaltensweisen des ZDF als öffentlich-rechtlicher Sendeanstalt.

Da der Protest vielstimmig, ja tausendstimmig war und nicht enden wollte, rief einer der Initiatoren, Mario Bohrmann, in einem Thread im ZDF-Kerner-Forum spontan zu einer Mahnwache vor den Toren des ZDF in Mainz auf und stellte gleichzeitig ein Alternativ-Forum zur Verfügung, da aus seiner Sicht zu befürchten war, dass das ZDF den Protest im Kerner-Forum unterdrücken würde. – Auf diese Art und Weise fanden sich die ersten Mitglieder bei »Medien-quo-vadis« ein, ohne dass es sich zu diesem Zeitpunkt schon um einen Verein handelte.

Der angesprochenen 1. Mahnwache ging ein offener Brief der ersten Aktiven an den ZDF-Programmchef Bellut voraus. Beiden folgte dann die erste und bisher einzige offene Stellungnahme des ZDF zu diesem Fall. [...]

Zusammenfassende Berichte sowie weitere Dokumentationen der Abläufe, der Pressereaktionen usw. zum Kerner-Herman-Eklat befinden sich ebenfalls auf der Website des Vereins [...].

Was den bis heute aktiv gebliebenen Usern und jetzigen Vereinsmitgliedern bei diesem Vorfall vom 9. 10. 2007 besonders bitter aufgestoßen ist, waren vor allem diese Punkte:

- *Der Schock, dass Derartiges in einem öffentlich-rechtlichen Sender wie dem ZDF geschehen konnte.*
- *Das inquisitorische Verfahren mit bestelltem Sachverständigen (Wippermann), um eine Person vorsätzlich in die Nähe des Nationalsozialismus zu bringen und sie damit persönlich zu diskreditieren bzw. zu diffamieren, ohne die Aussagen Eva Hermans ernsthaft geprüft und ihre Gegendarstellungen akzeptiert zu haben.*
- *Vielen drängte sich der Eindruck eines abgekarteten Spiels auf, wo es nur darum gehen sollte, eine unliebsame Meinung samt Person zu diffamieren.*
- *Besonders eklatant – und quasi der Zusatz-Eklat – war die begleitende Berichterstattung zu dem Vorfall beim ZDF selbst und in der Tagespresse, die man nur als echte DESINFORMATION werten konnte, da quasi öffentlich gelogen wurde – und das geradezu einhellig. Deshalb geriet dann neben der* Bild *auch die Deutsche Presse Agentur (dpa) in die Kritik.*

Das Vertrauen in die Meinungsfreiheit und die Wahrhaftigkeit der Information durch die Massenmedien in Deutschland war zutiefst erschüttert – und aus dieser Erschütterung wuchs die Kraft und die Absicht, gegen die

Gefährdung der Meinungsfreiheit in Deutschland auch weiterhin – und dann organisiert – vorzugehen. So kam es dann am 9.12.2007, also exakt zwei Monate nach dem auslösenden Eklat und anlässlich der 2. Mahnwache vor dem ZDF, zur Gründung des Vereins.

Die Mitglieder des Vereins sind – wie der Verein selbst – parteipolitisch neutral und fühlen sich vor allem der Meinungsfreiheit in einer demokratischen Gesellschaft verpflichtet, für die sie bereit sind, auch unter Einsatz eigener Mittel und Zeit zu kämpfen.

Wir verfolgen dabei keine eigennützigen Ziele mit einer Ausnahme: Auch wir wollen uns die Freiheit der Meinung und des Ausdrucks bewahren, ohne mit irgendwelchen Keulen der aktuell oder zukünftig geltenden »Political Correctness« (PC) mundtot gemacht zu werden.

Insofern kämpfen wir auch gegen die ungeschriebene Ideologie dieser »Correctness«.

Wir laden deshalb alle freiheits- und wahrheitsliebenden Bürger nicht nur dieses Landes zu einer aktiven Mitarbeit bei unserem für die Freiheit aller so wichtigen Anliegen ein, denn:
Wahrheit in den Medien geht uns alle an!
www.medien-quo-vadis.de (Die Website wird derzeit umgebaut und ist wieder in einigen Monaten abrufbar; der Verf.)

Von Mario Bohrmann, einem der Initiatoren des Vereines, wurden mir später auch interessante Hintergründe zu den Abläufen der ersten Wochen und den teils »panischen Reaktionen des ZDF«, wie er es nannte, geschildert, die ich mir aktuell bestätigen ließ. So hatte die heftige Resonanz der Zuschauer auf die Kerner-Sendung den Programmdirektor Dr. Thomas Bellut und die Intendanz doch anscheinend nachhaltig beunruhigt. Anders ist es wohl nicht zu erklären, dass bereits die erste, noch recht bescheidene »Mahnwache für Meinungsfreiheit« vor dem ZDF von gerade einmal fünf Zuschauern (die sich zuvor nicht kannten) zu einer spontanen Einladung der Programmdirektion führte. Hierzu wurden zwei Frauen vorgelassen. Sie konnten aus erster Hand von Herrn Dr. Bellut erfahren, dass es eine solch enorme Zuschauerreaktion auf ein aktuelles Ereignis bzw. eine Fernsehsendung zuletzt zu den Terroranschlägen vom 11. September 2001 gegeben hätte. Mehrere Ordner mit Beschwerdebriefen und ausgedruckten E-Mails lagen vor den beiden auf dem Tisch, und der Programmdirektor war offensichtlich sehr verunsichert darüber, was da noch auf ihn zukommen sollte. Wohl zu Recht, denn der multimediale Protest hielt noch monatelang an. Bis das Forum des ZDF zur Johannes-B.-Kerner-Sendung Mitte Januar 2008 geschlossen wurde.

Es handelte sich bei dieser ersten kleinen Demo, wie auch bei den folgenden, im Übrigen um jeweils angemeldete Versammlungen. Polizei fuhr vor, und das ZDF sperrte vorsorglich die Parkplätze, weil man nach Aussage von Pförtnern und ZDF-Wachschutz auch rechtsradikale Teilnehmer befürchtete. Tatsächlich kamen aber nur harmlose Bürger zwischen 20 und 65 Jahren, die sich über das Forum des ZDF erst wenige Tage zuvor spontan dazu verabredet hatten.

Aufgrund dieser vorsorglichen Reaktion des ZDF sah man, wie die selbst erzeugte Erwartungshaltung eines nationalsozialistischen Protestes nun in eine völlig entgegengesetzte, andere Richtung abdriftete. Es beschwerten sich zuhauf normale, teils auch völlig unpolitische Menschen, die es bis dato einfach nicht für möglich gehalten hatten, dass in der Talksendung eines gebührenfinanzierten Senders eine so offensichtliche Ungerechtigkeit geschah. Es waren auch keine ausgewiesenen »Eva-Herman-Fans«, die nun protestierten. Die wenigsten hatten meine Bücher überhaupt gelesen. Es war einfach eine Grenze überschritten worden, die für viele nicht mehr hinnehmbar war. Und man schien besonders entsetzt darüber zu sein, dass es sich bei den Verursachern des Ärgers um die öffentlich-rechtlichen Medien handelte. So drückte es nicht nur dieser Verein auf seiner Website aus, sondern auch einhellig die vielen tausende Menschen, die sich in meinem Gästebuch verewigten.

Es folgten im Dezember 2007 übrigens weitere, von zahlreichen Menschen besuchte Mahnwachen zur Verwaltungsratssitzung des ZDF, die sich unter anderem mit der Johannes-B.-Kerner-Sendung befasste, und im Februar 2008 vor den Kerner-Studios in Hamburg (Herrn Kerner wurde hier der Medienpreis für Manipulation überreicht – die »eiserne Bratpfanne«!). Eine Mahnwache mit besonders lautstarkem Protest fand vor dem Hauptgebäude der dpa statt. Es war allerdings lediglich Zufall, dass ich erst wenige Tage zuvor meinen Prozess gegen die Deutsche Presse Agentur bezüglich fehlerhafter Zitate gewonnen hatte. Für die dpa war es im Übrigen die erste Demonstration überhaupt, die sich vor dem eigenen Haus gegen deren Berichterstattung richtete.

Am 6. Dezember 2009, gut zwei Jahre nach dem »Kerner-Skandal«, fand sich ein Eintrag des Medien-Quo-Vadis-Vereins auf dessen Homepage mit folgendem Wortlaut:

[…] Der Fall »Eva Herman« bewegt uns alle natürlich immer noch sehr und der Fortgang der Dinge wird von uns aufmerksam verfolgt und bei Bedarf dokumentiert und veröffentlicht. Eva Herman wurde inzwischen von mehreren Gerichten rehabilitiert, worüber die meisten Mainstream-Medien allerdings nur im Kleingedruckten und oft immer noch verfälschend berichten. Aktueller Stand der Dinge und ein kleiner Sieg der Gerechtigkeit ist, dass Herr Kerner bei seinem neuen/alten Sender Sat.1 im Quotentief versinkt, während Frau Herman ihr neues Projekt familyfair.tv *mit Erfolg und offensichtlicher Freude vorantreibt. Auch wenn natürlich längst noch nicht alle unsere Erwartungen und Forderungen in dieser Sache erfüllt sind, so können wir wohl doch davon ausgehen, dass unser anhaltender Protest – zusammen mit anderen – ein klein bisschen zu diesen positiven Entwicklungen beigetragen hat. Leider ist der Kerner-Skandal nur exemplarisch für die anhaltende Manipulation der Medien und durch die Medien. Aktuelle Beispiele: die sogenannte »Schweinegrippe« oder auch der Fall Nikolaus Brender – wieder beim ZDF. Grund genug für uns, weiter am Ball zu bleiben! …*

Dass der Kerner-Skandal beispielhaft für die manipulierte und manipulierende Medienwelt ist, davon muss man ausgehen, wenn man sich weitere Fälle wie den des ehemaligen ZDF-Chefredakteurs Nikolaus Brender ansieht. Brender, der aufgrund parteipolitischer Einflussnahme seinen Posten räumen musste, übte in einer aktuellen Stellungnahme heftige Kritik an dem »fein gesponnenen Netz von Abhängigkeiten« in den öffentlich-rechtlichen Rundfunkanstalten. Er berichtet von einem senderinternen »Spitzelsystem«, das eng mit den Parteien, dem »dunklen Schattenreich der Union«, kooperiere. Er spricht in diesem Kontext sogar von »Inoffiziellen Mitarbeitern«, die »vergleichbar (seien) mit den IM der DDR«. (89)

Erhellend ist auch ein Artikel des Journalisten und Verlegers Jakob Augstein in der *Süddeutschen Zeitung* vom 16.02.2010. Augstein schildert ein zurückliegendes Treffen von Bundeskanzlerin Angela Merkel mit den Chefredakteuren der bedeutendsten deutschen Medien. Merkel hatte die Chefredakteure eingeladen, um ihnen mitzuteilen, dass sie angesichts der umfassenden Finanzkrise doch bitte zurückhaltend berichten sollten, um keine Panik zu verbreiten. In den Archiven finden sich laut Augstein nur sehr wenige Erwähnungen über dieses Treffen. Doch sei auffällig, wie »verantwortungsvoll« die Presse über dieses Thema berichtet. (89)

In der *taz* vom 19.02.2009 schreibt Friedrich Krotz, Professor für Kommunikationswissenschaft und soziale Kommunikation, über die derzeitige Berichterstattung der Medien: »Sie halten die Bürger bei Laune, auf dass diese stillhalten. Wie viel Geld bereits in die Banken gepumpt wurde, wie viele Milliarden Bürgschaftszusagen vergeben wurden (und wie viele Hartz-IV-Monats›löhne‹ das sind), das steht auch nicht in der Zeitung. Die *Süddeutsche* (vom 15.01.2009) beispielsweise versteckt die Mitteilung, dass die *Hypo Real Estate* zum vierten Mal in vier Monaten Milliarden Bargeld und Bürgschaften braucht, unter der Überschrift ›Wenn Steinbrück an die Tür klopft‹.« (90)

Solche medienpolitischen Eigeninitiativen wie die eben genannte Organisation »Medien-quo-vadis«, jene neuen Bürgervereine, die nichts anderes als klassische Privatinitiativen sind, stehen für die neue Macht von morgen. Wenn diese unterschiedlichen Formen des friedlichen Protestes sich durchsetzen, und davon ist auszugehen, so könnte dies letztlich auch dafür sorgen, dass wir eines Tages aus der berühmten »Schweigespirale« ausbrechen.

Nach der Kommunikationswissenschaftlerin Elisabeth Noelle-Neumann ist die Spirale des Schweigens ein in der Gesellschaft weitverbreiteter Mechanismus, der zum öffentlichen Unterdrücken von Meinungen führt und auf der unbewussten Furcht der meisten Menschen beruht, die Äußerung eigener Meinungen, die von der für vorherrschend gehaltenen »öffentlichen Meinung« abweichen, könne ihnen schaden und gar zu sozialer Isolierung führen.

Die ständige Fortentwicklung des Internets mit all seinen Chancen der selbstständigen Einmischung des Einzelnen in sozialpolitische Belange und anderes erfordert das Einzelengagement des aufgeklärten, selbst denkenden, kritisch prüfenden Bürgers. Es wird den derzeit noch herrschenden, gewaltigen Einfluss medienpolitischer Machtkartelle und Monopole auf Dauer schwächen, die neue, heimliche Regierungsform der »Mediokratie« langfristig stürzen und künftig gleichermaßen Rücksicht nehmen auf die Bedürfnisse einer ganzen Gesellschaft wie auch auf den einzelnen Menschen.

Am Ende möchte ich noch ein Zeitungsinterview erwähnen, das etwa drei Monate nach dem Kerner-Eklat in der *Süddeutschen Zeitung* veröffentlicht wurde. Kerner behauptet hier auf Nachfrage, er habe mit dieser Sendung nur das Beste gewollt, dass aber dabei nicht das Richtige herausgekommen sei. Er berichtet, dass gleich zu Beginn die Sache sich nicht so entwickelt hätte, wie »wir angenommen hatten«. Weiter führt er aus: »Der Fehler war: Wir haben die Sendung redaktionell nicht zu Ende gedacht. Wir hatten so eine Reaktion von ihr nicht auf dem Zettel. Wir betreiben vorher Planspiele: Wie könnte sich ein Gespräch entwickeln, wie muss man reagieren, bis in die letzte Verästelung.«

Auch nicht schlecht: »Journalistische Planspiele« und »so eine Reaktion von ihr nicht auf dem Zettel«. Die Masterfrage lautet jedoch: Wie viel Plan und wie wenig Spielraum muss ein Talkgast denn überhaupt hinnehmen? Läuft eine Fernsehtalkshow etwa nach einem von der Redaktion vorgefertigten Drehbuch ab, das gefälligst eingehalten werden muss?

Interessant erscheint mir bei diesem Interview auch der, woher immer rührende, massive Realitätsverlust, der Johannes Kerner anscheinend im Zusammenhang mit dieser Show befallen haben musste, denn er antwortete außerdem: »Ich habe damals falsch entschieden. Als Eva Herman gehen wollte, hätte ich sagen können: ›Nein, nein, bleib hier. Hier fliegt keiner raus. Da hinten ist Platz genug.‹«

Ich habe mich seitdem Dutzende Male verzweifelt gefragt, welche ausgeprägt hellseherischen Fähigkeiten dieser blonde, scheinbar weit unterschätzte Moderator haben mochte, um mir meine Fluchtgedanken an der Nasenspitze anzusehen? Heimlich, oh ja, heimlich hegte ich mehr als einmal den Gedanken, einfach abzuhauen und ihn mit dem Rest seiner feinen Gesellschaft alleine sitzen zu lassen. Aber hat auch nur ein Mensch auf dieser Welt während dieses fast einstündigen

Schlachtfestes nur ansatzweise akustisch oder nonverbal jenes Ansinnen von mir vernehmen können? Wohl kaum. Möglicherweise war diese deutliche Fehleinschätzung Kerners der erbärmliche Versuch, für jene Leserschaft der *Süddeutschen Zeitung*, die das jämmerliche Spektakel nicht hautnah miterlebt hatte, einen ganz anderen Eindruck herzustellen und seine Hände wenigstens hier in Unschuld waschen zu wollen?

Sei es drum, die »Affäre Eva Herman«, so viel dürfte inzwischen klar sein, hat der beruflichen Entwicklung von Johannes B. Kerner sicherlich nicht nur genutzt. Denn nicht nur der allergrößte Teil der Zuschauer war alles andere als einverstanden mit einer der merkwürdigsten Fernsehinszenierungen aller Zeiten. Selbst seine eigenen TV-Kollegen sparen bis zum heutigen Tage nicht mit Ironie und Witzen, um sich über diese in der Fernsehgeschichte einzigartige Entgleisung lustig zu machen.

Übrigens entwickelten laut *Focus* selbst anerkannte Wissenschaftler auf einmal Interesse für diesen Fall. Der renommierte Experte Prof. Dr. Ronald Grossarth-Maticek, dessen Forschungsthemen Meinungsfreiheit und Totalitarismus sind, hat die hier umfangreich beschriebene Sendung von Johannes B. Kerner einmal genauer unter die Lupe genommen. Grossarth-Maticek, Professor für Präventive Medizin und politische Psychologie, der am Europäischen Zentrum für Frieden und Entwicklung in Heidelberg arbeitet, beschäftigt sich seit vielen Jahren auch mit der Erforschung der totalitären Mentalität. Zu diesem Zweck hat er, wie der *Focus* berichtete, Alt- und Neonazis ebenso befragt wie Alt-Stalinisten oder KZ-Häftlinge in Ex-Jugoslawien. In der Untersuchung der Kerner-Sendung ging er der Frage nach: »Agierte Eva Herman intolerant oder ihre Gegner?«

Grossarth-Maticek und sein Team befragten 123 zufällig ausgewählte Personen, ob sie die Sendung gesehen und die öffentliche Diskussion um Herman verfolgt hätten.
61 bejahten – und beantworteten danach einen Fragebogen in Bezug auf den Umgang mit der »Ex-Miss-Tagesschau«. Folgende Aussagen mussten sie – anhand einer Intensitätsskala von 0 (trifft überhaupt nicht zu) bis 7 (trifft äußerst stark zu) – bewerten:
 1. Eine Person wird systematisch negativ dargestellt mit dem Ziel, sie sozial zu isolieren;

2. *Es wird jegliche Rechtfertigung, Verteidigung, Klarstellung des Angegriffenen blockiert;*
3. *Jeder Versuch, die angegriffene Person zu verteidigen, wird durch Androhung von Strafe, etwa mit dem Ausschluss aus der Gemeinschaft der Gleichgesinnten, beantwortet;*
4. *Es wird ein Zerrbild von der angegriffenen Person entworfen, das durch objektive Kriterien nicht haltbar ist;*
5. *Es wird permanent der Versuch unternommen, gesellschaftliche Repräsentanten und Massenmedien gegen die angegriffene Person zu mobilisieren;*
6. *Die Produktion von Zerrbildern dient der Stabilisierung der politischen Macht von Parteien und Gruppen.*

Kerner und die Herman-Gegner erhielten eine durchschnittliche Note von 4,7. »Dies«, *so Grossarth-Maticek,* »ist ein extrem hoher Wert, der knapp unter dem Durchschnitt von Altnazis liegt.« *Herman selbst bekam dafür, wie sie ihre Widersacher behandelte, übrigens die Note 1,1 – was sogar noch besser ist als der Durchschnitt der Demokraten.* (91)

Ende

Es ist ein goldener Herbsttag, an dem ich mit der Vorsitzenden des Familiennetzwerks Deutschland, Maria Steuer, unterwegs bin. Das Familiennetzwerk ist ein bundesweiter Zusammenschluss von Vereinen, Institutionen, Familien und Wissenschaftlern und setzt sich unter anderem dafür ein, dass die Bedürfnisse der Kinder in der Vereinbarkeitsdebatte berücksichtigt werden. Wir wollen gemeinsam darüber beraten, wie man die uns wichtigen gesellschaftspolitischen Anliegen besser in den öffentlichen Fokus stellen könnte. Zwischendurch sprechen wir über die Kerner-Sendung, und sie berichtet mir, dass die Äußerung des Moderators, mit der er jene Frauen diskriminierte, die bei ihren Kindern zu Hause bleiben, für außerordentliche Aufregung gesorgt habe. Beim Familiennetzwerk Deutschland seien etliche Beschwerden eingegangen, und sie habe Johannes B. Kerner zu einer öffentlichen Entschuldigung aufgefordert. Doch bisher sei noch nichts

Erhellendes von seiner Seite verlautet, was seine diffamierenden Äußerungen erklären würde.

Ich lehne mich zurück, und die Müdigkeit eines langen Tages senkt sich über mich. Ich beginne zu träumen. Im Traum klingelt ein Telefon. Merkwürdig verzerrt höre ich Maria Steuer fragen, wo denn die Stellungnahme bleibe. Am anderen Ende der Leitung antwortet Johannes Kerner, dass er sich doch schon geäußert habe. Frau Steuer will sich nicht zufrieden geben. Die Stimmen verschwimmen im Hin und Her des Wortwechsels. Doch dann höre ich, wie es aus Kerner herausbricht. Er sagt ihr, dass sie überhaupt nicht ahnen würde, was eigentlich hinter dieser ganzen Sache stecke, und dass er sich vorbehalten würde, zu einem späteren Zeitpunkt darüber »auszupacken«.

Frau Steuer berührt mich am Arm. Ich erwache und bin noch immer leicht benommen von der Vorstellung, die sich eben in mir ausgebreitet hatte. Alles nur ein Traum, aber er zeigt, dass der Fall »Eva Herman« für mich noch nicht abgeschlossen ist.

Es geschehen Dinge, die wie Fragen sind. Es vergehen Sekunden oder Jahre, und das Leben antwortet (Alessandro Baricco, italienischer Schriftsteller).

***

DANKSAGUNG

Ich danke allen Menschen aus meinem Umfeld, die meiner Familie und mir in einer nicht einfachen Zeit beistanden. Ich danke ebenso Hunderttausenden Menschen, die ich persönlich zum großen Teil zwar nicht kenne, die jedoch ohne Zögern durch Briefe, E-Mails, Anrufe bei verschiedenen Sendern, Zeitungs- und Radioredaktionen, durch Vereinsgründungen für die Meinungsfreiheit, durch Foren und Blogs deutlich machten, dass sie die öffentliche Vorgehensweise in meiner Sache nicht akzeptierten. Ich danke den wenigen couragierten Journalisten, die nicht in den allgemeinen Tenor verfielen und die mich öffentlich und gegen jeden Widerstand verteidigten. Ebenso geht mein tiefer Dank an die vielen gläubigen und nicht gläubigen Menschen, die zahlreiche Veranstaltungen für mich organisierten oder die mich trotz großer Schwierigkeiten zu Lesungen und Vorträgen einluden, die mir Mut zusprachen und die für mich beteten. Ich danke dem Autor Arne Hoffmann, der ohne mein Wissen nach kurzer Zeit ein Buch über die Vorgehensweise der Medien im »Fall Eva Herman« veröffentlichte und damit ein Zeichen setzte, das von vielen Menschen verstanden wurde. Ich danke den wenigen Freunden, die von früher übrig geblieben sind, und gleichzeitig freue ich mich aufrichtig über neu hinzugewonnene Menschen, die wir heute zu unserem engeren Kreis zählen.

Sie alle können wohl nicht ahnen, welche Kraft sie mir und meiner Familie schenken!

JURISTISCHE ERFOLGE GEGEN MEDIENBETRIEBE IM IN- UND AUSLAND

Im Zeitraum von September 2007 bis März 2010 hat die Autorin Eva Herman aufgrund rechtlicher Schritte zahlreiche Unterlassungserklärungen gegen etliche Print-, TV- und Onlinemedien, darunter zahlreiche Leitmedien, erwirkt. Ebenso liegen einige, zum Teil rechtskräftige Urteile vor. Einige Verfahren sind noch nicht abgeschlossen.

Zu lesen war darüber so gut wie nichts.

Kopp Verlag

HINWEIS:

Alle Literatur- und Quellenangaben sowie grundsätzliche Informationen zum Buch finden Sie unter
www.die-wahrheit-und-ihr-preis.de.
Es besteht auch die Möglichkeit, einen wöchentlich erscheinenden Newsletter zu abonnieren, in dem sich unabhängige Journalisten und Fachautoren in kritischen Artikeln mit der zu erwartenden öffentlichen Resonanz auf das Buch auseinandersetzen.

LITERATUR/QUELLEN

1: http://www.cicero.de/97.php?item=1111&ress_id=7

2: http://www.bild.de/BTO/leute/aktuell/2006/08/12/eva-herman-schluss/eva-herman-schluss.html

3: Original-SMS auf Handy (03.09.2007, 17:40:18)

4: http://www.bildblog.de/1333/bild-haelt-deutsche-muetter-fuer-faul/

5: Ebenda

6: Eva Herman: *Vom Glück des Stillens*. Hoffmann und Campe, Hamburg 2003

7: Eva Herman: *Mein Kind schläft durch*. Econ, Berlin 2005

8: http://www.cicero.de/97.php?item=1111&ress_id=7

9: Original-E-Mail A. Schwarzer

10: http://www.spiegel.de/spiegel/print/d-47074011.html

11: http://www.spiegel.de/kultur/gesellschaft/0,1518,413403,00.html

12: http://www.spiegel.de/kultur/gesellschaft/0,1518,413260,00.html

13: http://www.stern.de/lifestyle/leute/das-eva-prinzip-das-hermans-denkmal-578602.html

14: http://www.welt.de/print-welt/article146789/Der_Suendenfall_der_Eva_H.html

15: http://www.taz.de/1/archiv/archiv/?dig=2006/09/08/a0106

16: Arne Hoffmann: *Der Fall Eva Herman. Hexenjagd in den Medien.* Lichtschlag Buchverlag, Grevenbroich 2007

17: Eva Herman: *Das Eva-Prinzip. Für eine neue Weiblichkeit*, Pendo Verlag, München 2006

18: http://de.wikipedia.org/wiki/Jean-Claude_Juncker sowie *Der Spiegel*, 52/1999

19: http://www.bmfsfj.de/gm/Hintergrund/vorgaben.html

20: http://www.auswaertiges-amt.de/diplo/de/Europa/LissabonVertrag/vertrag-von-lissabon.pdf

21: http://www.zdf.de/ZDFde/inhalt/8/0,1872,7620296,00.html

22: http://www.textlog.de/en-england-arbeit-familie.html

23: A. W. Lunatscharski: *Über die Volksbildung.* Pahl-Rugenstein, Köln 1973

24: http://www.bild.de/BTO/leute/aktuell/2006/08/12/eva-herman-schluss/eva-herman-schluss.html

25: http://www.tagesspiegel.de/medien-news/Medien;art290,2051812

26: http://www.abendblatt.de/vermischtes/article813411/Kind-und-Karriere-unvereinbar.html

27: Siehe Kapitel »Auszug aus den Schriftsätzen meiner Anwälte (II)«

28: Alice Schwarzer: *Die Antwort.* Kiepenheuer & Witsch, Köln 2007

29: Lisa Erdmann: »Eva Herman und die Mütter unter Hitler«. In: *Spiegel Online* vom 07.09.2009

30: Hans-Joachim Maaz: *Der Lilith-Komplex. Die dunklen Seiten der Mütterlichkeit.* Deutscher Taschenbuch Verlag, München 2005

31: Bascha Mika: *Alice Schwarzer. Eine kritische Biografie.* Rowohlt-Verlag, Reinbek bei Hamburg 1998

32: http://www.welt.de/kultur/article912730/Die_elf_Gebote_der_Alice_Schwarzer.html

33: http://www.ksta.de/html/artikel/1253287288729.shtml

34: http://www.hr-online.de/website/rubriken/kultur/index.jsp?rubrik=2039&key=standard_document_905634

35: http://www.bz-berlin.de/archiv/brutalo-autorin-thea-dorn-ueber-sich-und-ihren-neuen-roman-die-brut-article54655.html

36: Thea Dorn: *Die Brut.* Goldmann Verlag, München 2005. Und: http://www.single-generation.de/kohorten/golf/thea_dorn.htm

37: http://www.single-generation.de/kohorten/golf/thea_dorn.htm

38: http://www.zeit.de/2006/43/W-Thea-Dorn-43?page=all

39: A. W. Lunatscharski: *Über die Volksbildung.* Pahl-Rugenstein, Köln 1973

40: Pressemitteilung ndr: http://www.presseportal.de/pm/6561/1045951/ndr_norddeutscher_rundfunk

41: http://www.br-online.de/bayern2/eins-zu-eins-der-talk/volker-herres-programmdirektor-erstes-deutsches-fernsehen-norbert-joa-ID1246014524825.xml

42: http://www.spiegel.de/kultur/gesellschaft/0,1518,504703,00.html

43: http://www.welt.de/fernsehen/article1172151/Eva_Herman_ist_kein_Neo_Nazi.html

44: Interview in *Bunte*, Nr. 38, 2007

45: http://www.michael-klonovsky.de/content/view/46/42/

46: www.stern.de/.../d233sir233e-nick-ueber-eva-herman-sie-ist-eine-wiederholungstaeterin-597367.html

47: http://www.spiegel.de/kultur/gesellschaft/0,1518,504703,00.html

48: Ebenda

49: Ebenda

50: Ebenda

51: http://news.idealo.de/news/8886-eva-herman-und-die-ns-zeit-ein-halbsatz-zuviel/

52: http://www.welt.de/debatte/kommentare/article6070019/Eva-Herman-Immer-mit-der-Hand-am-Selbstausloeser.html

53: http://www.stern.de/kultur/tv/presseschau-das-ideal-der-mutter-als-milchkuh-597352.html

54: http://www.netzeitung.de/presseschauen/735691.html

55: »Evas Sündenfall«. In: *Westdeutsche Allgemeine Zeitung* vom 09.09.2007

56: *Stuttgarter Nachrichten* vom 10.09.2007

57: *Coburger Tageblatt* vom 10.09.2007

58: *Allgemeine Zeitung* vom 10.09.2007

59: *Südkurier* vom 10.09.2007

60: http://www.welt.de/wams_print/article1187323/Eva_Herman_argumentiert_wie_die_Nationalsozialisten.html

61: http://www.faz.net/s/RubCF3AEB154CE64960822FA5429A182360/Doc~EEB4A18E380B44B79890EE57DF6ED35E6~ATpl~Ecommon~Scontent.html

62: Ebenda

63: http://www.stern.de/kultur/tv/reaktionen-auf-ns-vergleich-kerner-laedt-eva-herman-aus-597436.html

64: http://www.netzeitung.de/presseschauen/735691.html65

65: http://www.stern.de/kultur/tv/reaktionen-auf-ns-vergleich-kerner-laedt-eva-herman-aus-597436.html

66: http://derstandard.at/3031072

67: http://www.mail-archive.com/ana.words-recipients@ana.ch/msg00353.html

68: http://www.medienhandbuch.de/news/johannes-b-kerner-laedt-eva-herman-aus-12244.html;http://genderama.blogspot.com/2007_09_01_archive.html; http://www.dradio.de/dkultur/sendungen/politischesfeuilleton/671475/

71: http://www.netzwerkrecherche.de

72: http://www.eva-herman.de

73: http://blog.tobias-haase.de/2006/09/14/eva-herman-wird-zerpflueckt/

74: Arne Hoffmann: *Der Fall Eva Herman. Hexenjagd in den Medien*. Lichtschlag Buchverlag, Grevenbroich 2007

75: http://ftp.www.iza.org/dp2750.pdf

76: http://www.spiegel.de/spiegel/print/d-62236028.html

77: http://www.spiegel.de/sptv/tvthema/0,1518,657015,00.html

78: http://www.spiegel.de/kultur/gesellschaft/0,1518,510469,00.html

79: Ebenda

80: Ebenda

81: Ebenda

82: Ebenda

83: Ebenda

84: http://blog.focus.de/ffc/archives/543

85: http://www.sueddeutsche.de/kultur/251/421013/text/

86: http://www.sueddeutsche.de/kultur/meinung/373/137098/

87: Arne Hoffmann: *Der Fall Eva Herman. Hexenjagd in den Medien.* Lichtschlag Buchverlag, Grevenbroich 2007

88: www.eva-herman.de

89: http://www.welt.de/fernsehen/article6480699/Brender-spricht-von-Spitzelsystem-beim-ZDF.html

90: http://www.sueddeutsche.de/medien/765/501026/text/

91: http://www.focus.de/kultur/medien/tv-eklat-kerners-ns-koeffizient_aid_221254.html

Anmerkung der Autorin: Aufgrund juristischer Interventionen mussten in einigen Artikeln einzelne Passagen, in denen mir positive Äußerungen über das Dritte Reich vorgeworfen wurden, entfernt werden. Deshalb entsprechen manche der hier aufgeführten Artikel nicht mehr der ursprünglichen Form.